말하지 않는 한국사

교과서에서 배우지 못한 우리 역사의 불편한 진실

말하지 않는 한국사

최성락 지음

페이퍼로드
paperroad

바탄, 죽음의 행진과 한국 역사 이야기

'바탄, 죽음의 행진'이라고 불리는 사건이 있다. 제2차 세계대전 당시 일본이 필리핀을 점령했을 때의 일이다. 당시 필리핀군과 미군은 일본군이 쳐들어오자 바탄 지역으로 후퇴를 한다. 이에 일본은 3개월 동안 바탄을 공격하고 마침내 필리핀군과 미군으로부터 항복을 받는다. 약 7만 명에 달하는 필리핀군과 미군은 그대로 전쟁 포로가 되었다.

일본은 바탄의 포로들을 수용소가 있는 지역까지 이동시키려 했다. 수용소는 바탄 지역에서 약 100킬로미터 떨어진 지역에 있었다. 포로들은 길을 걸어서 이동하기 시작했다. 1942년 4월 9일, 포로들은 먼저 바탄 반도 남쪽 끝인 마리벨레스에서 산페르난도까지 88킬로미터를 행진했다. 그런데 필리핀은 열대 지역이라 4월에도 기온이 30도를 넘는다. 이런 환경에서 88킬로미터를 행진했다. 중간에 먹을 것도 주지 않았다. 마실 것도 주지 않았다. 80킬로미터를 넘게 가기 위해서는 그냥 걸어서는 안 된다. 하루 종일 군대식 행군을 해야 했다. 그 과정에서 무수한 낙오병들이 나왔고, 일본군은 이들을 폭행하고 총검으로 죽이기도 했다.

바탄에서 출발한 7만 명의 포로 중 목적지에 도착한 포로들은 불과 5만 4천 명이었다. 1만 6천 명이 도중에 사라졌다. 물론 도망간 포로들도 있었다. 하지만 최소 1만 명의 포로들이 행진 도중에 사망했다.

바탄에서 시작된 죽음의 행진으로 인해 당시 일본군을 지휘하던 혼마 장군은 전쟁이 끝난 후 전범으로 사형을 당했다. 일본에서 막상 전범으로 사형을 당한 사람은 많지 않다. 바탄, 죽음의 행진은 일본군의 잔학성을 보여주는 대표적인 사건이었다.

필자는 바탄의 행진을 일본인이 쓴 『태평양 전쟁』이라는 책을 통해서 처음으로 접했다. 전쟁이 일어나게 된 배경에서부터 종전 때까지의 역사를 설명한 책이었다. 그런데 바탄의 행진 부분을 읽으면서 잘 이해되지 않는 점이 있었다. 예를 들면 다음과 같은 식이다.

'필리핀, 미군 등 전쟁 포로들을 바탄에서 수용소로 이동을 시켰다. 포로들은 질서정연하게 줄을 맞추어서 걸었다. 중간에 일본군 병사들은 미군들에게 물을 주기도 했다. 음식도 주었다. 길 주변에 있는 필리핀 주민들이 포로들에게 먹을 것과 마실 것을 주기도 했다. 쓰러진 사람들을 부축해서 걷는 사람들도 있었다. 모든 사람들이 서로 돕고 도와주는 아름다운 광경들이 많았다.'

필자는 왜 이런 내용이 책에서 강조되는지 알지 못했다. 단지 포로들이 이동하는 상황을 왜 이렇게 구구절절하게 쓰고 있을까? 포로들에게 잘해주었다는 이야기를 이렇게 길게 묘사하는 이유는 무얼까? 다른 부분에서는 전쟁에 대해 긴박하게 서술하고 있는데, 이 부분은 포로들과 일본군이 서로 돕는 이야기를 하고 있었다. 그때만 해도 필자는 단지 '바탄의 포로들이 이동을 했구나' 정도로만 생각했다. 바탄의 행진이 '바탄, 죽음의 행진'으로 불리는 악명 높은 사건이었다는 것도 알지 못했다.

한참 후에, 일본이 아닌 다른 나라 사람이 쓴 전쟁 이야기를 통해 '바탄, 죽음의 행진'에 대해 알게 되었다. 그때 처음 든 생각은 '속았다'는 느낌이었다. 일본 사람들은 죽음의 행진에 대해 있는 그대로 말하지 않았다. 무엇이 문제였는지도 말하지 않았고, 무엇이 논쟁의 초점인가도 말하지 않았다. 일종의 역사 왜곡이었다.

일본 내에서만 자위적으로 이런 왜곡을 감행한다면 치명적인 문제가 되지는 않을 것이다. 누구나 자신들의 결점은 작게 축소하고 포장하고 싶게 마련이니까 말이다. 하지만 세계에는 일본 말고도 많은 나라들이 있다. 일단 필리핀 마닐라에는 바탄 행진길이 관광지가 되어 있다. 일본이 전범으로 처벌받은 항목에도 '바탄, 죽음의 행진'이 들어 있다. 지금도 일본 외 다른 곳에서는 포로들에 대한 대표적인 학대 케이스로 '바탄, 죽음의 행진'이 거론된다. 이런 상황에서 일본인들이 '바탄의 행진'만 알고 이것이 '죽음의 행진'이었다는 것을 모른다면 어떻게 될까? 바탄의 행진이 악명 높은 죽음의 행진이었다는 것은 알고 있어야 바탄의 행진에 대해 변명을 하거나 사죄를 할 수 있지 않을까? 일단 사실 그 자체로서의 역사를 알고는 있어야 한다. 실질적으로는 비극적인 역사였는데, 이를 긍정적인 역사로 뒤집어서 이해하면 안 되는 것이다.

비단 일본뿐만 아니라 많은 나라에서 역사를 비트는 일들이 벌어지고 있을 것이다. 한국도 역시 예외일 수 없다. 굳이 아픈 과거를 들추어낼 필요가 없다고 여기기 때문이다. 마치 상처를 딛고 새로운 삶을 살고자 하는 사람들이 자신의 과거를 묻지 말라고 하는 경우처럼 말이다. 지금 문제없이 잘살면 되는 것 아니냐는 논리다.

그런데 문제는 아픈 과거를 끝까지 숨길 수 있는 것이 아니라는 점이다. 개인의 과거는 몇 명만 입을 다물고 무덤까지 가져가면 된다. 한 조직의 과거도 오랜 시간이 지나면 없었던 일처럼 희석될 수 있다. 하지만 국가의 역사는 그렇게 되기가 쉽지 않다. 언젠가는 특정인이나 특정 집단에 의해서 증언이나 회고 등의 방식으로 숨겨진 이야기가 흘러나오게 된다. 더구나 지금은 국제화 시대이다. 한 국가 내부에서 아무리 사건을 미화하고 축소시키려고 해도, 다른 나라에서 물고 늘어지기 시작하면 방법이 없다. 숨기는 게 무의미한 시대다.

이는 단순히 먼저 알고 나중에 알고 차이에 달린 문제가 아니다. 좋은 이야기만 듣다가 뒷면에 숨겨진 이야기를 후일에 다른 경로로 알게 되면 앞서 들은 이야기에 대한 신뢰감까지 떨어진다. 지금 중국은 1989년 천안문 사태를 이야기하지 않지만, 중국만 떠나면 천안문 사태는 상식이 되어 있다. 천안문 사태에 대해 전혀 모르던 중국 학생들이 외부의 경로를 통해 천안문 사태를 알게 되면 오히려 충격이 더 커질 것이다. 자랑스러운 역사만 배운 학생들이 배신감을 느끼고, 자국의 역사에 대해 부정적이고 회의적인 태도를 취하게 될지도 모른다.

그런 측면에서 필자는 현재 이루어지고 있는 국사 교과서 국정화 문제도 부정적으로 본다. 설사 현재의 검정 교과서가 다소 편향적이라고 하더라도, 국가가 나서서 한국사에 대해서 구미에 맞는 관점으로만 전해 주려 하게 되면 오히려 부정적인 효과를 낳게 될 것이다. 가장 대표적으로 현재 40대 중반 이후 기성세대를 보면 된다. 이들은 모두 과거에 국정교과서로 국사를 배웠다. 그래서 이들이 국정 교과서의 의도대로 역사를 인식하게 되었을까? 오히려 반발감이 더 커졌다. 자신이 배운 역사가 전부가 아니며 숨겨진 부분이 많다는 것을 알았을 때, 기존에 배운 역사에 대한 신뢰감도 무너지게 마련이다. 그렇기 때문에 역사를 배울 때는 긍정적인 측면과 부정적인 측면을 함께 알아야 하고, 편향된 것을 바로잡기 위해 또 다른 편향을 택하는 일도 없어야 한다고 생각한다. 또한 한국인으로서 진정한 자부심을 가지려면 때로는 금기시되는 관점일지라도 말하지 않는 것까지 말해야 한다고도 생각한다.

사실 필자도 국정 교과서로 역사를 배웠다. 어려서는 한국 역사에 대해 좋은 이야기만 듣고 자랐다. 그런데 나중에 그런 이야기들이 한쪽 측면에서의 이야기라는 것을 알았을 때, 그동안 쌓아온 역사 지식에 대한 신뢰감을 잃었다. 아무래도 학생 때는 교육을 받은 것이 아니라 세뇌를 당했던 것 같다.

필자는 역사 전공자가 아니다. 사학과에 가고 싶었지만, 장래를 걱정하는 주변의 입김 등으로 인해 경제학을 전공했고, 행정학·경영학 박사 학위까지 받게 되었다. 하지만 다른 길을 걸어왔다고 해서 역사에 대한 관심이 사라지지는 않는 것 같다. 역사 관련 서적은 왠지 모르게 자꾸 보게 되고, 경제 분야에서도 경제사나 경영사 측면에 관심을 기울이게 된다. 그러다 보니 어느새 주 전공도 아니면서 역사에 대한 책을 쓰게 되었다. 어쩌면 주제 넘는 일이 될지도 모르겠다. 그래도 역사에 대한 단상 정도는 써도 되지 않을까 하고 생각했다. 그동안 한국사의 또 다른 측면이나 숨겨진 이야기들을 알아오면서 필자가 느낀 점 정도를 담백하게 털어놓으려고 했다.

한국 역사에도 분명 '뒤틀린 부분'들이 있다. 국사 교과서나 교양 역사서에서는 잘 다루어지지 않지만, 우리 역사를 이해하기 위해서 알고는 있어야 한다고 생각하는 부분들이다. 제일 먼저 필요한 것은 역사에 모순되고 뒤틀린 점이 있다는 것을 깨닫는 자각이다. 모든 것은 여기서부터 시작한다. 필자 역시 이 책에서 다룬 상당수의 내용들을 처음 접했을 때 적잖이 놀라고 당황했다. 익히 알려진 사실과 다르기도 했고, 생각지도 못한 관점이 있었다. 누구도 말하지 않는 한국의 역사, 과연 어떤 것들이 있는지 살펴보자.

2015년 12월
최성락

차례

고구려가 삼국을 통일했다면
한국의 영토가 만주까지 넓어졌을까?
-근대 이전의 한국사

4장 한국의 금속활자가 세계사에서 중시되지 않는 이유는?

-한국의 문화와 사람들

1장

고구려가 삼국을 통일했다면
한국의 영토가 만주까지 넓어졌을까?

근대 이전의 한국사

신라가 삼국을 통일했는데
고구려는 왜 당나라 땅이 되었을까?

고구려, 백제, 신라로 나뉘던 삼국시대 말, 신라가 고구려와 백제를 이겨서 통일을 했다. 그 이후로 신라가 한국의 정통이 되었다. 누구나 알고 있는 이야기다. 그런데 참 이상하다. 분명히 신라가 삼국 통일을 했으면 고구려, 백제의 영토는 모두 신라 땅이 되어야 한다. 그러면 한반도 북부는 말할 것도 없고 만주 지방도 신라 땅이 되어야 정상이다. 그런데 왜 통일신라의 영토는 계속 한반도 남부에 머물렀을까? 고구려 땅의 일부가 신라로 넘어오기는 했다. 하지만 대부분의 고구려 영토는 신라 땅이 되지 않았다. 고구려의 수도였던 평양성도 신라 땅이 되지 않았다. 신라가 삼국 통일을 했는데, 왜 만주가 더 이상 우리 땅이 아니게 되었을까? 고구려의 수도였던 평양성이 왜 신라 땅이 되지 않았던 것일까?

그 무렵 중국은 위진남북조 시대의 혼란을 겪다가 수나라로 통일된 후였다. 문제가 수나라를 열면서, 몇백 년 동안의 혼돈 끝에 중국이 통일된 상황이었다.

문제에 이어 황제의 자리에 오른 수양제는 기세를 멈추지 않고 고구려까지 정복하려고 했다. 100만 대군을 일으킨 수양제는 고구려를 침범했지만, 요동성에 막혀 더 이상 전진하지 못한다. 전투가 길어지자 수양제는 30만 별동대를 조직해서 평양성을 직접 공격하려 했다. 하지만 이때 을지문덕이 살수대첩에서 대승을 거둬 30만 별동대가 거의 전멸하고 만다. 수양제는 결국 고구려에서 아무런 소득도 거두지 못한 채 철수해야 했다.

수양제의 고구려 정벌 실패는 엄청난 후폭풍을 가져왔다. 수나라는 통일을 이룬 지 얼마 되지 않았고, 따라서 아직 안정되지 않은 상태였다. 그런데 전 국력을 동원한 고구려 정벌에 실패했고, 이 때문에 결국 수나라는 단기간에 멸망하게 되었다.

수나라에 이어 당나라가 중국을 재통일한다. 당나라 건립에 주도적 역할을 한 사람은 당태종 이세민이다. 중국 내에서 명군으로 일컫는 몇 안 되는 황제 중 한 명이다. 당태종도 중국을 통일한 다음에 수양제처럼 고구려 정벌을 계획한다. 당태종은 수양제보다 더 신중했다. 수양제보다 더 똑똑한 왕이기도 했다. 당태종은 고구려 정벌을 위해 무려 10년을 준비한다. 10년 후 완벽한 준비를 마친 당태종은 직접 군대를 이끌고 고구려 국경을 넘는다. 황제가 직접 군대를 이끌고 나서면 장군들이 지휘할 때와는 전쟁 양상이 완전히 달라진다. 당나라 군대는 결사적이었고, 결국 수나라의 공격을 끝까지 버텨냈던 요동성은 당나라 군대에 의해 함락된다. 하지만 거기까지였다. 요동성이 무너지고 그 다음 안시성에서 당나라 군대는 진격을 멈춘다. 안시성은 끝까지 당나라의 공격을 버텨냈고, 결국 당나라 군대는 고구려 정벌을 포기하고 돌아설 수밖에 없었다.

당태종의 고구려 정벌 실패는 당나라에 큰 트라우마를 남긴다. 죽음을 앞둔 당태종이 더 이상 고구려를 공격하지 말 것을 유언으로 남길 정도였으니 말이다. 고구려를 정벌하려다가 수나라, 당나라 모두 큰 상처를 입고만 것이다.

당태종이 죽은 이후에 아들 고종이 황제가 되었다. 하지만 실질적인 정권은 고종의 황비인 측천무후가 잡게 된다. 그리고 고종이 죽은 후에는 스스로 황제에 오르고 나라를 세운다. 측천무후는 중국 역사상 유일한 여자 황제이다. 중국 최고의 영웅이기도 하고, 또 여자이면서 자력으로 황제까지 되었다는 점에서 많은 논란의 대상이 된 인물이기도 하다.

천하의 측천무후는 또다시 고구려 정벌을 기획했다. 아직 고종이 황제였던 때지만, 실질적 권력자는 측천무후였다. 측천무후는 수양제, 당태종도 이루어내지 못한 고구려 정벌을 성공시켜서 민심을 얻고 권력을 공고히 하기를 원했다.

측천무후가 세운 전략은 수양제나 당태종과는 달랐다. 수양제와 당태종은 고구려와 정면 승부를 했다. 만주 지방에서 중국 군대와 고구려 군대가 일대일로 맞붙는 전쟁이었다. 하지만 측천무후는 양동 작전을 계획한다. 적이 한곳에서 공격해오는 것보다 두 군데에서 공격이 들어오면 방어가 더 어렵다. 고구려를 만주 쪽에서 공격하는 것 말고, 다른 방향에서 공격하는 방법은 무엇이 있을까? 고구려에 대해 양동 작전을 할 수 있는 후보지는 한곳밖에 없었다. 바로 고구려 남부, 백제와 신라로부터 고구려를 공격하는 것이다. 만주에서 고구려를 공격하고, 고구려 남부인 백제와 신라 지역으로부터 고구려를 공격해서 고구려를 멸망시키려고 한 것이다. 당나라는 고구려 남부에서 함께 고구려를 공격할 상대로 신라를 지목했다.

한반도 남부에는 신라 말고 백제도 있었다. 백제는 신라와 적대국이었고 고구려와 친했다. 백제를 그대로 둔 상태에서 당나라 군대가 한반도 남부로부터 고구려를 공격할 수는 없었다. 그래서 당나라는 먼저 백제를 친다.

백제를 공격할 때 당나라 군대는 13만 명이었다. 신라는 5만 명이었다. 신라가 백제를 치는데 당나라가 도와준 것일까, 아니면 당나라가 백제를 치는데 신라가 도와준 것일까? 사실 이 전쟁은 당나라가 일으킨 전쟁이다. 신라는 당나라를 도와 백제를 측면에서 공격하는 역할을 했다. 결국 백제는 망했고, 백제의 의자왕은 당나라로 끌려간다. 신라로 끌려온 것이 아니라 당나라로 끌려간다. 이 전쟁의 주도권은 당나라가 쥐고 있었기 때문이다.

백제를 멸망시킨 다음, 당나라는 고구려와의 전쟁 준비에 들어간다. 만주에서 고구려를 공격하고, 또 한반도 남부에서 고구려를 공격한다. 당시 신라는 한강에서 평양성으로 진격했다. 그리고 당나라는 만주 지방을 모두 점령하면서 평양성으로 진격해 내려왔다. 당나라 장군은 이세적이었다. 이세적은 요동성, 안시성 등 만주 지방의 모든 성들을 점령하면서 평양성까지 쳐내려왔다.

결국 평양성은 나당 연합군에게 점령된다. 그러면 평양성은 당나라와 신라, 둘 중 누가 소유했을까? 당나라 입장에서는 자신이 고구려를 점령한 것이다. 고구려를 정벌하기 위해 백제를 멸망시켰고, 만주의 모든 성들을 함락시키며 고구려 평양성까지 점령했다. 그것이 기본 전략이었고, 신라는 그 과정에서 병사를 좀 보태서 도와준 것에 지나지 않았다. 그래서 당나라는 만주 지방의 고구려 성들과 평양성을 모두 자신들의 땅으로 복속시킨다.

신라도 고구려 정벌에 참여하기는 했지만, 그 공로에서 당나라보다 앞설 수는 없었다. 신라군이 평양성까지 진격하면서 얻은 승리와, 당나라 군대가 만주의 모든 지역을 점령하면서 평양성까지 치고 내려온 승리 간에는 분명 많은 차이가 있었다. 결국 신라는 평양성 아래 고구려 영토는 차지할 수 있었지만, 고구려 영토 대부분은 당나라 소유가 되었다.

그 대신 백제 땅은 모두 신라 소유가 되었다. 처음에는 백제 땅도 당나라가 소유하려고 했지만 신라가 당나라 군대를 백제에서 몰아냈다. 원래 당나라의 목적은 고구려 정복이었다. 백제는 고구려를 침범하기 위한 배후 기지로 필요했을 뿐이다. 고구려가 멸망한 이상 백제 땅은 신라에게 넘겨도 크게 아깝지 않았다. 게다가 당나라가 한반도에 군사력을 집중하는 사이 서역과 북방에 대한 통제력이 약화되어, 더는 여유를 부릴 수가 없었다. 결국 당나라는 신라와의 전투에서 몇 번 패한 후에 별 거리낌 없이 백제 땅에서 철수한다. 이로써 백제 땅과 고구려 남부 땅을 차지한 신라는 삼국 통일을 이룬다.

그런데 백제, 고구려 멸망 과정은 정말로 신라의 삼국 통일 과정이었던 것일까? 혹시 당나라의 고구려 멸망 과정은 아니었을까? 당나라의 고구려 멸망 과정이라고 이해를 해야 신라가 대부분의 고구려 땅들을 잃게 된 이유가 설명되지 않을까?

고구려가 삼국을 통일했다면
한국의 영토가 만주까지 넓어졌을까?

한국인들이 자주 하는 역사적 가정 중 하나는 '신라가 삼국 통일을 하지 않고 고구려가 삼국 통일을 했다면?'이다. 고구려, 백제, 신라 중 신라가 삼국 통일을 했다. 그런데 통일신라 시대가 열리면서부터 만주, 요동의 넓은 땅이 한국 역사에서 사라져버렸다. 신라는 한반도 중부와 남부만을 통일했고, 넓은 만주 땅은 중국의 영토가 되어버렸다. 만주, 요동은 고조선 때부터 한국인들이 활동한 지역이지만, 삼국 통일을 계기로 한국인들의 손에서 벗어나게 된 것이다.

신라가 아닌 고구려가 삼국을 통일했다면 어땠을까? 그러면 만주, 요동도 계속 우리 땅으로 남았을 것이고, 만주에서부터 한반도까지 모두 한 나라로 이어졌을 것이다. 지금의 한국은 조그만 나라가 아니라 중국과 대등할 정도로 큰 나라가 되어 있을지도 모른다. 임진왜란도 일어나지 않았을 것이고, 일본에 의해 식민지 시절을 겪지도 않았을 것이다. 요동, 만주, 한반도를 모두 영토로 아우르는 큰 나라가 작은 섬나라의 식민지가 될 리는 없었을 것이다.

그런데 만약 삼국이 고구려에 의해 통일되었다면 고구려, 백제, 신라 이후의 통일된 나라가 지금까지 이어져올 수 있었을까?

중국 문명은 황하 강을 기반으로 한다. 북쪽으로는 베이징 위에 있는 만리장성까지가 중원 국가의 경계이다. 만리장성 바깥 지역에도 많은 국가들이 있었다. 하지만 이들은 중국 한족은 아니었다. 중국 북쪽에서 활약한 흉노족, 돌궐족, 몽골족, 여진족, 거란족들은 소위 북방 민족이라고도 불린다. 한민족도 이들 민족과 밀접한 관련을 가진다. 한민족은 북방 민족 계열이다. 한족과는 다르다.

흉노족, 돌궐족, 거란족, 여진족들은 만주, 요동, 요서 등지에 강력한 국가를 만들었지만, 북쪽 지역에 만족하지 않고 항상 중원을 점령하고 싶어 했다. 각자의 본거지에 만족하지 않고 중국 땅에 욕심을 낸 이유는 분명했다. 만주, 요동 지역은 너무 춥다. 추운 것은 참을 수 있다 해도, 먹을 것이 적다. 5월이 되어야 땅이 녹고, 10월이 되면 다시 겨울이 된다. 농사를 지을 수 있는 기간은 기껏해야 여름 몇 달뿐이고, 이 기간 동안 수확한 작물만으로는 모두가 풍족하게 먹고살 만한 음식을 마련할 수가 없다. 그래서 필연적으로 수렵 생활을 해야 했지만, 춥고 눈이 많은 겨울에는 사냥을 다니기도 힘들었다. 지금도 몽골에서는 겨울이면 초원의 말들이 먹을 것이 없어 상당수가 굶어 죽곤 한다. 하물며 옛날에는 어땠을까.

제대로 된 국가가 들어서지 않고 부족 생활을 할 때에는 수렵 생활로 먹을 것을 보충했고, 겨울에 먹을 것이 떨어지면 많은 사람들이 굶어 죽곤 했다. 어쩔 수 없는 일이었다. 하지만 국가가 세워지면 백성들이 굶어 죽는 것을 운명으로만 생각할 수는 없는 일이다. 어떻게든 국가가 나서서 백성들이 굶지 않게 해주어야 한다. 그래서 생각해낸 방법이 식량이 많은 곳으로 이동하는 것이다. 중국 중원은 많은 식량을 생산할 수 있는 곳이었고, 어려울 때를 대비해 비상식량을 비축할 수도 있었다. 그래서 북방 민족들은 힘이 생기면 항상 중국 중원으로 진출하려 했다.

북방 민족은 사냥, 수렵을 위주로 하기 때문에 전투력이 강했다. 북방 민족들이 국가를 만들어서 중국 중원으로 진출하면 중국은 당해낼 재간이 없었다. 그래서 북방 민족들은 모두 중국에서 새로운 왕조를 만든다. 한나라 이후의 위진남북조 시대는 북방 민족이 중국 북부를 점령하면서 만들어진 시대이다. 거란의 요, 여진의 금나라 역시 중국 중원을 계속 위협했고, 몽골의 원나라는 중국을 점령했다. 그리고 여진의 청나라도 중국을 복속시켰다.

북방 민족들은 강하다. 그들은 중국에 진출했고 중국에서 왕조를 열었다. 그런데 그 위세등등하던 민족들은 지금 모두 어디로 갔을까? 중국에서 국가는 계속 바뀌었으니, 국가가 없어진 것은 이해될 수 있다. 그런데 국가뿐만이 아니라 민족들도 없어졌다. 돌궐족, 거란족, 여진족 등은 지금 남아 있지 않다. 모두 중국에 동화되어 버렸다. 원나라의 몽골족이 아직 남아 있긴 하다. 하지만 몽골 땅의 반 정도가 중국 자치령이 되었다. 지금 몽골족은 중국과 대항할 수 있을 만한 세력이 아니다. 다른 북방 민족들은 모두 중국에 진출을 시도했고, 또 성공했다. 하지만 결국 중국에 동화되어 버렸다. 이들 민족 고유의 언어와 문자도 사라졌다.

고구려가 삼국을 통일했다면, 한국은 요동, 만주, 한반도를 아우르는 큰 제국을 형성했을 것이다. 그것은 분명하다. 그런데 그 강한 고구려는 요동, 만주, 한반도에 만족했을까? 중국 중원에 진출하려는 시도를 하지는 않았을까?

고구려는 줄곧 중국과 다투었다. 위나라와도 큰 전쟁을 수차례 벌였고, 수나라와는 '네가 망하느냐, 내가 망하느냐'를 놓고 국운을 건 전쟁을 했다. 당나라와도 수십만 명이 서로 다투는 전쟁을 벌였다. 게다가 고구려와 중국 간에 벌어진 전쟁은 대부분 고구려 쪽에서 먼저 공격을 가하면서 시작되었다. 흔히 한국은 역사적으로 타국을 먼저 침략한 적이 없다는 말들을 하지만, 그것은 사실 잘못된 이야기다. 요동, 만주의 강대국이었던 고구려는 번번이 중국에 먼저 싸움을 걸었다. 그 이유는 북방 민족들의 경우와 비슷했다. 만주는 식량을 얻기 힘들었기 때문에, 좀 더 따뜻한 지방에 진출하려고 했던 것이다. 근대의 러시아가 끊임없이 따뜻한 남쪽으로 진출하려고 한 것처럼 말이다.

고구려의 주적은 중국이었다. 그리고 한반도 남부의 백제, 신라도 적이었다. 전선이 두 개로 갈라졌기 때문에 한곳에 전념을 다하지 못했다. 전력을 둘로 나누었는데도 중국을 그렇게 괴롭히고 백제, 신라를 넘어서는 전력을 보인 것을 보면, 고구려는 분명 강국이었음에 틀림없다.

만약 고구려가 백제, 신라를 통일했다면 어땠을까? 그동안 둘로 나누어진 전력을 이제 중국 쪽에 전념할 수 있었을 것이다. 요동, 만주, 한반도에 세력을 다진 국가는 항상 중국 중원 진출에 성공했다. 그러니 아마도 고구려는 중국 중원에 들어설 수 있었을 것이다. 그리고 금나라, 원나라, 청나라 등과 같이 고구려는 중국 중원을 다스렸을 것이다. 한국의 역사는 지금보다 훨씬 더 광활하고 찬란했을 것이다.

문제는 그 다음이다. 백제, 신라를 합병하고 중국 중원에 진출한 고구려는 과연 지금까지 명맥을 유지할 수 있었을까? 중국 중원은 다시 한족에게 내준다고 치자. 그렇다면 요동, 만주에서는 계속 독립국으로 남을 수 있었을까?

그 결과는 지금의 중국을 보면 된다. 거란, 여진, 돌궐족들은 모두 사라졌다. 이들이 만든 국가도 없어졌고, 민족도 없어졌다. 이들은 그냥 중국의 북부 지역에 사는 주민의 형식으로만 남아 있다. 중국과 별개의 민족이라는 관념도 없다. 그냥 중국인이고 한족이며, 자신들이 사는 지역은 중국의 일개 성城이다.

고구려는 길어야 몇백 년 동안 중국 중원을 지배하다가 망했을 것이다. 그리고 고구려가 망하면서, 한민족도 같이 망했을 것이다. 한민족은 그냥 중국 한족에 흡수되었을 가능성이 크다. 우리나라 말도 없어지고, 중국말을 사용하게 되었을 것이다. 그리고 한반도는 지금 만주 지방의 중국 동북 3성처럼 중국의 일개 성이 되었을 것이다. 아마 고려성이나 고구려성쯤이 되지 않았을까?

신라는 중국 중원에 진출하려고 한 적이 없다. 고려, 조선도 마찬가지다. 한반도는 중국처럼 식량이 풍부하지는 않아도 어쨌든 먹고 살 수는 있었다. 그래서 만주의 고구려처럼 식량을 얻기 위해 따뜻한 곳으로 진출해야 할 필요는 없었다. 중국에 동화된 국가와 민족들은 중국의 침략을 받아 사라지게 된 것이 아니다. 중국의 공격을 받아 사라진 민족은 하나도 없다. 모두 중국에 진출했다가 사라지게 된 것이다.

고구려 역시 중국에 들어가려고 했다. 하지만 신라는 그렇지 않았다. 그래서 중국에 융합되지도 않았다. 한국이 지금까지 독립국으로 남아 있고, 한민족으로서 말과 글을 가지고 있는 것은 한국이 중국 중원에 진출한 적이 없기 때문이다.

고구려가 아닌 신라가 삼국 통일을 한 것은 600년, 700년 당시 한민족에게는 그렇게 좋은 일이 아니었을 것이다. 한민족의 활동 영역이 굉장히 줄어들었으니 말이다. 하지만 지금 2000년대의 역사까지 고려하면, 신라가 삼국 통일을 한 것이 오히려 다행이라고 봐야 되지 않을까? 그 덕분에 한국, 한민족이 지금껏 유지될 수 있는 것일지도 모른다.

백제는 660년 나당 연합군의 공격을 받아 멸망했다. 신라와 당나라 군대
가 백제의 수도인 사비성과 공주성을 함락시키면서 백제 의자왕과 태자
효는 항복을 한다. 공식적으로 백제가 멸망한 것은 의자왕이 항복한 660
년 7월의 일이다.

그런데 백제가 멸망했다고 해서 바로 나당 연합군의 점령하에 들어간
것은 아니다. 백제 부흥 운동이 계속 펼쳐졌다. 가장 큰 세력은 흑치상지
장군이 이끌었다. 흑치상지는 현재 예산 지역인 임존성을 중심으로 3만
명가량의 병력으로 신라와 당나라에 맞섰다. 예산은 부여, 공주와 가까운
지역이다. 이 지역에 3만 명 규모의 반란군이 있었다는 것은 나당 연합군
의 백제 장악력이 아직 높지 않았다는 것을 말해준다.

또한 복신과 도침은 부여풍 왕자와 함께 주류성에서 백제 부흥 운동을
일으킨다. 복신, 도침 등은 흑치상지와 서로 합세해서 나당 연합군과 싸
웠다. 부여풍은 662년에 백제 왕으로 추대되어 공식적으로 백제는 부흥
된다. 하지만 이들 사이에 내분이 발생했다. 복신은 도침을 죽이고, 또 복

신은 부여풍에게 살해된다. 이런 내분이 발생하면서 백제 부흥군의 세력은 급격히 약화된다. 주류성이 함락되고, 임존성도 함락된다. 결국 백제 부흥 운동은 실패로 끝난다. 백제 부흥 운동의 마지막 남은 임존성이 함락된 것은 663년이다. 이로써 660년부터 663년까지 4년에 걸쳐 이어진 백제 부흥 운동은 종료되고 백제는 완전히 멸망한다. 여기까지가 한국에서 공식적으로 들을 수 있는 백제 멸망의 역사이다.

그런데 백제 부흥군과 나당 연합군 사이에 벌어진 전쟁이 하나 더 있다. 아마도 백제 부흥 운동에서 가장 큰 규모로 벌어진 전투일 것이다. 그것은 바로 백강 전투이다.

백제가 망하고, 일본은 백제에 지원군을 보낸다. 왕자 부여풍은 백제가 멸망할 때 일본에 머물고 있었다. 그 덕분에 당나라에 끌려가지 않았고 이후 백제 부흥군의 중심인물이 된다. 부여풍은 662년에 일본에서 백제로 들어오는데, 이때 일본 지원군도 함께 들어온다.

일본은 백제 부흥군에 대한 지원을 계속했다. 663년, 일본은 백제 부흥을 위해 당나라와 결전을 벌인다. 당시 백제 부흥군의 중심지인 주류성이 나당 연합군에게 포위되어 있었다. 일본 군대가 서해안에 도착했고, 8월에 백강에서 전투가 벌어진다. 이때 일본의 전함은 400척이었다. 당나라는 170척의 군함을 백강에 두고 있었다. 일본의 전함이 더 많았지만 일본군은 패하고 일본 전함 400척은 모두 불타버렸다. 이 전쟁이 패하면서 백제왕 풍은 도망을 갔고, 이로써 백제 부흥 운동이 공식적으로 종료된다.

일본군은 후퇴를 하면서 일본으로 망명을 원하는 백제인들을 모두 데리고 갔다. 그 수는 10만 명 정도로 당시로서는 어마어마한 숫자였다. 이들은 이후 일본에서 도래인으로 살아가게 된다.

백강 전투는 일본 역사책에도 나오고, 당나라 역사에도 나온다. 한국의 백강(현재 금강)에서 일본군과 나당 연합군 사이에 대규모 전쟁이 벌어진 것은 사실인 듯하다. 일본이 멀리 백강까지 와서 싸운 이유는 백제 부흥을 위해서였다. 망해가는 백제를 되살리기 위해 군대를 보낸 것이다. 단순히 명목상으로 군대를 보낸 것은 아니었다. 일본이 백제에 파견한 군대는 4만 명, 군선은 400척이었다.

그동안 신라를 괴롭혀온 백제를 멸망시키기 위해서, 신라는 5만 명의 군대를 동원했다. 신라군과 맞선 계백의 결사대는 단지 5천 명이었다. 계백은 정예병을 추려서 5천 명의 결사대만 끌고 갔다고 하지만, 사실 모든 병사들을 다 합쳐도 그 수가 그렇게까지 많지는 않았을 것이다. 남아 있는 병사들이 많았다면 계백 결사대가 패한 다음에도 다른 전투가 있었을 것이다. 하지만 계백 결사대가 무너진 이후, 백제는 제대로 된 전투를 수행하지 못했다. 간신히 성만 지키다가 항복했을 뿐이다. 계백 결사대 5천 명은 당시 백제가 사용할 수 있는 전투력의 전부였다고 봐야 할 것이다.

신라의 병사가 5만 명, 백제의 병사가 5천 명 남짓했던 때에 바다 건너 일본에서는 4만 명의 병사 400척의 전함을 보냈다. 순전히 백제를 부흥시키기 위한 목적으로 말이다. 임진왜란 때 벌어진 한산도 대첩에서 조선군의 전함은 55척, 일본군의 전함은 73척이었다. 이 정도 규모만 되어도 대규모 해전이 되는데, 일본은 400척의 전함을 동원했다. 일본은 정말 모든 국력을 다 기울여서 백제에 지원군을 보낸 것이다.

그런데 일본은 왜 백제에 그토록 큰 규모의 지원군을 보낸 것일까? 당시 백제는 한 번 망한 상태였다. 잔존 세력들이 부흥 운동을 하고는 있었지만, 백제를 되살릴 가능성이 얼마나 되었을까? 상대가 신라뿐이라면 가능성이 높았다고도 볼 수 있다. 신라군은 5만 명이고 일본군은 4만 명,

그리고 백제 부흥군이 있었으니 일본군이 승리할 가능성도 있었을 것이다. 하지만 당시 백제 멸망을 가속화시킨 쪽은 당나라 군대였다. 동아시아에서 최고의 국력을 자랑하던 당나라를 상대로 일본은 전쟁을 벌인 것이다. 게다가 전 국력을 걸었을 정도로 적극적이었다.

일본이 이렇게까지 백제를 도운 것은 일본과 백제가 그만큼 가까운 사이였다는 것을 암시한다. 단순한 우호국 사이에서 이렇게까지 하기는 힘들다. 일본과 백제가 같은 뿌리를 가진 형제 국가이거나, 서로가 연방 국가로서 실질적으로 같은 국가일 때나 가능한 일이다. 그렇기 때문에 10만 명이나 되는 백제 망명인을 아무런 거리낌 없이 일본으로 데리고 돌아갈 수 있었을 것이다.

현대에도 아프리카에서 유럽으로 들어오려는 난민, 멕시코 등에서 미국으로 들어오려는 난민들은 선뜻 받아들여 주는 나라가 없어서 고생하고 있다. 다른 나라의 난민들을 거리낌 없이 들이는 것은 지금도 어려운 일이다. 그런데 일본은 10만 명이 넘는 백제 난민을 아무런 불만 없이 받아들인다. 거의 같은 나라라는 동질성 없이는 이렇게 하기가 힘들다.

백제 부흥 운동에서 가장 큰 전투는 임존성 전투, 주류성 전투도 아니고 바로 백강 전투이다. 백강 전투는 몇백 척의 배가 서로 다툰 전쟁이고, 몇만 명이 서로 대적한 전투이다. 660년, 백제가 멸망할 때 벌어진 황산벌 전투에 이어 가장 큰 전투이다. 오히려 백강 전투 때 백제 부흥군의 전력이 황산벌 전투 때보다 나았다. 게다가 백제 부흥 운동이 실패하게 된 계기도 백강 전투였다. 백제 부흥 운동은 백강 전투에서 패전한 다음 달에 종료된다. 백강 전투에서 지고 나서는 더 이상 백제 부흥 운동이 유지될 수 없었다. 백제가 멸망한 것은 660년 황산벌 전투와 사비성 함락 때문이 아니라, 실질적으로는 백강 전투에서의 패배 때문인 것이다.

그런데 한국 역사책에는 백강 전투에 대한 비중이 그리 크지가 않다. 백제 부흥 운동에 대해서도 흑치상지, 부여풍, 복신, 도침 이야기를 중심으로 다룰 뿐이다. 삼국시대에 일본군 4만 명이 한국에 파견된 적이 있다는 사실이 자존심 상하고, 한국인의 정서에 맞지 않아서일까? 아니면 일본군의 참전이 한국 역사에 아무런 영향을 미치지 않았다고 보기 때문일까? 많은 이유들이 복합적으로 얽혀 있겠지만 백강 전투는 백제 역사의 결정적인 장면이었고, 일본과 백제의 관계가 의문으로 남아 있는 중대한 싸움이었다.

충선왕이 원나라에서
고려를 다스렸던 이유는?

충선왕은 제26대 고려의 왕이다. 고려에서 태어났지만, 20세가 되기 전까지 다섯 차례나 원나라를 드나들었다. 처음 방문할 때는 몇 개월 동안만 원나라에 머물렀지만, 15세가 넘으면서부터는 한번 방문하면 몇 년씩 원나라에 머물렀다. 그러다가 나이가 든 이후로는 거의 고려에 있지 않고 원나라에서 살았다.

충선왕은 1298년, 24세 때 아버지 충렬왕으로부터 왕위를 물려받는다. 충렬왕이 사망하면서 왕위를 물려받은 것은 아니었다. 그 후 충선왕은 고려 왕위를 오래 유지하지 못했다. 당시 고려는 원나라의 속국이었다. 원나라 황제가 충선왕의 고려 왕위를 박탈했다. 충선왕은 고려 왕위를 다시 아버지에게 돌려주고 원나라로 들어간다.

아들에게 왕위를 이어받은 충렬왕은 이후로 10년 동안 고려의 왕으로 지낸다. 그동안에도 충선왕은 계속해서 원나라에서 살고 있었다. 그러다가 1308년에 충렬왕이 죽고, 아들인 충선왕이 다시 고려 왕위를 이어받는다. 충선왕은 10년 만에 고려에 돌아와서 고려 왕위에 오른다. 하지만

3개월도 안 되서 다시 원나라로 들어간다. 이후 충선왕은 계속해서 원나라에서 지낸다. 1313년, 왕위에 오른지 5년 만에 잠깐 고려에 들어오고, 이때 왕위를 아들인 충숙왕에게 넘겨준다. 몇 달 뒤 다시 원나라로 돌아간 충선왕은 이후로 다시는 고려에 오지 않는다. 원나라에서 계속 살다가, 1325년에 51세의 나이로 원나라 수도 대도에서 사망한다.

충선왕이 고려의 왕이던 시점은 24세 때 약 7개월, 그리고 34세 때부터 39세까지 약 5년간이다. 이 기간 동안 충선왕이 고려에 머물렀던 기간은 모두 합쳐서 1년 정도 된다. 특히 두 번째 왕이 된 34세부터 39세까지는 처음 왕위에 오른 동안에만 고려에 있었지, 그 이후에는 계속 원나라에서만 지냈다. 고려 왕의 신분으로, 고려에 있지 않았던 것이다.

한국에서는 충선왕이 고려에는 없었지만, 고려를 통치하는 데는 문제가 없었다고 본다. 충선왕은 원나라에서 계속해서 교지를 내렸다. 왕으로서 명령을 전하는 문서를 써서 고려에 보냈다. 그래서 자신의 의지대로 고려를 통치할 수 있었고, 고려에는 큰 문제가 없었던 것처럼 이야기한다. 심지어 충선왕으로 인해 개혁 정치가 이루어졌다고도 평가한다.

그런데 생각해보자. 한국의 대통령이 외국에 나가 있으면 어떻게 될까? 대통령이 외국을 10일 정도 순방하고 온다면 정부에 어떤 일이 벌어질까? 매일매일 이루어지는 일상적인 업무는 크게 상관이 없을 것이다. 하지만 대통령이 결정해야만 하는 일들이 있다. 그 사이에 국가적인 비상 사태가 발생하거나 중요한 정책들이 계류될 수도 있다. 실질적인 업무 처리는 행정 관료들의 몫이라고 해도 마찬가지이다. 대통령은 단지 서류에 결재 사인만 할 뿐이다. 그러니 대통령이 없어도 정부는 굴러가게 마련이라고 생각할 수도 있다. 하지만 대통령의 사인이 없으면 행정 관료들은 움직이지 않는다.

회사 사장의 경우도 마찬가지이다. 사장이 자리에 있는 회사와 사장이 출장가거나 외출한 회사는 분위기가 다르다. 아무리 조그만 회사라 하더라도 사장이 있는 것과 없는 것은 분명한 차이를 지닌다. 그런데 충선왕은 왕위에 있는 동안 거의 고려에 있지 않았다. 원나라 수도에서 편지를 써서 고려 국정을 돌보았다. 당시는 전화가 없었다. 중국 원나라 수도에서 고려 수도 개경까지 문서 하나를 보내고 답장을 받으려면 몇 개월이 걸린다. 아무리 왕이 지시한 내용들이 구구절절 옳고 훌륭하다 하더라도, 제대로 일이 굴러갈 수가 없다.

그런데 왜 충선왕은 고려 왕이 되었으면서도 원나라에만 머물렀던 것일까? 원나라가 충선왕을 억류했을까? 그렇지 않다. 충선왕은 쿠빌라이의 손자였다. 그리고 충선왕은 어려서부터 원나라에 주로 있었기 때문에 원나라 고위직들과도 안면이 있었다. 당시 새로 황제가 된 무종과도 각별한 사이였다. 충선왕은 자신의 의지로 원나라에 머물렀지, 고려로 가지 말라는 원나라의 압박이 있었던 것은 아니다.

그렇다면 충선왕이 어려서부터 원나라에서 살았기 때문에 원나라가 익숙해서 그랬을까? 그렇게 평가하는 사람들도 있지만, 충선왕은 분명 고려에서 태어났다. 어린 시절은 분명히 고려에서 지냈다. 15세 이전에도 원나라를 방문하긴 했지만, 여행 삼아 간 것이지 살러 간 것은 아니었다. 16세 이후에는 원나라와 고려를 왔다 갔다 하며 살기 시작했는데, 이것만 가지고 충선왕이 고려보다 원나라를 더 익숙하게 여겼다고는 말할수는 없다. 한국에서 고등학교를 졸업한 후에 유학을 가는 학생들을 생각해보자. 이들이 한국에 한 번도 돌아오지 않고 외국에서 몇십 년을 산다음에는 한국이 낯설어질 수도 있다. 하지만 계속해서 한국을 왔다 갔다 하면서 지낼 경우, 젊은 나이에 한국을 어색하게 느낄 정도까지 되지는 않는다.

충선왕이 정치에는 관심이 없어서 복잡한 고려의 정치판을 벗어나고 싶었을까? 그렇지도 않다. 1298년, 충선왕이 처음 고려 왕이 되었을 때 충선왕은 의욕적이었다. 여러 가지 개혁도 실시하려 했다. 그리고 무엇보다 충선왕은 원나라에 있으면서 원나라 정치의 중심에 있었다. 정치에 관심이 없는 사람은 아니었다.

사실 충선왕이 고려에 돌아오지 않으려 했던 이유는 어렵지 않게 찾을 수 있다. 한국 대기업의 상임 이사로 지내고 있는 사람이 있다고 가정해 보자. 이 사람에게 중소기업의 사장으로 오라고 하면 어떨까? 대기업의 상임이사는 높기는 하지만 최고 권력자는 아니다. 최고 권력자가 될 가능성도 없다. 하지만 중소기업에서는 사장이다. 모든 것을 마음대로 할 수 있다. 이런 경우 사람들은 대기업 상임이사를 선택할까, 아니면 중소기업 사장을 선택할까? 중소기업 사장을 선택하는 사람도 있을 것이다. 하지만 사회적 위상이나 사용할 수 있는 인원, 자금 등에서 중소기업 사장과 대기업 상임이사는 상대가 되지 않는다. 실제 우리들은 삼성전자 전무를 더 높게 볼까, 매출액 몇백억 원의 중소기업 사장을 더 높게 볼까? 이런 경우 대부분의 사람들은 삼성전자 전무를 높게 본다.

물론 국가 지도자인 경우에는 다르다고 생각할 수 있다. 그렇다면 한국에서 장관을 지내는 것과 태평양 폴리네시아나 아프리카 국가들 중 한 나라의 대통령이 되는 것 중에서 어느 쪽이 더 나을까?

충선왕은 원나라 태조 쿠빌라이의 손자였다. 단순히 손자라는 이유로 원나라에서 높은 권력을 잡을 수 있었던 것은 아니었다. 쿠빌라이의 손자는 무수히 많았다. 하지만 충선왕은 새로 황제가 된 무종과 밀접한 관계가 있었다. 충선왕은 당시 원나라에서 높은 지위를 누리고 있었다.

아무리 충선왕이 원나라에서 지위가 높다 해도 고려 왕보다는 못하다. 고려 왕은 고려 내에서 왕으로서의 생활을 누릴 수 있다. 그러나 원나라에서는 아무리 지위가 높아도 신하일 뿐이다. 하지만 원나라 고위직과 고려 왕 둘 중에서 무엇이 더 좋은 것일까? 충선왕에게는 어떤 지위가 더 중요했을까?

충선왕은 고려 왕이 되는 것보다 당시 세계 제국인 원나라의 고위직을 선택했다. 이는 당연하다면 당연한 일이다. 하지만 고려로서는 상당히 모욕적인 일이다. 폴리네시아 섬나라 대통령직을 뿌리치고 한국 장관으로 오는 것은 당연한 일이다. 하지만 폴리네시아 섬나라한테는 상당히 모욕적인 일인 것이다. 그래서 한국은 충선왕이 고려 왕이면서 원나라에 머문 이유는 잘 이야기하지 않는다. 충선왕의 선택은 외국에 점령당한 것보다 한국에 더 수치스러운 일일 수 있는 것이다.

임진왜란은 일본의 기습으로
시작된 것이 아니다?

임진왜란에 대한 기존 역사서들의 내용은 대체로 '어느 날 갑자기' 일본군이 침략해 들어왔다는 것에서부터 시작된다.

'어느 날 아침, 부산 앞바다에 일본 배들이 몰려왔다. 신무기인 조총으로 무장을 한 일본군들이 갑자기 조선을 침략했다. 하지만 조선은 아무런 준비를 하지 않은 상태였다. 일본군의 기습 때문에 조선군은 제대로 준비도 하지 못하고 당할 수밖에 없었다. 부산에 상륙한 일본군은 한 달 만에 한양성까지 도달한다. 당시 부산에서 한양은 보통 한 달이 걸리는 길이었다. 일본군은 전투라 할 만한 것은 하지도 않고 그냥 부산에서 서울로 올라온 것이다. 조선은 전쟁 준비가 되어 있지 않았기 때문에 이렇게 전쟁 초기에 속수무책으로 당하고 말았다.'

그런데 정말로 일본은 조선을 기습한 것일까? 조선이 준비되지 않은 시기를 노려 갑자기 쳐들어온 것일까?

일본군의 선봉장은 1군 사령관 고니시 유키나가, 2군 사령관 가토 기요마사로 총 두 명이었다. 고니시 유키나가는 일본 규슈 지방의 영주를 지내고 있었는데, 사실 그는 조선과의 전쟁을 반대한 사람이었다. 고니시 유키나가가 조선과의 전쟁을 반대한 이유는 두 가지를 들 수 있다. 먼저 일본은 오랜 통일 전쟁을 끝내고 이제 드디어 전쟁이 없는 시대가 되었다. 오랜만에 평화를 달성했는데 명나라에 쳐들어간다는 이유로 조선과 전쟁을 하는 것은 옳지 않다고 생각했다. 또한 고니시 유키나가는 독실한 천주교 신자였다. 전쟁을 바라지 않았고, 특히 아무런 실익이 없는 외국과의 전쟁은 원하지 않았다.

그래서 고니시 유키나가는 전쟁을 하지 않기 위해서 정말로 오랫동안 노력했다. 전쟁이 일어나기 전 조선이 일본에 통신사를 보내도록 노력한 것도 고니시 유키나가였다. '조선이 일본에 통신사를 보냈으니 조선과 싸울 필요가 없지 않느냐'라고 일본 관백 도요토미 히데요시를 설득하기 위해서였다. 도요토미 히데요시가 명나라에 쳐들어갈 것을 선언하고 조선과 싸움을 준비하는 몇 년 동안, 고니시 유키나가는 온갖 방법을 동원해가며 전쟁을 막으려고 했다.

고니시 유키나가와 한통속으로 조선과의 전쟁을 막으려 했던 쪽은 대마도였다. 대마도는 일본에 속하기는 하지만 조선과 통상을 해야만 먹고 살아갈 수 있는 곳이었다. 대마도에는 거주민이 모두 먹고살 만큼의 쌀이나 물품이 나지 않았기 때문에 조선에서 쌀을 가져와야 했다. 이런 상황에서 조선과 전쟁이 발발하면 대마도 주민들은 기근에 시달릴 게 뻔했다. 전쟁 시기에는 일본 본토에서 도와준다고 하지만, 전쟁이 끝나고 대마도와 조선 간에 관계가 틀어지면 이후의 생존에도 문제가 생긴다. 또한 대마도의 영주인 대마도주는 고니시 유키나가의 사위이기도 했다. 규슈 지방의 영주였던 고니시 유키나가와 대마도주는 서로 힘을 합쳐서 조선과의 전쟁을 막기 위해 노력을 기울인다.

고니시 유키나가는 처음에 도요토미 히데요시를 설득하려 했다. 전쟁이 필요 없다고 주장을 하기도 했고, 도요토미 히데요시가 조선을 쳐들어갈 기미를 보이자 조선에서 사신이 올 테니 기다리라는 등의 연막을 쳤다. 일본 내에서만 이런 노력을 한 것은 아니다. 고니시 유키나가와 대마도주는 조선에 계속해서 사신을 보냈다. 도요토미 히데요시가 새로 취임했으니 사신을 보내달라, 서로 친선을 도모하자는 등의 요구를 했다. 조선의 사신이 일본에 자주 오가고, 도요토미 히데요시와 서로 잘 지내게 되면 전쟁이 벌어지지 않을 것이라는 기대에서였다.

이런 화친책은 실패했다. 조선은 일본을 오랑캐로만 생각했고, 일본과 친선을 도모할 생각이 아예 없었다. 고니시 유키나가는 조선의 통신사가 일본에 오면 최소한 통신사들이 일본의 사정을 알고, 이대로 가면 전쟁이 나겠구나를 느끼고 도요토미 히데요시를 다독여서 전쟁이 나지 않도록 같이 노력해줄 줄 알았다. 당시 일본이 조선에 쳐들어갈 것이라는 것은 사실 저잣거리의 행인들도 알고 있는 공공연한 비밀이었다. 하지만 조선 통신사 김성일은 조선으로 돌아가서 일본이 조선에 쳐들어온다는 것은 모두 헛소문이라고 보고를 한다. 도요토미 히데요시는 그럴 능력도 안되는 졸렬한 사람이라는 평가를 덧붙여서 말이다. 황성윤 등은 일본이 반드시 조선에 쳐들어올 것이라고 보고하였지만, 조선 정부는 김성일의 의견을 받아들인다.

조선 통신사가 일본을 다녀갔지만 일본이 조선에 쳐들어가려는 분위기는 수그러들지 않았다. 고니시 유키나가와 대마도주는 조선을 대상으로 더 적극적인 설득에 들어간다. '일본 내에서는 이미 조선에 쳐들어간다는 것이 기정사실화 되어 있다. 이제 전쟁을 막기 위해서는 조선이 앞으로 나서서 무언가를 해야 한다. 조선 사신이 일본에 계속 와서 도요토

부산진순절도(釜山鎭殉節圖)
보물 제391호, 육군 박물관 소장

임진왜란 당시 경상도 제1의 해상 관문 부산진성에 상륙한 왜군과의 격전을 묘사한 기록화이다. 부산진성은 하루 만에 함락된다. 그런데 과연 조선이 왜군의 공격에 대비할 시간이 없었을까?

미 히데요시를 달래거나, 조선 왕족이 일본에 오거나, 조선이 일본에 국서를 계속 보내거나 무언가가 계속 진행되어야 전쟁이 나지 않는다'라는 말들을 조선에 전하고, 조선의 반응을 떠본다. 하지만 조선 왕실은 이런 말들을 귓등으로도 듣지 않는다. 조선 입장에서는 통신사를 한 번 보낸 것만으로도 분에 넘치게 일본을 고려한 것이었다.

결국 고니시 유키나가 등은 일본의 계획을 그대로 조선 정부에 알린다. 일본 규슈 나고야에 이미 조선 정벌을 위한 기지가 만들어지고 있다는 것, 어느 정도 규모의 군대가 준비되고 있다는 것, 그리고 언제쯤 조선을 침략할 것이라는 것 등을 모두 조선에 알려준다. 이렇게까지 준비가 되어가고 있는 상황이니 제발 전쟁을 막기 위해 같이 노력해달라고 매달리기까지 한다. 하지만 조선 정부는 이런 말들을 모두 무시한다. 마지막에 고니시 유키나가 측은 언제 일본군이 조선에 쳐들어올 것인지 그 날짜까지 말해준다. 하지만 이런 최후통첩도 소용이 없었다. 조선 정부는 이런 정보들을 모두 헛소리로 치부하고 귀 기울여 듣지 않았다.

당시 일본이 조선에 쳐들어간다는 것은 군사 기밀이 아니었다. 일본은 몇 년 동안 조선에 쳐들어가기 위한 전쟁 준비를 했다. 일본에서는 위로는 다이묘에서부터 일반 백성들까지 모두 알고 있는 사실이었다. 일본만 전쟁이 난다는 것을 안 것도 아니었다. 당시 일본은 류큐 왕국, 서양 제국, 중국 등과 교류를 하고 있었다. 일본 사람들은 이들과 거래를 하면서 전쟁 준비를 한다는 말을 거리낌 없이 떠들었고, 전쟁에 필요한 물자들을 거래하기도 했다. 일본이 조선을 침략한다는 것은 동아시아 전체에서 모두 알고 있었던 셈이다. 중국도 당연히 알고 있었다. 중국은 일본군이 언제 조선을 향해 진격하는지까지 알고 있었다. 그런데 이것은 어떤 특별한 첩보 활동으로 알게 된 것이 아니다. 이 날짜는 고니시 유키나가가 조선에도 알려준 것이다. 일본군이 조선에 쳐들어가는 날짜도 동아시아 모두가 알고 있었던 셈이다.

그래서 당시 중국은 조선을 의심했다. 일본군이 조선에 들어간다고 하는데, 조선은 이에 대해 아무 말이 없다. 일본군이 조선에 들어가는 이유는 명나라를 치기 위해서였다. 조선을 통과해서 명나라로 쳐들어가는 것이 일본군의 목적이었다. 그렇게 일본군이 쳐들어온다는데, 조선은 이에 대해 아무 말이 없다. 당시 중국은 조선이 일본과 손을 잡고 같이 명나라에 쳐들어올지도 모른다고까지 생각했다. 그렇지 않고서야 조선이 일본군에 대해 아무 말도 안하고 있을 리가 없는 것이다.

조선은 과연 일본군에게 기습을 당한 것이었을까? 일본군이 치사하게 기습 공격을 해서 조선은 초기에 그렇게 당할 수밖에 없었던 것일까? 조선이 준비가 안 된 상태에서 일본과 전쟁에 끌려들어간 것은 맞다. 준비가 전혀 안 되어 있었기에 일본군이 부산에 상륙한지 한 달 만에 한양성까지 빼앗긴 것이다. 하지만 일본군의 침략이 기습이었냐고 하면 기습으로 볼 수는 없다. 주먹을 날리려 하니 준비하라고 계속해서 말을 했는데 아무런 준비 없이 결국 주먹에 정통으로 맞았다면, 이것은 기습에 당했다고 볼 수 없다.

당시 조선 정부가 무능했다고밖에 말할 수 없다. 국제 정세에 대해 깜깜이었고, 또 다른 나라 사람들의 말을 전혀 들으려고 하지도 않았다. 고니시 유키나가와 대마도주는 정말로 조선 정부에 대해 답답해 했다. 그렇게 일본군이 쳐들어온다고 이야기하는데 끝까지 그 말을 무시하기만 하는 조선 정부를 이해할 수 없었다. 일본과 화친하기 싫다면 차라리 일본군과 싸우기 위한 전쟁 준비라도 해야 하는데, 그것조차 하지 않는 조선을 이해하지 못했다.

한국은 당시 임진왜란 초기의 철저한 패전을 일본의 기습 공격 때문으로 본다. 미리 준비를 했으면 그렇게까지 당하지는 않았을 것이라는 위안이다. 하지만 임진왜란을 기습 공격으로 보기는 어렵다. 당시 조선 정부의 무능함을 숨기려는 변명일 뿐이다.

조선이 통신사를 보내
일본을 가르쳤다?

조선이 일본에 보낸 가장 대표적인 통신사는 임진왜란이 발생하기 전 황윤길, 김성일 등으로 구성된 이들이다. 임진왜란이 종료된 이후에도 조선은 10여 차례에 걸쳐 일본에 통신사를 보낸다. 조선이 통신사를 보낸 이유는 '일본이 통신사를 보내줄 것을 요구해서'이다. 조선은 일본을 오랑캐로 여겨 상대하지 않으려 했지만, 일본 사신이 와서 계속해서 통신사를 요청했다. 그래서 조선은 문명국으로서 일본에게 한 수 가르쳐준다는 생각으로 통신사들을 보낸다. 근대화가 되기 전에는 조선이 계속해서 일본에게 무언가를 가르쳐준 존재였다.

그런데 만약 조선의 통신사가 사실은 일본의 요구에 의해서가 아니라, 조선이 스스로 보낸 것이라면 어떻게 될까? 일본은 별 관심이 없는데 조선이 스스로 통신사를 일본에 보냈던 것이라면? 일본에서 새로운 쇼군이 등장했을 때, 조선이 스스로 통신사를 보내 축하한 것이라면 조선과 일본의 관계는 어떻게 달라질까?

1590년, 조선에서는 일본의 요구에 따라 황윤길, 김성일을 통신사로 파견한다. 일본에서는 도요토미 히데요시가 권력을 잡았고, 조선에서 사신이 와서 자신들을 축하해주기를 원했다. 조선에서는 보내기 싫었지만 일본 사신들이 계속 찾아와 사정사정을 해서 통신사를 보냈다. 일본이 조선을 쳐들어온다는 이야기가 있는데, 그것이 사실인지 아닌지도 알아볼 겸해서 통신사를 보내게 되었다. 이것이 한국 역사의 관점이다.

그런데 일본의 입장은 완전히 다르다. 일본에서는 조선에서 온 통신사가 조선의 항복 사절인 것으로 생각하고 있었다. 도요토미 히데요시는 오랜 전란을 끝내고 일본을 통일했고, 일본 최고의 권력자로 등극했다. 이제 그 힘을 이용해서 조선을 거쳐 명나라로 쳐들어가려 하고 있다. 그런데 일본 군대가 조선을 거치는 것을 두려워한 조선이 일본에 항복 사절을 보낸 것으로 생각했다. 그래서 최소한 조선과는 전쟁을 하지 않아도 되는 것으로 생각하고 조선 통신사들을 반겼다.

중간에서 농간을 부린 것은 대마도였다. 조선에서는 일본국의 사신이 온다고 생각했다. 일본 국왕이 보내는 국서와 사신이라고 생각하고 이들을 대접했다. 하지만 일본은 조선에 사신을 보낸 적이 없었다. 대마도에서 보낸 사신이었다.

대마도는 조선과 통상을 하고자 했다. 하지만 조선에서는 일본의 일개 섬인 대마도주를 상대하려고 하지 않았다. 그래서 대마도주는 편법을 사용한다. 대마도 가신들을 일본국 사신인 것처럼 위장해서 조선에 파견한 것이다. 조선은 대마도주가 파견한 사신은 거들떠보지도 않았지만, 일본국 사신에 대해서는 어느 정도 신경을 썼다. 그래도 한 나라를 대표하는 사신이기 때문에 그에 맞는 예의를 갖추고자 했다.

대마도는 국서도 위조한다. 일본 국왕이 조선 왕에게 보내는 것처럼 편지를 썼다. 도장도 위조해서 찍었다. 그런 식으로 대마도는 계속해서 조선에 사신을 보내고, 조선 정부와 협상을 했다. 조선은 일본의 요구에 따라 삼포를 개항했다. 하지만 사실상 삼포 개항을 요구한 것은 일본국이 아니라 대마도였다. 대마도는 일본국의 이름을 빌어 조선과 거래한 것이다.

임진왜란이 일어나기 전, 일본 전체는 조선을 거쳐 명나라로 쳐들어가는 것이 기정사실화되어 있었다. 대마도주와 규슈 지방의 영주였던 고니시 유키나가는 어떻게 하면 전쟁이 일어나지 않을까를 고민했다. 그러다가 '만약 조선이 일본에 항복 사절을 보내면 전쟁을 막을 수 있지 않겠는가'라고 생각한다.

그래서 고니시 유키나가와 대마도주는 조선이 일본에 항복 사절을 보내도록 수작을 부린다. 조선이 항복 사절을 보낼 리는 없다. 그래서 통신사를 보내달라고 했다. 조선에서는 사절인지 통신사인지가 중요했다. 하지만 일본에서는 똑같이 조선에서 온 손님일 뿐이다. 조선이 통신사를 보낸다 하더라도 중간에서 항복 사절이라고 말하면 되었다. 조선인들은 일본말을 모르고, 일본인들은 조선말을 모른다. 통역을 할 수 있는 사람은 대마도 사람들뿐이다. 대마도 사람들이 중간에 통역을 제대로 하지 않고 말들을 전부 다 바꾸면 되는 것이다. 조선에서 보낸 국서가 있지만, 어차피 일본 장수들은 한문을 읽을 줄도 모른다. 국서도 위조하면 되고, 국서를 읽어보라 하면 다른 말로 바꾸어서 말하면 된다. 대마도는 그런 식으로 중간에서 사기를 쳤고, 일본 사람들은 끝까지 조선의 통신사가 항복 사절인 것으로 알았다.

결국 조선과 일본이 전쟁을 하게 되었을 때, 오히려 일본 사람들은 조선이 배신을 했다고 생각했다. 분명히 몇 년 전까지 항복 사절까지 보냈으면서, 조선은 명나라로 가는 일본군을 돕지 않고 막아섰다. 당시 일본

통신사행렬도(通信使行列圖), 국사편찬위원회 소장

일본 측에서 그린 통신사행렬도의 일부분. 몇백 년 동안이나 대마도에 속아
일본이 가르침을 청한다고 믿었을 조선의 통신사들이 위엄 있게 이동하고 있다.

은 조선이 배반한 것으로 생각했다.

　대마도는 임진왜란 이후에도 이런 식으로 일본국의 이름을 빌어 조선
과의 협상을 계속한다. 일본 국왕의 이름, 일본 쇼군의 이름으로 국서를
쓰고, 그 국서를 대마도 신하의 손에 들려 조선에 보낸다. 그러면 조선은
일본 국왕이 보낸 친서라 하여 그 사신을 예의에 맞게 대응해주었다. 대
마도에서 보낸 국서의 내용과 사신의 말들은 조선의 입맛에 꼭 맞았다.
조선이 상국이고, 문화국이니 일본에 많이 가르쳐달라는 식의 말들이었
다. 대마도는 이런 국서를 이용해서 이익을 챙기려고 했다. 어차피 거짓
말이니 무슨 말을 해도 상관이 없었던 것이고, 조선이 원하는 말, 좋아하
는 말로 거짓 국서를 써서 보냈다.

　조선 국왕은 국서를 받으면 답장을 했다. 그리고 상국으로서 일본 국

왕에게 도장과 선물들도 보냈다. 하지만 조선이 보낸 선물과 편지는 모두 대마도에서 챙겼다. 일본 국왕, 그리고 일본 막부는 대마도와 조선 사이에 이런 일이 벌어지는지도 몰랐다.

결국 대마도의 이런 사기 행각은 일본에서 발각된다. 대마도가 일본 국왕의 이름을 마음대로 사용하고, 도장도 마음대로 만들어서 찍고 다녔다는 것이 들통난다. 일본 막부는 이 건에 대해 조사를 했지만, 결국 눈을 감고 넘어간다. 대마도가 일본 국왕의 이름을 도용했다고 해서 일본에 해가 된 일은 없었다. 일본의 체면 등이 문제될 수도 있겠지만, 어차피 일본은 조선과 왕래하지 않았다. 조선이 어떻게 생각하든 별 상관없는 일이었다. 그래서 대마도는 그 이후에도 국서 위조, 사신 파견 등을 마음대로 한다. 일본이 근대화되고 메이지유신이 시작될 무렵까지, 대마도는 계속 일본 국왕의 이름으로 조선과 거래를 했다.

일본이 정말로 조선에 국서를 보낸 것은 메이지유신 이후이다. 1868년, 메이지유신을 통해 막부 체제를 폐지한 일본에는 천황 체제가 들어선다. 새로운 체제가 들어섰으니 주변 국가에 사신을 보내고자 했고, 그래서 '진짜' 일본의 사신이 조선 동래에 들어온다.

조선은 사신들의 국서 내용을 보고 글자를 고쳐달라고 요구한다. 이전에는 조선 측에서 국서의 내용을 문제 삼으면 국서를 고쳐서 보내왔다. 하지만 이때는 달랐다. 일본 측에서는 천황이라는 용어를 바꿀 수 없다고 고집을 부렸다.

이때 조선은 굉장히 당혹해했다. 지난 몇백 년 동안 고분고분하던 일본이 태도를 바꾼 것이다. 국서의 내용을 바꾸라고 하면 바꾸고, 사신단 인원을 바꾸라고 해도 바꾸던 일본국 사신들은 도무지 말을 듣지 않았다. 이번에는 대마도가 끼어들어서 국서를 조작할 수도 없었다. 천황 중심의 중앙집권제가 이루어지고 있었고, 이제 천황의 이름을 걸고 딴짓을 했다가는 대마도가 화를 입을 수도 있었다. 결국 이 일은 몇 년을 끌게 되고, 결국 일본에서 정한론이 일어나게 되는 계기가 된다.

중요한 것은 조선 시대에 이루어진 일본과의 교섭이 대부분 대마도와 이루어진 일이라는 점이다. 일본국 사신과 만나서 거래를 한 적은 거의 없다. 한국에서는 근대화가 이루어지기 전까지 한국이 일본을 가르쳤다고 생각한다. 하지만 실제 한국이 가르친 것은 대마도이지 일본이 아니다. 그리고 한국에서 일본에 문물을 전파했다고 소개하는 통신사는 일본 측에서 볼 때는 거의 조공 사절과 비슷한 것이었다. 일본은 조선이 일본을 두려워하고 존경해서 통신사를 보내는 것으로 생각했다. 일본이 한국을 우습게 본 역사는 단지 근대 이후에 벌어진 일만은 아니다.

가장 큰 책임은 물론 대마도에 있다. 그런데 어떻게 조선 정부는 대마도에 완전히 속아 넘어간 것일까? 한두 해도 아니고 몇백 년 동안이나 말이다. 게다가 끝까지 그 사실을 알지도 못했다. 조선의 외교력과 정보력에 정말 문제가 있었다고 볼 수밖에 없다.

임진왜란이 일어나기 2년 전인 1590년, 조선에서는 일본에 통신사를 파견한다. 일본이 계속 통신사를 파견해줄 것을 요청해서 보내는 통신사였다. 정사는 황윤길이었고, 부사는 김성일이었다. 그리고 서장관으로 허성이 있었다. 이들에게는 통신사로서 해야 할 일 말고 또 다른 임무가 있었다. 당시 조선에는 일본이 쳐들어올 것이라는 이야기가 떠돌았는데, 일본이 정말로 조선에 쳐들어올 예정인지 아닌지를 탐지하는 별도 임무가 주어진 것이다.

통신사 일행이 조선으로 귀국한 후, 일본 사정에 대한 보고가 있었다. 정사 황윤길은 일본은 반드시 조선에 쳐들어올 것이라고 이야기했다. 서장관인 허성도 일본이 조선을 침략해 들어올 것이라고 이야기했다. 그런데 김성일은 그들과는 달리 일본이 조선에 쳐들어오지 않을 것이라고 보고했다.

도요토미 히데요시의 인상이 어떠했는가에 대한 질문에 대해서 황윤길은 '눈빛이 반짝반짝하여 지략이 있는 사람'이라고 대답했다. 그에 대하여 김성일은 '쥐새끼 같아서 두려워할 위인이 못 된다'라고 응답했다.

조선 대신들은 결정을 해야 했다. 일본은 조선에 쳐들어올 것인가 처들어오지 않을 것인가? 통신사로 다녀온 사람들의 의견은 통일되지 않았다. 일본이 쳐들어온다는 의견이 둘, 일본이 쳐들어오지 않을 것이라는 의견이 하나였다. 그런데 한 명의 반대 의견이 둘보다 더 적극적이었다. 김성일은 당당하고도 분명히 일본이 쳐들어오지 않을 것이라고 이야기했다. 결국 조선 대신들은 일본은 쳐들어오지 않을 것이라는 판단을 내렸다. 황윤길은 일본에 겁을 먹었고, 그래서 히데요시가 대단한 인물이라고 착각하고 일본이 쳐들어온다는 망상을 한 것이라고 생각했다.

지금 우리는 아쉬워한다. 김성일이 제대로 판단했다면 임진왜란이 일어나지 않았을 수도 있지 않을까? 임진왜란이 발발했더라도 피해가 줄어들지는 않았을까? 대체로 김성일이 그때 제대로 된 보고를 했다면 괜찮았을 것이라고 생각한다. 그런데 정말 그럴까? 김성일이 일본이 쳐들어온다고 보고를 했다면, 조선은 그때부터 열심히 전쟁에 대비하기 시작했을까?

우선 일본이 조선에 쳐들어올 것인가 아닌가의 의견은 2 대 1이 아니었다. 지금 대부분의 역사책에서는 1590년 조선 통신사로 황윤길, 김성일, 허성만 이야기한다. 그런데 당시 조선 통신사로 일본을 방문한 사람이 세 명만이 아니었다. 최고 책임자와 부책임자가 세 명이었던 것이고, 그 이외에도 무수히 많은 사람들이 함께 일본을 방문했다.

지금 대통령이 외국을 방문한다고 할 때, 대통령 혼자 외국에 가는 것이 아니다. 수행원들도 같이 가고, 기업인들도 같이 간다. 전세 비행기 하나가 꽉 찰 정도로 많은 인원이 움직인다. 장관이 외국을 방문한다고 해도 장관 혼자 가는 것이 아니다. 비서, 사무관, 각 부문별 협상자들이 모두 같이 움직인다. 1590년에도 마찬가지였다. 더군다나 몇백 년 만에 처음으로 일본을 정식으로 방문하는 자리였다. 책임자 세 명 외에 무관들도 같이 가고, 하급 관리도 같이 가고, 하인들도 같이 갔다. 조선 후기의 통신사 일행은 300명이 넘을 때도 있었다. 1590년에도 역시 100명이 넘는 인원이 일본을 방문했다.

100여 명의 사람들은 일본의 조선 침략에 대해 어떻게 생각했을까? 그들은 모두 일본이 조선을 침략해올 것이라고 보았다. 사실 제대로 눈이 박혀 있으면 당시 일본을 방문했을 때 일본이 조선을 침략할 것이라는 것을 모를 수 없었다. 일본이 조선에 쳐들어올 것은 명약관화한 일이었고, 일본은 전쟁 준비도 거의 다 마친 상태였다.

일본이 조선에 쳐들어올 것인가 아닌가는 2 대 1의 의견 대립이 아니었다. 김성일을 제외한 나머지 사람들 모두가 일본이 조선에 쳐들어올 것이라고 했다. 조선 정부는 세 명의 의견 대립 중에서 한 명이 가진 소수 의견을 택한 것이 아니다. 100여 명이 모두 일본의 조선 침략을 이야기하고 있는데, 일본이 조선에 쳐들어오지 않을 것이라고 주장하는 단 한 명의 주장을 채택한 것이다.

어떻게 해서 이런 현상이 벌어질 수 있을까? 이것은 누구의 의견이 더 맞고 틀리고의 문제가 아니다. 누구의 의견이 더 합당한가의 문제도 아니다. 조선 대신들은 그냥 자신들이 듣고 싶은 이야기만 들었을 뿐인 것이다. 누구의 말이 더 맞는가를 신중하게 생각했다면 100여 명 중에서 단지 한 명의 의견을 채택했을 리가 없다. 게다가 100여 명은 단순히 자기 생각과 의견만을 제시한 사람들도 아니었다. 직접 일본을 방문하고 온 사람들이다. 그들 모두의 의견을 무시했다. 말을 듣지 않으려고 작정했기에 가능한 일이다. 인정할 수 있는 것만 받아들이고, 이해할 수 없는 일은 절대 받아들이지 않는 사고방식에서나 이런 일이 가능하다.

쉽게 말하면, 이때 조선 왕과 대신들의 사고방식은 광신도와 비슷한 것이다. 광신도들은 누구 말이 맞는지를 합리적으로 따지지 않는다. 다른 사람들의 의견을 깊게 생각하지도 않는다. 다른 사람들이 아무리 자기들의 의견에 반대해도 상관없다. 자신들의 생각을 지지하는 사람의 의견만 받아들인다. 당시 조선의 대신들은 광신도들의 사고방식을 가지고 있었기 때문에 자신들이 생각하는 유교 질서, 사대부 세계만 귀에 들어왔다. 유교와 사대부적 질서에서는 오랑캐 일본이 문명 대국인 명나라로 쳐들어간다는 것은 있을 수 없는 일이다. 오랑캐 일본이 형님 나라인 조선에 쳐들어온다는 것도 있을 수 없는 일이다. 자신들의 세계관과 사고방식에서는 일본이 조선에 쳐들어온다는 것을 이해할 수가 없었고, 그래서 그 의견들을 모두 무시한 것이다.

그런데 만약 김성일도 일본이 조선에 쳐들어올 것이라는 의견을 내세웠다면 어떻게 됐을까? 조선 대신들은 '일본에 다녀온 모두가 일본이 쳐들어온다고 한다. 그러니 일본은 분명 쳐들어올 것이다. 일본의 침략에 대비를 하자'라고 결정을 내렸을까?

그렇게 됐을 가능성은 거의 없다고 봐야 한다. 오히려 '일본에 다녀온 사람들은 모두 겁쟁이들이다. 일본에 세뇌를 당했다. 인물이 없었다' 등의 말로 통신사 일행 모두를 비난했을 것이다. 어떤 논리를 내세우든, 결국 통신사 일행의 의견을 받아들이지 않았을 것이다. 오랑캐이며 소국인 일본이 문화 대국인 명나라나 소중화국인 조선에 쳐들어온다는 것은 말도 안 되는 일이다. 그러니 일본에 다녀온 사람들이 이런 저런 말을 한다고 해도 오랑캐가 문화대국을 침략하는 일은 일어날 수가 없는 것이다.

김성일을 제외한 나머지 사람들은 모두 일본이 조선에 쳐들어올 것이라고 보았다. 이후에 이들은 자신의 직책에서 할 수 있는 대로 일본의 침략에 대비할 만한 일들을 했다. 무관들은 성을 보수하고 식량을 챙기기 시작했다. 이들은 일본이 쳐들어올 것이라는 자신들의 생각이 단순한 의견이 아니라 반드시 일어날 사실이라고 본 것이다. 하지만 조선 정부는 이렇게 이들이 전쟁에 대비하는 것도 막았다. '쓸데없이 전쟁 준비를 해서 민심을 어지럽힌다'라는 이유로 전쟁 준비를 위한 활동까지 금지한 것이다.

1592년, 결국 임진왜란이 발발한다. 이때 조선 정부는 김성일에 대한 체포 명령을 내린다. 김성일이 보고만 제대로 했다면 전쟁에 잘 대비했을 텐데, 김성일 때문에 모든 일이 그르쳤다는 이유에서였다. 하지만 김성일은 처벌되지 않고 오히려 초유사로 임명되어 경상도 지역에서 전쟁을 지휘한다. 정말 잘못한 쪽은 김성일이 아니라는 것을 조선 정부 대신들도 알았기 때문에, 김성일에 대한 강력한 처벌을 회피한 것 아닐까?

직접 일본을 경험한 100여 명 중에서 단지 한 명만 다르게 판단했다는 것이 진짜 문제가 될 수는 없다. 다른 100여 명의 공통된 의견을 듣지 않고, 당장에 듣기 좋은 의견을 채택한 것이 임진왜란을 앞둔 조선의 진정한 문제였다.

병자호란의 시작,
청나라 황제의 즉위식 때 벌어진 일은?

조선 인조 때 일어난 병자호란은 임진왜란과 더불어 조선 시대를 뒤흔든 가장 큰 외침이었다. 임진왜란은 7년 동안 진행되어 국토가 황폐화되긴 했지만 어쨌든 조선이 이긴 전쟁이었다. 조선은 끝까지 일본에 항복하지 않았고, 결국 일본이 패해서 돌아갔다.

하지만 병자호란은 조선이 청나라에 항복한 전쟁이다. 12월 초에 압록 강을 건넌 청나라는 단 한 달 만에 승리를 거두었다. 인조 임금은 청나라 태종 앞에 끌려가 아홉 번 절하는 항복의 예를 올렸다. 전쟁 기간이 짧았기 때문에 참혹함은 적었지만, 그 이후의 역사는 임진왜란에 못지않은 영향을 주었다. 무엇보다 우리나라 왕이 외국 왕 앞에 무릎을 꿇은 치욕을 안겨준 전쟁이다.

그런데 병자호란은 왜 발발한 것일까? 한국에서 이야기하고 있는 전쟁 발발 원인은 대강 이렇다.

'인조반정으로 서인들이 광해군을 몰아내고 정권을 잡았다. 서인들은 친명배금 정책을 실시했고, 결국 후금과 사이가 틀어졌다. 또 후금은 처음에 형제 관계를 요구했는데, 이후 세력이 강해지자 조선에 군신 관계를 요구했다. 조선에서는 후금과의 화평을 주장하는 주화파보다 후금과 싸우자는 주전파의 세력이 더 강했다. 결국 이후에 청나라가 조선을 침입하게 된다.'

학술적이고 일반론적으로는 조선과 후금이 서로 적대시했기 때문에 전쟁이 발발한 게 맞다. 하지만 정말로 전쟁을 벌일 때는 단지 서로가 적대국이라는 이유로 전쟁을 하지는 않는다. 계기가 되는 구체적인 사건이 있어야 비로소 전쟁이 시작된다. 그렇다면 당시 어떤 일이 터져서 전쟁으로 이어진 것일까?

조선 인조 14년, 그러니까 1636년 청나라 2대 황제 홍타이지의 즉위식이 있었다. 황제의 즉위식에는 주변국의 모든 사신들이 참석해서 축하를 하게 되어 있었다. 조선에서도 나덕헌, 이확이 사신으로 파견되었고, 이 두 사람이 홍타이지 즉위식에 참석하게 되었다.

황제 앞에서는 모든 사람들이 세 번 무릎을 꿇고 모두 아홉 번 절을 한다. 병자호란 때 인조가 삼전도에서 청나라 황제에게 항복하면서 올린 바로 그 절이다. 그러나 조선에서 온 사신 두 명은 절을 하지 않았다. 조선은 명나라 황제만을 인정하고 청나라 황제는 인정하지 않는다는 이유에서였다.

정 절을 하기 싫으면 차라리 즉위식에 참석하지를 말았어야 했다. 그런데 즉위식에는 참석하고 절을 하지 않으니 문제는 커졌다. 황제의 즉위식에, 그것도 다른 나라의 사신들까지 모인 자리에서 청나라 황제는 모욕을 당한 것이다. 청나라 신하들은 당연히 이 모욕에 대해 조선 사신들을 처벌할 것을 주장한다. 하지만 조선의 사신들이 충동적으로 청나라 황제에게 절을 하지 않은 것은 아니었다. 조선을 떠나기 전에 왕실로

청 태종 홍타이지(淸 太宗 皇太極, 1592~1643)
병자호란으로 조선 왕조에 굴욕을 안겨준 청나라 2대 황제. 그런데 청 태종의 입장이라면 굴욕은 자신이 먼저 당했다고 주장하지 않을까?

부터 '청 태종을 황제로 인정하지 말라'는 지침을 받은 상태였다. 지시까지 받고 왔는데, 청 태종 홍타이지 앞에서 황제의 예를 갖출 수는 없었다. 그랬다가는 조선에 돌아간 후에 처벌을 받게 될 터였다.

청 태종 홍타이지는 조선의 사신들을 처벌하지 않고 그냥 용서한다. 그들을 무사히 귀국시켰을 뿐만 아니라, 담비 가죽, 마필, 인삼, 은량 등을 국서와 같이 선물로 보내기까지 한다. 청 태종으로서는 최대한 조선 사신들을 이해하고 용서한 것이다.

두 사신은 조선에 돌아와서 어떤 대접을 받았을까? 청나라 황제 즉위식에서 끝까지 절을 하지 않은 두 사람의 용기를 가상히 여겨 상을 내렸을까? 그렇지 않았다. 선비들은 두 명의 사신을 비난하기 시작했다. 문제는 두 사신이 청나라로부터 받아온 국서였다. 청 태종이 보낸 국서에는 조선을 비난하면서 전쟁까지 불사하겠다는 내용이 적혀 있었던 것이다. 두 사신은 차마 이런 내용의 국서를 조선 정부에 전달할 수가 없었다. 그래서 국서 원본을 폐기하고, 국서의 내용을 옮긴 사본을 조선으로 가져왔다.

조선의 선비들은 난리가 났다. 원본을 폐기하고 사본을 가져왔기 때문에 난리가 난 것이 아니다. 부조리한 내용의 국서를 받았으면 국서를 받은 그 자리에서 찢어버리고 청나라 황제와 신하들에게 뭐라고 한마디라도 했어야 한다는 것이 이유였다. 오랑캐 앞에서 찍소리도 못하고 무례한 국서를 받아온 사신들을 처벌해야 한다는 주장이 불길처럼 일어났다. 결국 두 사신은 귀양살이를 가게 되었다.

이번에는 청 태종의 입장에서 생각해보자. 자신의 즉위식을 맞아 조선에서 사신들이 왔는데, 이들은 황제 즉위식이 끝날 때까지 한 번도 고개를 숙이지 않았다. 그래도 사신들을 용서하고 국서와 선물을 줘서 돌려보냈다. 그런데 자신이 보낸 국서의 원본은 찢어버리고, 사본만 조선에 전달했다. 거기까지만 해도 화가 나는 일인데, 조선에서는 국서를 받는 순간 찢어버리지 않았다고 사신들을 귀양 보내버렸다.

청 태종은 정말로 화가 나서 조선을 비난하는 글을 보내고, 두 왕자를 볼모로 보낼 것을 요구했다. 그런데 조선은 청 태종의 요구를 가볍게 무시한다. 청나라를 달래려고도 하지 않고, 협상하려고도 하지 않고 그저 무시해버리고 만 것이다.

이 정도가 되면 청 태종의 입장에서는 전쟁을 일으키는 것 외에는 달리 방법이 없어진다. 결국 그해 12월, 청 태종이 직접 군대를 이끌고 조선으로 쳐들어온다. 이렇게 해서 일어난 것이 병자호란이다.

과연 청나라가 단지 침략을 목적으로 전쟁을 일으킨 것일까? 현대 사회에서도 조선이 청나라를 대하는 식으로 국제 외교를 하면 전쟁이 일어날 수밖에 없다. 상대 국가 대통령 즉위식에 가서 인사를 안 하고 버티고 있으면 차라리 안 가느니만 못한 꼴이 된다.

사신이 편지를 받는 즉시 찢어버렸어야 한다는 주장도 마찬가지이다. 외국 대통령에게 편지를 전해달라고 외교관에게 전달했는데 그 자리에서 편지를 찢어버리면 국가 모독도 이런 국가 모독이 없다. 한국의 대통령이 외국에서 이런 대접을 받는다면 국민들은 당장 응징을 해야 한다고 분개할 것이다.

청나라 측에서 '계속 이런 식으로 하면 전쟁이다'라고 통보를 했으면 최소한 그에 대해 협의는 해야 한다. 협의가 잘 안 되고 화해가 되지 않아 결국 전쟁으로 돌입할 수도 있다. 하지만 조선은 아무런 협의도 하지 않고, 화해 노력도 하지 않았다. 그냥 무시해버렸다. 대놓고 선전포고를 하지 않았을 뿐이지 실질적인 선전포고나 다름없다. 너하고는 이야기하기도 싫으니 바로 전쟁을 하자는 뜻이 되는 것이다.

당시 조선이 청나라와 대등한 나라이고, 싸웠을 때 승산이 조금이라도 있는 나라였다면 그래도 이해는 할 수 있다. 하지만 당시 청나라는 명나라를 망하게 하면서 승승장구하고 있었다. 조선이 명나라와 싸워 이길 수 없듯이, 명나라를 대체한 청나라와 싸워서 이길 수 있는 가능성은 없었다. 그래도 혹시 조선이 전쟁 준비를 열심히 해서 청나라와 싸워볼 수 있는 상황이라면 또 모른다. 하지만 이때 조선은 아무런 전쟁 준비를 하지 않았다. 국경 부근에서 대비 정도만 할 뿐, 국가적인 전쟁 태세는 갖추지도 않았고 그러려는 노력도 하지 않았다. 조선은 단지 말로만 청나라와 싸우자고 했을 뿐, 실질적인 준비는 하지 않았다. 그런 상태에서 정말로 청나라가 쳐들어오니 한 달 만에 항복을 할 수밖에 없었던 것이다.

조선이 청나라를 대한 태도는 무례했고, 정치적인 전략이나 전술도 없었다. 단지 청나라가 싫다는 것만 노골적으로 표시했다. 병자호란의 원인은 무엇이었을까? 청나라가 애꿎은 조선을 괜히 침략한 것이 아니다. 조선의 꽉 막힌 외교적 대응이 병자호란의 진짜 원인이다.

조선 시대의 당쟁이
목숨을 건 다툼이 된 이유는?

조선 시대에는 4색 당파가 만들어지고 당파 간에 당쟁이 이루어졌다. 처음 당파가 만들어진 것은 선조 때이다. 선조 때 동인과 서인으로 구분이 되었고, 이후 동인은 남인과 북인으로, 서인은 노론과 소론으로 나누어진다. 이렇게 해서 노론, 소론, 남인, 북인의 4색 당파가 형성된다. 이후에 노론, 소론들 사이에서도 분파가 이루어지기는 하지만, 기본적으로 이 4색 당파가 가장 기본적인 당파들이다.

일제강점기의 사학자들은 4색 당파 간의 다툼을 조선 멸망의 가장 큰 이유로 꼽았다. 조선의 선비들이 국가를 위해서 일을 한 것이 아니라 당파의 이익에 의해서만 일을 했다는 것이다. 벼슬아치들은 나라의 이익을 위해서 일을 해야 하지만, 자신이 속한 당파의 이익을 대변하기 바빴다. 다른 당파가 주장하는 것은 무조건 비판하고, 자신의 당파에서 나온 의견만을 밀어붙였다. 그래서 조선의 국운이 기울어가기 시작했다고 보는 것이다.

하지만 반론도 존재한다. 당파 싸움이 그렇게까지 나쁜 것은 아니라는 것이다. 국가를 어떤 식으로 운영할까 하는 것에 대해 의견 대립은 항상 있게 마련인 것이다. 당파란 것은 국가 정책을 어떻게 운영할까 하는 의견 차이에 의해서 나오는 것이다. 이런 의견 대립이 그렇게 나쁜 것이라 할 수는 없다.

현대 민주 사회에서도 어느 나라든지 간에 정당이 존재한다. 한국에도 보수를 대표하는 정당이 있고 진보를 대표하는 정당이 있다. 그리고 더 극단적인 진보를 주장하는 정당이 있다. 이 정당들은 계속해서 서로를 비판하고 싸우고, 또 정권을 잡기 위해서 노력한다. 한국만이 아니라 미국도 민주당과 공화당으로 나누어져 있고, 유럽의 국가들도 보수당과 진보당을 필두로 여러 군소 정당들이 있다. 이들 정당은 모두 권력 획득을 목적으로 서로 다툰다. 이런 의견 차이와 다툼이 나쁜 것은 아니다. 어느 쪽으로 정책을 추진할 것인가를 가지고 다투는 것이고, 이런 비판이 활발할수록 보다 나은 길을 찾을 수 있는 가능성이 높아진다.

조선 시대에 4색 당파가 있었고, 이들이 서로 다툰 것은 사실이지만 그것이 특별히 문제가 되는 일일까? 현재 사회의 정당 간 싸움이나 조선 시대 4색 당파 간 다툼이나 큰 차이는 없다. 오히려 비판에 의한 정치, 자유로운 정치 체제였다는 것을 증명하는 일이 될 수도 있는 것이다.

그런데 조선 시대에 벌어진 4색 당파 간의 싸움은 건전한 싸움이었을까? 4색 당파는 국정 운영에 대한 의견 차이로 나뉜 정당과 비슷한 것이었을까? 아무래도 그런 것 같지는 않다. 정말로 4색 당파를 나눈 기준이 국정 운영에 대한 의견 차이였다면, 조선이 망한 이유로까지 논의될 수가 없다. 4색 당파 간의 정쟁이 조선 멸망의 원인이라는 것은 일제강점기 때만 나온 진단이 아니고 조선 말기부터 계속 문제시되어 왔다. 이 당파 싸움이 지속되는 한 조선의 발전은 실제로 어려웠던 것이다. 조선의 당파 싸움은 정말 고질적인 문제였다.

나라를 어떻게 운영할지에 대한 의견 차이는 조선 중기 이후에만 있었던 것이 아니라 역사상 항상 있어왔던 문제다. 조선 초기에도 훈구파, 사림파 등이 서로 다투었고, 개혁을 하고자 하는 세력과 현상 유지를 목적으로 하는 세력 간의 다툼은 있었다. 하지만 이런 다툼들을 당파 싸움이라고까지 하지는 않는다. 단순한 의견 차이는 당파 싸움이 아니다. 의견 차이에 의한 다툼이라면 자유롭고 건설적인 비판을 위한 것이기 때문에 그렇게 소모적인 것으로 보기 어렵다. 의견의 차이는 있을 지언정 나라를 위한다는 대의는 같기 때문이다.

당파 싸움의 문제는 단순히 의견 차이에 의한 정당 간의 다툼이 아니었기 때문이다. 당파 싸움은 겉으로는 의견 차이로 발생한 것처럼 보이지만 실질적으로는 지역 간 차이, 더 나아가 혈연의 차이로 인해 벌어졌다. 당파를 가르는 주된 원인은 혈연이었고, 국가 정치가 혈연에 의해서 이루어졌다. 그 때문에 당파 싸움이 조선을 멸망으로 이끌게 된 것이다.

당파가 만들어질 무렵에는 혈연이 그렇게 중요하지는 않았다. 처음 4색 당파가 만들어질 때에는 정말로 국가 운영에 대한 의견 차이에 의해서 나뉘었다. 1575년, 인사 추천권을 가진 핵심 요직 이조전랑직을 둘러싸고 김효원과 심의겸 간의 충돌이 발생했다. 김효원의 집은 동쪽이었기 때문에 김효원을 지지하는 쪽은 동인, 심의겸의 집은 반대쪽이었기 때문에 그를 지지하는 쪽은 서인이 되었다. 그리고 동인은 서인의 거두였던 정철을 어떻게 처벌해야 하는가에 따라 북인과 남인으로 갈린다. 정철에 대해 강력히 처벌해야 한다는 입장이 북인이고, 정철에 대해 온건하게 대한 입장은 남인이다. 또 서인은 남인에 대해 강경한 입장인 노론과, 남인에 대해 온건한 입장인 소론으로 나뉜다.

이처럼 4색 당파가 만들어질 무렵에는 정치에 대한 의견 차이로 당파가 나뉘었다. 그래서 자신이 소속된 당파를 변경하는 경우도 있었다. 처음에는 동인 입장에 찬성이었기 때문에 동인을 했지만, 마음이 바뀌어서 서인과 같이 생각하게 되었다면 서인으로 바꿀 수 있었다. 자신의 의견이 바뀌는 대로 당파를 갈아탈 수 있었다.

하지만 시간이 흐르면서 이야기가 달라진다. 아버지가 남인이면 자식들도 모두 남인이 되고, 손자들도 모두 남인이 된다. 애초에 아버지는 자신의 정치적 견해에 따라 남인이 된 것이다. 하지만 3대쯤 내려가면 자신의 의견에 따라 남인이 되고 노론이 되는 것이 아니다. 할아버지가 남인이었고, 아버지, 숙부, 작은아버지 등이 모두 남인이다. 사촌, 6촌 등 친척들도 모두 남인이다. 이렇게 되면 이제 이 집단은 모두 남인이 된다. 이때는 남인에서 벗어날 수가 없다. 태어나서 보니 주위 사람들이 모두 남인이다. 그러면 자신도 자연스럽게 남인으로 자라난다. 스스로가 남인이라는 것에 대해 추호도 의심을 가지지 않게 된다. 노론, 소론 등 다른 정파로 바꾸려는 생각은 하지도 못하는 데다가 그들과는 태어나면서부터 적이 된다. 남인을 괴롭힌 사람들은 조상 대대로 원수인 것이다. 개인의 원수라면 용서해줄 수도 있다. 하지만 할아버지의 원수, 아버지의 원수였다면 그렇게 쉽게 용서해줄 수가 없다. 이때는 단순히 의견 차이에 의한 정파가 아니다. 조상 대대로 싸워온 원수들인 것이다.

남인들은 가족 모두가 남인이다. 그리고 자신들이 배우는 서당 선생에서부터 교류하는 사람들 모두가 남인이다. 노론이나 소론들은 완전히 다른 세상에서 사는 사람들이다. 서로의 차이점을 단지 정치적 견해라고 여긴다면, 당파가 다르다고 해서 죽이기까지는 하지 않는다. 하지만 서로가 조상 대대로 원수였다고 하면 이야기가 다르다. 당파가 다르다는 이유로 서로를 죽일 수도 있다.

처음에는 아무리 4색 당파 간의 다툼이 있었다고 해도 서로 죽이는 정도까지 가지는 않았다. 선조 때 당쟁이 시작됐는데, 이때는 당쟁으로 죽은 사람이 아무도 없다. 그러나 후손들로 내려가면서부터는 그렇게 되지 않았다. 숙종 때가 되어서는 자신과 다른 당파라는 이유로 서로를 죽이기 시작한다. 그리고 그 이후에는 집권하는 당파가 달라지면 한바탕 피바람이 부는 것이 당연시된다.

이렇게 되면 정권을 잡느냐 못 잡느냐 하는 것이 죽느냐 사느냐의 문제가 된다. 나만이 아니라 나의 가족, 친척, 친구들이 모두 죽느냐 마느냐의 기로에 서는 것이다. 그렇기 때문에 무슨 짓을 해서라도 정권을 잡고 있어야 한다. 아무리 치사한 짓, 인간으로서 해서는 안 되는 짓이라 하더라도 정권을 유지하기 위해서라면 무엇이든지 해야 한다. 만약 여유를 부리다 정권을 놓치면 가문 전체가 위태로워지는 것이다. '국가를 위한 것이냐 아니냐'라는 한가한 소리를 할 여유가 없다.

이윽고 조선 시대 말기가 되면 어떤 가문 사람은 노론, 어떤 가문은 소론 등으로 이미 다 규정되어 버린다. 안동 김씨는 노론이고, 전주 최씨는 소론이다. 개인이 어떤 생각을 가지고 있는지는 중요하지 않다. 정견이 무엇이고, 국가를 운영하는 철학이 무엇인가도 중요하지 않다. 어느 당파에 속하는가는 태어나면서부터 결정되고 평생 동안 속박되는 신분제 같은 것이었다.

당파 간의 싸움은 결국 목숨을 걸고 다투는 전쟁이 되었다. 이런 식의 싸움이 국가 운영에 도움이 되었을 리가 없다. 4색 당파 간의 당쟁은 정말로 조선을 멸망으로 이끈 주요 원인이 맞다.

조선 시대에는
왜 그렇게 탐관오리들이 많았을까?

조선 시대, 특히 조선 시대 말기에는 탐관오리들이 참 많았다. 당시 탐관오리들의 부정을 '삼정의 문란'이라고 한다. 삼정의 문란을 통해 정말 기발하게 백성들의 재산이 수탈되었다.

조선 시대 양민의 경우 군역의 의무가 있었다. 그런데 조선에서는 면포를 내면 군대를 가지 않아도 되었다. 군대를 대신해서 면포를 내는 것이니 성인 남성을 대상으로 생각하기 쉽다. 하지만 당시 지방의 수령들은 아직 15세가 되지 않은 소년에게도 군포를 징수했고, 나이가 많은 노인네에게도 군포를 징수했다. 심지어는 이미 죽은 사람을 대상으로도 군포를 내라고 했다. 그러면 망자의 가족들이 세금을 내야 했다.

군포를 낼 수 없어 도망을 가면 이웃 사람에게 대신 내라고 하기도 했다. 이웃에게서 군포를 걷는 것이 어려워지면, 도망친 사람의 친인척을 찾아내서 그 사람에게 세금을 내게 했다.

환곡의 부정도 굉장히 다양했다. 환곡은 쌀이 떨어졌을 때 곡식을 빌려주었다가 나중에 다시 갚도록 하는 제도였다. 일단 환곡을 빌리면 나중에 갚아야 할 이자가 미리 정해져 있었다. 환곡은 보통 봄에 빌려서 가을에 갚는다. 6개월 정도인데, 이 기간 동안의 이자가 10퍼센트였고, 연이율로 따지면 20퍼센트였다. 하지만 환곡을 빌려주는 수령은 20퍼센트의 이자만 받지는 않았다. 규정된 이자보다 더 많은 이자를 받았고, 심하면 50퍼센트까지도 받았다. 6개월에 50퍼센트였으니, 1년에 100퍼센트에 육박하는 고리대금업을 했다.

또한 빌려줄 때는 썩은 쌀, 모래 등이 섞인 쌀을 빌려주고, 받을 때는 순수하게 쌀만 받았다. 빌려줄 때 계량을 속이기도 했다. 10말을 빌려준다고 해놓고 실제로는 8말만 지급하는 식이었다. 그리고 나중에 쌀을 받을 때는 10말에 대한 이자를 받았다. 이에 따라 실질적인 이자율이 훨씬 높아졌다.

토지에 과도한 세금을 부과하는 전정의 문란과 더불어 대동법에 대한 문란도 있었다. 조선 시대에 어촌 지역에서는 조기 등 생선을 정부에 바치고, 산간 지역에서는 동물 가죽 등을 바치곤 했다. 그런데 특산품은 해마다 일정한 양을 구하기가 힘들 수 있기 때문에 나라에서 이런 특산품 대신에 쌀을 내도록 했던 제도가 대동법이다. 대동법에 의해서 대동미, 즉 쌀을 정부에 내면 특산품을 바칠 의무는 없어진다. 하지만 조선에서는 대동미를 이미 냈어도 특산품을 또 내라고 하곤 했다. 대동미는 점차 특산품과는 아무런 상관이 없는 별도의 세금이 되어버렸다.

삼정의 문란은 조선 후기에 특히 문제가 된다. 각 지방에서 민란이 발생하기 시작한 것이다. 농민들이 못살겠다고 하면서 시위를 하고, 지방 관아를 습격했다. 조선 말기에 일반 백성들은 그 정도로 절박했다.

삼정의 문란을 일으킨 주체는 지방 수령들이었다. 각 지방의 사또들이 전정, 군포, 환곡의 비리를 저질렀다. 바로 이들이 탐관오리들인 것이다. 그런데 어떻게 조선 시대에 그렇게 많은 탐관오리들이 설칠 수 있었을까? 조선 후기의 민란은 어느 한 지역에서만 발생한 것이 아니라, 조선 전역에서 발생했다. 즉, 조선의 수령들 모두가 다 탐관오리들이었다는 뜻이다.

어떻게 조선 시대 지방 수령들 모두가 한마음으로 탐관오리가 될 수 있었을까? 조선 시대는 언론이 굉장히 발달된 시대이다. 비판, 비평이 일상적으로 이루어졌고, 그 비판에 대한 조치도 바로바로 이루어졌던 시대이다. 누군가가 부정을 저지르면 양반이라면 누구나 다 한양에 상소문을 올릴 수 있었다. 지방에서 사또가 부정부패를 저지르면 그 지방의 양반이 바로 관찰사(도지사)나 한양에 문제를 제기할 수 있었다. 도지사나 한양에서 바로 조사가 들어오고, 정말로 부정을 저질렀으면 바로 징계를 하거나 파면을 했다.

서양이나 일본의 봉건제 같은 경우는 지방의 지도자가 영주였다. 국왕으로부터 완전히 독립된 존재였다. 그래서 자신의 영지 내에서는 무엇을 하든 아무도 상관하지 않았다. 어떤 부정을 저지른다고 해도 다른 사람이 뭐라고 할 수 없었다. 하지만 조선은 봉건제가 아니다. 중앙집권 체제였다. 지방 수령이 부정을 저지르면 바로 한양에 고소할 수 있었다. 모든 지방에는 지역 유지들인 향반들이 있었다. 이들은 한양에 바로 상소장을 올릴 수 있는 권한이 있었다. 지방 사또들이 전횡을 저지르고 탐관오리 짓을 하기가 힘든 체제였다.

이런 시스템을 갖추고 있는데도 불구하고 조선에는 왜 그렇게 부정부패가 들끓었을까? 탐관오리에 대한 대응 체제가 엄연히 있었는데도 말이다. 그 이유는 중앙 정부, 즉 한양에 지방 사또들이 부정을 저지르게 된 근본적인 원인이 있었기 때문이다.

조선 시대에 세금을 징수하는 시스템은 소득이 있으면 그에 대한 세금을 내는 식이 아니었다. 군포의 경우 법으로는 1년에 2필을 내면 된다. 만약 조선에서 군대를 가야 하는 성인이 10만 명이라면, 군포 20만 필이 걷히면 된다. 하지만 조선 시대에는 그런 식으로 세금이 걷히지 않았다. 먼저 한양에서 그해에 필요한 돈이 어느 정도 되는지를 계산해서 군포가 500만 필이 필요하다는 식으로 산출한다. 그러면 그 500만 필을 조선 8도에 배분한다. 전라도에 100만 필, 경상도에 100만 필, 충청도에 80만 필 등으로 나눠서 각 도에 그만큼의 군포를 바치라고 명령한다. 전라도 관찰사는 100만 필의 군포를 바치라는 명령을 받는다. 그러면 전라도 관찰사는 전라도 내 수령들에게 배분을 한다. 전주 현감은 10만 필, 정주 현감은 10만 필, 나주 현감은 10만 필 등으로 할당액을 내린다.

그러면 나주 현감은 어떻게 해서든 군포 10만 필을 마련해야 한다. 나주 내에 군대에 가야 하는 성인이 5만 명이라면 아무런 문제가 없다. 5만 명이 2필씩 내면 10만 필을 만들 수 있다. 하지만 나주 내에 성인이 3만 명밖에 안 된다면 어떻게 될까? 법에 정해진 대로 3만 명에게 2필씩을 거두면 6만 필밖에 만들어지지 않는다. 4만 필이 부족하다.

법에는 성인이 2필씩 내게 되어 있고, 나주에는 성인이 3만 명밖에 없으니, 나주 현감이 6만 필만 모아서 내면 아무런 문제가 없어야 한다. 하지만 나주 현감에게 떨어진 할당량은 10만 필이다. 중앙 정부, 전라 도지사 입장에서 볼 때는 할당량 10만 필 중에서 6만 필, 즉 60퍼센트밖에 업무를 달성하지 못한 무능한 현감이 된다. 그러다 보면 현감 자리를 내놓아야 한다. 전라 도지사 역시 그에 따른 책임을 지고 자리에서 물러날 수밖에 없다.

나주 현감의 입장에서는 성인이 2필씩을 내야 한다는 규정은 아무 소용이 없다. 어떤 수단과 방법을 동원해서라도 10만 필을 채워야 한다. 하지만 나주 영내에 성인은 3만 명뿐이다. 할 수 없이 소년에게도 군포를 부과하고, 노인에게도 부과한다. 죽은 사람에게라도 부과를 해서 어떻게든 10만 필을 채워야 하는 것이다.

지방의 향반들이 이를 문제 삼아 한양에 상소장을 내면 어떻게 될까? 한양에서 '나쁜 탐관오리'인 나주 현감을 징계할까? 나주 현감이 자신의 재산을 증식하기 위해서 이런 부정을 저질렀다면 징계할 수 있다. 하지만 나주 현감은 한양에서 떨어진 명령을 이행하기 위해서 그렇게 한 것이다.

한양에서도 이런 사정을 알고 있고 전라도 관찰사도 알고 있다. 그래서 나주 현감에 대해서 징계를 할 수가 없다. 게다가 지방의 향반들도 사실 이런 사정을 알고 있다. 나주 현감도 어쩔 수 없다는 것을 알고 있기에 애초에 이 문제로 상소를 올리지도 않는다.

대동법도 마찬가지이다. 특산물이 얼마나 생산되는지를 고려해서 일정 부분을 내라고 하는 것이 아니다. 미리 한양에서 필요한 양을 산정하고, 각 지방에 할당량을 내려보낸다. 지방 수령은 백성들에게 무슨 짓을 하더라도 자신에게 부과된 할당량을 채워야 한다. 그래야 자리 보전을 할 수 있다. 전국의 수령들이 똑같은 문제를 가지고 있었고, 그래서 전국적으로 삼정의 문란이 발생하게 된 것이다.

조선 시대에는 분명 탐관오리가 많았다. 하지만 지방 수령들이 특히 부패해서 그랬던 것은 아니다. 가장 문제가 되는 것은 바로 한양이었다. 조선의 재정을 운영하는 시스템 자체에 근본적인 문제가 있었다.

조선 왕실은
공명첩을 판 돈을 어디에 썼나?

조선 시대 삼정의 문란으로 백성들이 어려운 삶을 살게 된 것은 조선의 정부, 한양의 문제였다. 그러면 좀 더 책임 소재를 따져보자. 과연 왕이 문제였을까, 아니면 세도 양반가들이 문제였을까?

대부분의 역사책에서는 조선 말기의 혼란을 신하들의 당쟁, 그리고 세도정치가 문제였던 것으로 이야기한다. 선비들은 북인, 남인, 동인, 서인으로 나뉘고, 또 노론, 소론, 시파, 벽파 등으로 나뉘어 서로 싸웠다. 그러다가 결국 노론들이 일당 독재 체제를 만들고 세도정치를 실시한다. 이렇게 신하들이 모든 권한을 가지고 남용한 것을 조선의 문제로 본다. 왕들은 별 힘이 없이 신하들에게 휘둘린 것으로 생각하는 경향이 있다. 하지만 조선은 왕정 체제이다. 아무리 신하들의 힘이 크다고 해도 왕이 가진 권한을 넘어설 수는 없다.

조선 왕실에서는 임진왜란이 일어난 무렵부터 공명첩을 팔아서 재정을 충당했다. 공명첩은 벼슬을 파는 것이다. 정말로 벼슬을 주는 것은 아니고 단지 임명장만 준다. 지금으로 따지면 1억 원을 받고 보건복지부 보건 국장이라는 명함을 주고, 5천만 원을 받고 서울시 수도 과장이라는 명함을 파주는 것이다. 명함만 주는 것이지 실제 그 자리에 앉히는 것은 아니다. 실권은 없고 단지 명예만을 준다.

명예만 주는 것이라면 특별히 문제될 것이 없다고 생각할 수도 있다. 지금 같은 시대라면 1억 원을 주고 명예직을 살 사람이 없을 것이다. 하지만 조선 시대는 신분제 사회였다. 특히 양반들이 주도권을 가지는 양반 사회였다. 조선 시대 사람들에게 양반인가 아닌가는 상당히 중요한 문제였다.

그런데 자신이 양반이라는 것을 어떻게 증명할까? 물론 대대손손 양반이었던 집안은 따로 증명할 필요가 없다. 누가 봐도 양반이라는 것을 안다. 하지만 새로 양반이 된 사람들, 즉 신분 상승을 이룬 사람들은 자신이 양반이라는 것을 증명하기가 어렵다.

이때 가장 좋은 수단이 바로 공명첩이다. 조선 시대에 벼슬을 할 수 있는 사람은 양반뿐이었다. 보건복지부 국장, 서울시 과장이라는 명함을 가지고 있다는 것은 이 사람이 양반이라는 확실한 증거가 된다. 그래서 돈이 있는 사람은 누구나 다 공명첩을 사고자 했다.

사실 이웃들은 공명첩으로 명예를 샀다고 해서 진짜 양반이 아니라는 것을 알았다. 원래는 천민이나 농부였는데, 돈으로 벼슬을 산 것이라는 것을 말이다. 그래서 갑자기 양반 행세를 하려는 사람을 양반으로 인정하지는 않았다. 하지만 공명첩을 산 뒤에 다른 동네로 이사를 간다면 어떨까? 그곳에 사는 사람들은 공명첩을 산 과거를 모른다. 이때 정부 국장, 과장이라는 명함을 보여주면 이 사람이 요직에 있다가 낙향한 것으로 알게 된다. 그때부터 완전한 양반 행세를 하면서 지역 유지가 될 수 있는 것이다.

공명첩은 조선 시대 신분의 혼란을 부추긴 가장 큰 이유가 된다. 그런데 공명첩이 남발된 원인은 무엇일까? 왕 때문일까 아니면 세도를 가진 신하 세력 때문일까?

공명첩은 명목상이라 해도 엄연히 벼슬을 내리는 것이다. 조선 시대에 벼슬을 줄 수 있는 권한은 왕에게 있다. 아

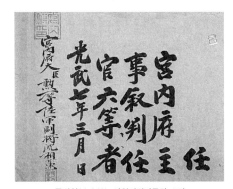

공명첩(空名帖), 삼척시립박물관 소장
본래는 전란 중에 공이 있는 사람들에게 주어졌지만 점점 조선 왕실의 품위 유지 목적으로 남발되었다.

무리 신하들의 힘이 세다고 해도 벼슬 주는 권한까지 가지고 있을 수는 없다. 이렇게 인사권이 왕에게 있는 것은 지금도 마찬가지이다. 5급 이상 고위 관료들에 대한 임명장은 대통령의 이름으로 수여된다. 사실 왕이 가진 가장 큰 권한은 바로 인사권이다. 공명첩은 왕의 이름으로 행사되고 실행된 것이다.

양반이 되는 공명첩 외에 돈을 주고 노비에서 벗어나 양인이 되는 것도 마찬가지이다. 노비는 자신이 모시는 주인으로부터 면천을 받는다고 해서 면천이 되는 것이 아니다. 노비는 정부에서 관리를 한다. 개인이 보유한 사노비라 해도 정부에서 노비 문서를 보유한다. 신분 사회였던 조선에서 신분을 변경하는 권한은 왕만이 가지고 있었다. 노비에서 면하게 해준다는 노비면천첩도 마찬가지였다. 노비에서 벗어나기 위해서는 노비면천첩을 돈을 주고 사야만 했다. 사노비를 가진 주인의 경우에도 자신이 노비면천첩을 사서 노비를 해방시키는 것이지, 순전히 자기 권한으로 노비에서 벗어나게 해줄 수는 없었다. 조선의 신분 사회를 혼란에 빠

뜨린 공명첩, 노비면천첩 등은 모두 왕이 발행한 것들이다.

물론 왕의 이름으로 행사되는 권력이지만, 실질적인 집행은 신하들의 몫이기 때문에 온전히 왕의 책임은 아니라고 볼 수도 있다. 하지만 공명첩, 면천첩은 모두 국가 재정을 충당하기 위해서 시행된 것이다. 그러니까 나라를 안정시키기 위해서였을까? 그렇지 않다. 국가 재정이라는 것이 실제로는 국가 재정이 아니라 왕실의 재정이었다. 조선이라는 국가를 유지하고 국가의 일을 하기 위해서 공명첩, 노비면천첩이 발행된 것이 아니다. 바로 왕실의 재정을 유지하기 위해서, 왕이 돈을 쓰기 위해서 공명첩, 노비면천첩이 발행되었다.

조선 시대에 정부 수입의 대부분은 국가 유지에 사용되지 않았다. 왕실 유지에 사용되었다. 왕, 왕비, 왕자, 공주 등 왕실 가족들의 소비 수준을 유지하고, 대궐 등을 유지하는 데 대부분의 돈이 사용되었다.

조선은 갑신정변, 갑오개혁 등을 겪으면서 근대화를 시도하는 동안 많은 개혁 방안을 추진했지만 왕실 재정과 국가 재정을 분리하는 데는 실패했다. 국가의 가장 중요한 역할은 군사력을 보유하고 외침으로부터 국민들을 보호하는 것이다. 어느 나라든 국가는 국민들로부터 세금을 거두어들여 군사력을 갖춘다. 사실 국가 재정에서 가장 큰 비중을 차지하는 것 중 하나가 바로 국방비이다. 지금도 국방비는 한국 예산에서 절대적인 위치를 차지한다. 하지만 조선은 독립된 국가에서 반드시 갖추어야 하는 군대조차 유지하지 않았다. 조선은 군사력이 약해서 임진왜란, 병자호란 때 아무런 방어도 하지 못하고 당하기만 했다. 조선 후기가 돼서도 마찬가지이다. 군대라고 할 만한 것이 없었기 때문에 청나라 군대, 일본 군대가 한반도에서 활개를 치고 돌아다닌 것이다.

국방비뿐만이 아니었다. 조선은 국가의 기본적 기능 중 하나인 사회간접자본을 구축하지도 않았다. 교육 면에서는 국가 기관인 성균관 유지 비용을 제외하고는 대부분이 사교육 형태로 이루어졌다. 복지 활동도 없었다. 환곡 등이 있기는 했지만, 되려 백성들의 재산을 고금리로 수탈해 삶을 더 고달프게 하는 제도였다.

세수가 부족해서 여력이 없었다면 이해할 수 있다. 하지만 조선은 혹독한 세금 수탈로 인해 전국에서 민란이 일어난 나라이다. 그런데 그 세금이 군사, 교육, 사회간접자본, 국민복지 등으로는 전혀 사용되지 않았다. 대부분이 왕실 유지를 위해 쓰여졌다.

조선 시대를 혼란에 빠뜨린 중심에는 왕실이 있었다. 탐관오리의 문제도, 신분제의 혼란도, 삼정의 문란도, 수많은 민란들도 근본적 원인은 바로 왕실 때문이었다. 왕실이 사용할 돈을 백성에게서 수탈하는 과정, 그것이 모든 문제의 근원이었다. 세도정치와 신하들의 부패는 그 과정 중에서 부수적으로 발생한 것일 뿐이다.

외국인이 조선의 백성들을 보고
한탄한 이유는?

한국의 경찰서, 지구대 등에는 경찰차가 있다. 이 차로 순찰을 다니고 범인을 잡으러 다닌다. 그런데 경찰차를 이용하기 위해서는 기름이 필요하다. 하루 종일 운행을 한다고 하면 한 달에 최소한 몇십만 원, 몇백만 원이나 되는 기름을 사야 한다. 그런데 만약 경찰서에서 기름값을 지불하지 않는다면 어떻게 될까? 중앙 정부가 경찰차는 지급했는데, 기름값은 지원하지 않으면 어떻게 될까?

경찰은 둘 중 하나를 선택해야 한다. 기름이 없으니 경찰차를 그냥 주차장에 세워놓기만 하는 것, 아니면 어떻게든 돈을 구해서 경찰차를 운행하는 것. 경찰이 자기 월급을 빼서 기름값을 채워 넣을 수는 없다. 어차피 월급도 많지 않은데, 거기에서 기름값 몇십만 원, 몇백만 원을 빼면 집에 가지고 갈 수 있는 돈이 없어진다. 그렇다면 방법은 다른 사람에게서 지원을 받는 것이다. 말이 지원이지, 다른 사람에게서 소위 뒷돈을 받는 것이다.

실제로 한국에서 1990년대 초반 정도까지만 해도 경찰차에 대한 기름값은 지원되지 않았다. 경찰들은 다른 곳에서 돈을 받아 기름값을 충당해야 했다. 경찰이 다른 사람에게 돈을 받는 것은 부정부패이다. 하지만 이때의 부정부패가 순전히 경찰관의 잘못이라 할 수 있을까? 이런 부정부패는 경찰관의 잘못이 아니다. 중앙 정부가 지원해주지 않아서 나타나는 시스템상의 오류이다.

조선 시대, 특히 조선 말 관료들의 부정부패는 유명하다. 어느 외국인은 조선에 와서 조선 사람들을 보고 이렇게 게으른 사람들은 처음 본다고 한탄했다고 한다. 아무 것도 하지 않으려 하고 노력하는 모습이 없었다. 먹고살기 위해서 무언가를 하려고도 하지 않고 흐리멍덩한 눈빛으로 하루하루를 보내고 있었다. 이 외국인은 조선 사람들에게는 아무런 미래가 없다고 판단했다.

하지만 이 외국인이 한반도 북쪽 간도를 방문하고서는 생각이 달라졌다. 조선 말에 조선 사람들이 만주의 간도로 이주를 했다. 그런데 간도에 있는 한국인들은 정말로 열심히 일을 했다. 눈망울도 또랑또랑하고 열심히 개간을 하면서 살아가고 있었다. 이 외국인은 간도의 한국인들을 보고 놀란다. 분명 같은 한국인인데 조선에 있는 한국인은 게으른 데다가 미래가 없어 보이고, 간도의 한국인들은 명민하고 부지런하다. 어떻게 이런 차이가 생겼을까?

이 외국인이 알아낸 것은, 조선에서는 관리들이 백성들을 엄청나게 수탈하고 있다는 것이다. 백성들이 열심히 일을 해서 재산을 모으면, 관리들이 그 재산을 모두 가져가버린다. 농산물의 수확량이 증가하면 증가분을 관리들이 모조리 가져가버린다. 그러니 열심히 농사를 지을 필요가 없다. 재산을 모으려고 열심히 살 필요도 없다. 어차피 관리들이 다 빼앗아가니 모두 다 부질없는 짓이다.

하지만 간도에는 조선 관리들이 없었다. 자신이 노력해서 많은 수확량을 내면 모두 자신의 소유로 할 수 있었다. 물론 세금은 낸다. 하지만 정해진 만큼의 세금만 내면 된다. 조선에서처럼 간신히 먹고살 수 있는 것만 남기고 모조리 가져가버리는 짓은 하지 않는다.

이 외국인은 결국 조선 사람들이 흐리멍덩한 것이 원래 그런 기질을 가지고 있기 때문은 아니라는 결론을 내렸다. 조선 사람들도 열심히 노력하고 일을 할 수 있는 사람들이다. 하지만 조선 관리들의 수탈이 그것을 막고 있는 것이다. 조선의 관리들이 정말 문제였던 것이다.

조선 관리들은 왜 그렇게 부정부패했을까? 모두 다 나쁜 놈들이었을까? 조선 관리들, 특히 양반들이 문제가 많았던 것은 사실이다. 하지만 조선 관리들이 그렇게 부정부패를 할 수 밖에 없었던 가장 큰 이유는 '보수 시스템'에 있다.

지방의 수령들은 벼슬아치들이다. 이들의 보수는 중앙 정부에서 지급되었다. 그런데 지방 관아에는 수령들만 있는 것이 아니다. 가장 대표적으로 이방, 형방 등 수령을 도와주는 사람들이 있다. 소위 아전들이다. 또 포졸들도 있다. 이들이 수령을 도와서 지방의 업무들을 처리한다.

조선 시대에 이방, 형방을 비롯한 아전들은 보수를 받지 못했다. 받아야 할 돈이 지급되지 않은 것이 아니라, 아예 처음부터 보수가 정해져 있지 않았다. 즉, 이들은 무보수직이었다. 하지만 아전들도 먹고살아야 했다. 그렇다면 이들이 먹고살 수 있는 방법은 하나뿐이었다. 백성들로부터 돈을 받아서, 부정부패를 통해서 자체적으로 보수를 마련하는 것이다.

이방들은 돈을 받고 일을 봐주곤 했다. 형방들 역시 돈을 받고 범인을 봐주기도 했고, 내는 돈에 따라 형량을 다르게 해주기도 했다. 이들은 전국의 모든 지방 관서에 존재했다. 전국적으로 부정부패가 시스템화되어 있었던 것이다.

사실 조선 시대 때 관리의 부정부패가 많았다고는 하지만, 실질적으로 부정부패의 선봉에 선 사람들은 정식 관리들이 아니다. 정식 관리들이 원한 것은 승진이었다. 지방 수령에서 벗어나 중앙 관리직으로, 현감에서 군수나 감사 등으로 승진하기를 원했다. 그때나 지금이나 승진를 원하는 사람은 티가 날 정도로 부정부패를 하지는 않는다. 들통이 나면 더 이상 승진을 할 수가 없고, 심한 경우에는 쫓겨날 수도 있기 때문이다. 조선 시대는 벼슬 위주의 사회이다. 벼슬을 하고 있어야 양반 사회에서 힘을 쓸 수 있지, 벼슬에서 쫓겨나면 신세가 초라해진다.

조선 관리들은 앞에서 본 것처럼 중앙 정부의 할당량을 채우기 위해서 백성들의 고혈을 짜냈다. 하지만 나라에서 시켰기 때문에 수탈을 한 것이지 자신의 이익을 채우는 것이 목적은 아니었다. 물론 그 와중에 부적절한 이득을 챙기기도 했겠지만, 쫓겨날 정도로까지 부정부패를 일삼을 수는 없었다.

하지만 이방, 형방 등 지방 관리들은 그렇지 않다. 이들은 승진이 불가능했다. 이방 업무를 잘한다고 해서 지방 사또가 될 수 있는 것은 아니다. 또한 이들은 세습직이다. 대대손손 물려받으면서 아전 생활을 한다. 그런데도 월급은 받지 못한다. 이들이 살아갈 수 있는 방법은 한 가지였다. 부정부패를 해서 백성들로부터 돈을 끌어모아야 했다.

경찰차를 주면서 기름값을 주지 않으면 부정부패를 해서 기름값을 구할 수밖에 없다. 정부는 그 사실을 알고 있다. 그럼에도 불구하고 기름값을 주지 않는 것은 뇌물을 받아서라도 기름값을 채우라는 무언의 신호인 것이다. 정부가 경찰의 부정부패를 인정하고, 또 뇌물을 받는 것을 장려하는 일이기도 하다.

조선 시대 때도 마찬가지이다. 지방의 아전들에게 월급을 주지 않은 것은 알아서 먹고살라는 이야기이다. 뇌물을 받아서 살라는 뜻이다. 그래서 지방의 아전들은 모두 뇌물을 받고, 그 돈으로 생활을 했다. 중앙 정부는 이들에 대해 크게 단속을 하지 않았다. 사또도 단속을 하지 않았다. 단속을 할 수도 없었다. 월급을 주지 않은 상태에서 뇌물을 받지 말라고 하고, 뇌물을 받으면 처벌한다고 말할 수는 없는 일이었다.

아전들이 먹고살 만큼만 뇌물을 받은 것은 아니다. 지방의 유지로서 어느 정도 떵떵거리면서 살아갈 수 있을 만큼은 뇌물을 끌어모았다. 이는 단순히 아전들의 탐욕 때문에 나타난 현상은 아니다. 조선의 보수 시스템에서는 자연스럽게 적지 않은 금액의 뇌물이 오갈 수밖에 없었다.

500년 동안 이어진 조선 시대에는 뇌물을 받고 부정부패를 하는 것이 암암리에 시스템화되어 있었다. 정도의 차이일 뿐, 전국 모든 곳에서 이런 부정부패가 이루어질 수밖에 없었다. 결국 조선의 백성들은 의욕이 꺾이고 흐리멍덩해진다. 아무리 노력해도 잘살기 힘든 나라가 된 것이다. 조선의 문제는 소수의 탐관오리나 몇몇 아전들의 횡포 때문에 발생한 것이 아니다. 나라의 보수 시스템 자체의 문제였다.

2장

일제시대의 한국 발전을
논하는 것은 금기다?
근대의 한국사

근대화가 늦어 뒤처진 것일 뿐,
한국은 원래 잘살았다?

한국은 원래 잘살던 나라였을까, 못살던 나라였을까? 원래는 일본보다 잘살던 나라였는데 근대화가 늦어져 일본에 뒤처지게 된 것일까, 아니면 원래 일본보다 못사는 나라였던 것일까? 이 문제에 대해 대부분의 사람들은 다음과 같이 생각한다.

'한국은 원래 잘살던 나라였다. 고려, 조선은 주변국들보다 잘살았다. 그리고 일본은 후진국이었다. 중국은 조선보다 더 잘살았다. 하지만 중국 외에 다른 나라들 — 일본, 몽골, 여진, 류큐, 동남아 국가들 — 보다는 한국이 더 잘살았다. 한국은 다른 나라들보다 잘살았던 국가이지만, 조선 말기 근대화가 늦어졌다. 또 조선 말기에 정치가와 관료들이 부패했다. 그래서 일본에 뒤처지게 되었고, 결국 일본의 식민지가 되었다. 조선 말기에 잘했더라면 한국은 지금보다 잘살았을 것이다. 원래 한국은 잘살던 나라이기 때문이다.'

한 국가가 잘사는지 못사는지를 판별하는 가장 일반적인 기준은 1인당 GDP이다. GDP가 높으면 잘사는 나라인 것이고, GDP가 낮으면 못사는 나라인 것이다. 물론 일상생활에서 느끼는 행복도, 마음의 평화 등은 GDP로 표시되지 않지만, 경제적 측면에 대해서는 GDP가 가장 객관적인 지표라고 할 수 있다. 그렇다면 고려 시대, 조선 시대의 GDP는 주변 국가들에 비교했을 때 어느 정도였을까?

옛날의 산업구조를 살펴보자. 1차 산업, 2차 산업, 3차 산업을 두고 볼 때, 과거에는 모두 1차 산업뿐이었다. 공장이 없었기 때문에 2차 산업이 존재하지 않았고, 서비스 산업이랄 것도 없었다. 물론 농기구를 만드는 대장간 같은 가내 수공업은 존재했고, 여행자를 위한 주막 같은 것이 있기는 했다. 하지만 이런 2차, 3차 산업의 비중은 굉장히 낮았다. 이런 구조는 조선만이 아니라 다른 나라들도 마찬가지였다. 동아시아의 모든 나라들이 1차 산업 위주의 경제 구조를 가지고 있었고, 2차, 3차 산업의 비중은 미약했다.

결국 고려, 조선 시대에 국가의 경제 규모를 결정짓는 것은 1차 산업이었다. GDP를 결정짓는 것도 1차 산업이었다. 1차 산업인 농업, 어업 규모를 살펴보면 당시 조선의 경제 규모와 1인당 GDP가 다른 나라들과 어떤 차이가 있었는지를 쉽게 파악할 수 있다.

조선의 농업, 어업 생산력은 다른 나라보다 더 높았을까? 그렇지 않다. 오히려 중국, 일본, 류큐, 태국, 캄보디아, 필리핀, 인도네시아 등보다 훨씬 낮았다. 즉, 조선은 동아시아 국가들 중에서 가장 못사는 국가였다. 경제 규모도 가장 작았고, 따라서 GDP도 가장 낮았다. 한마디로 동아시아에서 손꼽히는 후진국이었다. 물론 만주의 여진족, 몽골 같은 국가들이 조선보다 더 못살기는 했다.

당시 국가의 GDP는 농업 기술력에 의해 결정되었다. 그런데 조선은 많아야 2년 삼모작 시스템이었다. 추운 북쪽 지방에서는 1년 일모작 이상은 할 수가 없었다. 그나마 남쪽 지방은 따뜻해서 겨울에 보리 등을 심을 수 있었기 때문에 2년에 걸쳐 세 번 수확이 가능했다. 하지만 일본은 한국보다 날씨가 더 따뜻하다. 일본 중남부 지역에서는 1년 이모작이 가능했다. 동남아시아로 내려가면 날씨는 더 따뜻해진다. 겨울이 없어서 일년 내내 벼농사가 가능했다. 1년 삼모작, 1년 사모작도 가능했다.

조선은 기본적으로 1년 일모작이었다. 하지만 일본은 1년 이모작이었고, 동남아시아 국가들은 1년 삼모작, 사모작까지 되었다. 이는 무엇을 뜻할까? 조선 사람들이 쌀 한 마지기를 생산해낼 때 일본은 쌀 두 마지기, 동남아시아 국가는 쌀 3~4마지기를 생산하고 있었다는 뜻이다.

만주, 몽골 지역은 1년 일모작도 힘들었다. 겨울은 추워서 어떤 작물도 재배할 수 없었고 사냥하기도 힘들다. 이 지역은 지금도 먹을거리를 찾는 것이 쉽지 않다. 이런 북쪽 지역보다는 조선이 살기가 나았다. 하지만 조선이 남쪽에 있는 국가들보다 잘살 수는 없었다.

한국은 1960년대까지 보릿고개가 있었다. 봄에 보리를 수확하기 전까지 먹을 것을 구하기가 힘들어서 굶어 죽는 사람들도 많았다. 가을에 수확한 벼를 가지고 다음 해 여름까지 버티기가 힘들었다. 하지만 일본이나 동남아 국가에는 보릿고개가 없었다. 1년 이모작이 기본이라 봄, 가을에 계속 벼를 수확할 수 있었다. 봄에 먹을 것이 떨어지지 않았던 것이다.

동남아가 한국보다 더 잘살았다는 것은 동남아에 남아 있는 유적들을 보면 쉽게 알 수 있다. 앙코르와트에서부터 태국 타이의 에메랄드 궁전, 그리고 버마 등의 사원들을 보자. 그것들은 모두 한국의 대궐, 절보다 훨씬 더 규모가 크다. 공예물들도 한국보다 훨씬 더 정교하고 화려하다. 그에 비하면 한국의 건물과 공예품, 예술품들은 상당히 소박하다.

지금의 한국이 동남아 국가들보다 더 잘살기 때문에 원래 한국이 동남아 국가들보다 더 우수한 나라였던 것으로 생각하는 경향이 있다. 하지만 역사상 한국이 동남아 국가들보다 더 잘살게 된 것은 최근 몇십 년 사이에 벌어진 일이다.

역사적으로 한국의 경제 수준이 어땠는가를 알기 위해서는 지금의 북한을 보면 된다. 북한 주민들은 지금까지도 생계를 꾸리기 힘들다. 전 세계에서 가장 가난한 나라에 속하고 주민들이 굶어 죽는다는 이야기도 심심찮게 들린다. 그런데 경제개발에 실패한 현재 북한의 모습이 원래 고려, 조선의 모습이다. 한국의 기후, 토질을 볼 때 한반도에서 수확하는 작물만으로는 한반도 내의 사람들이 배부르게 먹는 것은 불가능하다.

지금 한국이 먹고사는 것에 대해 걱정하지 않게 된 것은 한국 내의 식량 생산량이 늘어나서가 아니다. 외국과의 무역을 통해 먹을거리를 들여오고 있기 때문이다. 공산품을 팔아서 농산물을 충분히 사오고 있고, 그래서 한국에서는 먹을 것이 남아돌고 있다. 한국의 식품 자급률은 20퍼센트 정도밖에 되지 않는다. 만약 한국이 외국과의 무역을 중단하고 한국 내에서 산출되는 농산물로만 먹고살기로 한다면 바로 북한처럼 돼버릴지도 모른다.

한국의 역사 이야기를 보면 한국이 원래 잘살았던 것처럼 이야기한다. 그러다가 근대화를 늦게 받아들이는 실수를 해서 뒤쳐진 것으로 본다. 하지만 그렇지 않다. 원래 한국은 동아시아에서 가장 못사는 국가군에 속했다. 한국이 동아시아에서 잘사는 국가가 된 것은 1980년대 이후 공업화가 안착되면서 나타난 현상이다.

조선 말기,
근대화를 막은 결정적인 요인은?

조선 말기, 나라는 개혁을 실행하고 발전시킬 수 있는 동력을 거의 잃어 버린 상태였다. 시간을 더 준다고 해도 스스로 근대화의 길로 들어서기 는 힘들었다. 가장 대표적인 문제가 관리들의 임기였다.

현재 한국은 상당한 발전을 이루었지만, 근로자들의 경쟁력에서 아직 선진국을 따라잡지는 못하고 있다. 한국 사람들은 굉장히 열심히 일한다. 선진국에서는 거의 하지 않는 야근, 주말 근무를 밥 먹듯이 한다. 그런데 도 선진국의 생산성을 따라잡지 못하고 있다. 실제 한국 근로자들의 생 산성은 선진국 근로자의 50퍼센트 정도밖에 되지 않는다.

한국인의 생산성이 낮은 이유로는 여러 가지가 거론된다. 그중 하나가 바로 한 직무에 종사하는 기간이다. 선진국의 경우 근로자들은 자신만 의 전문 분야가 있다. 처음에 홍보 부문을 전문 분야로 삼고자 마음먹은 사람은 평생 동안 홍보 업무만 한다. 인사 업무를 하는 사람은 평생 인사 업무만 하고, 마케팅을 하는 사람은 그만둘 때까지 마케팅 업무만 담당 한다. 마케팅 대리 일을 하다가 마케팅 과장이 되고, 마케팅 부장, 마케팅

이사가 되는 식이다.

그런데 한국에서는 대체로 자신의 전문 분야를 정하지 않는다. 한국의 정부 기관, 공공기관, 대기업은 순환보직을 한다. 2년 동안 한 가지 업무를 맡다가, 2년 후에는 다른 업무를 하고, 또 2년 후에는 다른 일을 하는 식이다. 2년 동안 홍보 관련 일을 하다가, 2년 동안 마케팅 관련 일을 하고, 그러다가 인사 업무를 맡는다.

인원수가 적은 중소기업의 경우에는 한 가지 일을 계속 할 수도 있다. 또한 전문직으로 채용된 경우에는 평생 동안 한 가지 일만 한다. 공인회계사 자격증을 가지고 회계 업무 담당자로 입사한 경우에는 계속 회계 일만 할 수 있다. 하지만 대부분의 일반직 직원들은 2년 주기의 순환보직으로 일을 한다.

한국 근로자의 경쟁력이 떨어지는 주된 이유 중 하나는 이 순환보직 때문이다. 국내에서만 이루어지는 경쟁이라면 이것이 특별히 경쟁력을 낮추는 원인이 되지는 않는다. 모든 기업, 기관들이 대체로 순환보직을 하기 때문이다. 재무부의 홍보 담당자, 보건복지부의 홍보 담당자, 현대의 홍보 담당자, 삼성의 홍보 담당자, LG의 홍보 담당자가 같은 자리에 모인다고 해도 경쟁력 차이가 크지 않다. 모두가 홍보 일을 한 지 2년이 안 된 사람들이다.

하지만 선진국의 기업, 정부 담당자와 비교하면 이야기가 다르다. 구글의 홍보 담당자는 평생 동안 홍보 업무만 한 사람이다. 미국 국무부의 홍보 담당자도 평생을 홍보 업무에 매달렸다. 홍보 일을 한 지 2년이 안 된 사람과 평생 홍보 일만 한 사람이 서로 부딪히면 게임이 될 리가 없다.

기자의 경우에도 한국은 증권 기자 2년, 사회 기자 2년, 정치 기자 2년 등으로 돌아간다. 하지만 선진국은 증권 기자는 10년, 20년 동안 증권 관련 업무만 한다. 그래서 지난 20년 동안 그 일이 어떻게 돌아갔는가를 모두 꿰고 있다. 기사의 질과 분석에서 차이가 날 수 밖에 없다.

지금 한국에서 공무원, 기관장들은 자신의 직무에서 2년의 임기를 가진다. 그런데 정부 장관들은 보통 1년 정도이다. 장관들은 정확한 임기가 없다. 대통령이 다른 사람을 임명하면 업무가 끝난다. 장관이면 정부의 한 부처를 담당하고 이끄는 사람이다. 이런 보직의 임기가 1년이면 일을 제대로 잘할 수 있을까?

장관 같은 기관장이 자신이 담당하는 부서의 업무를 완전히 파악하는 데는 보통 6개월 정도가 걸리는 것으로 본다. 6개월 정도는 배우고, 그 이후에 자신의 비전에 따라서 일을 해나갈 수 있다. 그런데 장관의 임기가 1년이라면 실제로 일을 계획해서 추진할 시간은 거의 없는 셈이다.

미국의 경우, 부처 장관의 임기는 대통령의 임기와 동일하다. 처음 대통령이 취임할 때 장관을 임명하고, 대통령 임기가 끝나는 4년 동안 장관도 같이 간다. 임기 중간에 장관을 바꾸는 경우는 거의 없다. 그래서 미국의 장관은 4년 동안 자신의 비전을 구체화하고 실행할 수 있다. 하지만 한국 장관들의 평균 임기는 1년이 조금 넘을 뿐이다. 업무를 제대로 추진하기는 힘들다.

그렇다면 조선 말기, 조선 시대의 장관이라 할 수 있는 판서들의 임기는 어느 정도였을까? 조선 시대의 주요 부처는 이조, 호조, 예조, 병조, 형조, 공조였다. 이조판서, 호조판서 등의 임기는 어느 정도였을까?

판서들의 평균 임기는 2개월이었다. 이조판서가 되면 2개월 후에 그만두고 다른 자리에 임명을 받았다. 그리고 그 자리에서도 2개월 정도가 지나면 다른 자리로 이동하거나 관료를 그만두었다.

새로운 자리를 맡아 해당 업무를 완전히 파악하는 데만 해도 몇 개월은 걸린다. 마케팅 과장이 마케팅 부장으로 승진하더라도, 부장의 업무를 배우는 데 몇 개월은 걸린다. 그런데 부장 자리에 오른 사람이 2개월 만에 교체된다면 어떻게 될까? 아무리 능력 있는 사람이 오더라도 새로운 일을 계획하고 추진하는 것은 불가능하다.

조선 말기 판서들의 평균 임기는 2개월이었다. 정승들이나 사헌부 관리들의 임기 역시 엇비슷했다. 고위직 대부분이 이 정도의 임기를 가지고 있었다. 그중 한성판윤은 서울 한양의 관리를 담당한 직책으로, 지금의 서울 시장격이다. 서울은 그 중요성이 남다르다. 그래서 한성판윤은 6조 판서와 동급으로 인정받았다. 조선조 515년 동안 한성판윤 자리는 모두 1390대를 거쳤다. 평균 임기는 4개월이 조금 넘었다. 다른 지역도 크게 다르지 않았다.

조선 말기로 갈수록 임기는 더 짧아졌다. 전기에는 그래도 1년 가까이 되었지만, 말기에는 2개월, 3개월 정도밖에 되지 않았다. 그래서 조선 시대 전체 평균 임기를 따져보면 4~6개월이 된다.

조선 말기, 한 애국자가 이조 판서로 부임했다고 가정해보자. 그는 나라가 어지럽고 위태로우니 제대로 일을 해서 나라를 바로잡고 싶다. 이를 위해 새로운 제도를 만들어서 개혁을 하고자 한다. 과연 제대로 뜻을 펼칠 수 있을까? 아무리 능력이 있고 애국심에 불타더라도, 임기가 2개월이면 아무 것도 할 수가 없다. 그래도 몇 년 동안은 임기가 이어질 것이라고 생각한다면, 중간에 그만두더라도 처음에는 의욕적으로 열심히 할 수 있다. 하지만 임명될 때부터 그 자리에서 평균 2개월, 길어야 6개월밖에 머물지 못한다는 것을 안다면 어떨까? 그러면 처음부터 일할 생각을 아예 하지 않는다. 그냥 판서가 된 것을 자축하고, 주위로부터 축하를 받고, 판서로서 위엄을 지키는 일에만 신경쓰게 된다.

조선의 관료들은 어떤 지위에 임명되는가를 더 중요시했다. 그 자리에서 어떤 일을 하는지에 대해서는 그다지 신경쓰지 않았다. 한 번만 판서로 임명되면 평생 판서로 불릴 수 있다. 지금 한국에서도 한번 국회의원이 되면 평생 동안 다른 사람들로부터 의원님이라 불리며 행세할 수 있다. 국회의원은 단지 4년을 했지만, 의원직을 그만둔 다음에도 의원님이라고 불러준다. 당시도 마찬가지였다. 판서를 한 번만 하면, 설사 판서직에 2개월만 있었다 해도 죽을 때까지 판서라고 불릴 수 있었다. 그가 어떤 판서였는지, 판서로서 무슨 일을 했는지는 전혀 중요하지 않았다. 이는 관료들의 잘못만이 아니다. 평균 임기가 2개월밖에 안 되는데 무슨 일을 하려고 생각하는 것이 말도 안 되는 짓이다. 이런 식으로 굴러가는 국가가 제대로 무언가를 할 수 있을 리가 없다. 조선은 무언가를 추진해서 실현할 수 있는 능력이 전혀 없었다.

조선 말기, 여러 개혁 조치들이 있었다. 갑오개혁, 을미개혁, 광무개혁 등 조선을 근대화시키기 위한 노력들이 이어졌다. 그런데 왜 개혁이 실제로 이루어지지 못했을까? 장관이 2개월의 임기 동안 발표된 개혁 정책들을 추진할 여유가 없었기 때문이다. 그래서 새로운 정책이 발표되더라도 그저 발표에 그쳤다.

조선에 시간이 더 있었다면 근대화를 달성할 수 있었을까? 일본, 러시아 등 외적의 간섭과 침략이 없었다면 근대화를 할 수 있었을까? 일본이 침략을 하지 않았더라도, 고위직의 평균 임기가 2개월인 상태에서 근대화를 실현하는 것은 불가능하다. 조선의 근대화는 시간의 문제가 아니었다. 국가 운영에 근본적인 문제가 있었던 것으로 봐야 한다.

조선이 일본의 국서를
거부한 까닭은?

조선 말기, 일본에서는 정한론이 고개를 든다. 한국을 정벌하자는 주장이었다. 당시 일본은 막부 체제를 끝내고 메이지유신을 시작한 시기였다. 막부 체제는 기본적으로 지방자치 체제이다. 중앙에는 쇼군이 있고, 지방에는 다이묘들이 있다. 다이묘들은 쇼군의 지배하에 있기는 하지만 자신의 영지 내에서는 마음대로 운영할 수 있었다. 쇼군에게 지켜야 하는 의무만 다하면 되었다. 그런데 메이지유신 과정에서 이전과는 달리 중앙 왕권을 강화해나갔다. 메이지 천황에게 모든 권력을 집중시키고, 중앙 정부가 국가적인 근대화를 추진하기 시작했다. 이 와중에 일본에서는 정한론이 발생한다.

일본 내부에서는 정한론 때문에 국론 분열이 발생했다. 메이지유신의 3대 주도자 중 한 명인 사이고 다카모리가 정한론의 대표자였다. 하지만 또 다른 메이지 유신의 주역인 오쿠보는 일본이 내부의 힘을 기를 때이지 외국과 전쟁을 벌일 시기가 아니라고 주장했다. 결국 정한론을 주장하는 사이고 다카모리와 지금은 때가 아니라는 메이지유신 정부 간에 전쟁까지 벌어진다. 이 전쟁에서 사이고 다카모리는 사망하고, 정한론은 수면 아래로 들어간다. 하지만 정한론은 이후 일본의 정치를 계속 지배했다. 1870년대에는 정한론이 패배했지만, 1894년에는 한국을 얻기 위해서 청일전쟁을 벌이는 등 한국에 대한 침략을 계속한다. 결국 1910년 한국을 병합하는 데까지 이르는데, 이는 1870년대부터 이어져온 정한론의 영향이라고 볼 수 있다.

사이고 다카모리(西鄕隆盛, 1828~1877)
메이지유신을 이끈 3대 주도자 중 한 명으로, 1870년대 초 정한론을 주창했다.

그런데 1870년대에 일본에서 갑자기 정한론이 일어난 까닭은 무엇일까? 1592년 임진왜란 때도 일본은 조선을 침략했다. 하지만 침략의 목적이 조선을 병합하기 위해서는 아니었다. 조선에 식민지를 만들려고 했던 것도 아니고, 조선이 싫어서 공격한 것도 아니다. 임진왜란은 일본이 명나라를 치러 가기 위해서 벌인 전쟁이다. 명나라가 진짜 공격 대상이었는데, 명나라까지 도달하기 위해서는 조선을 거쳐야 했다. 조선이 길을 비켜주지 않았기 때문에 조선과 전쟁을 벌이게 된 것이다. 일본이 명나라를 공격하러 간다는데 조선이 순순히 길을 내어줄 리는 없다. 그래서 조선과 일본 간에 전쟁이 발발한 것이지, 일본은 조선에 별로 관심이 없었다. 그런데 왜 1870년대 일본에서는 정한론이 발생했던 것일까?

한국에서는 일본에서 정한론이 발생하게 된 것이 일본 내부의 문제를 외부로 돌리기 위해서라고 본다. 개혁을 행할 때에는 찬성하는 사람도 있지만 반대하는 사람도 생긴다. 개혁에 대한 불만을 잠재우고, 반대하는 사람들의 관심을 돌리는 가장 좋은 방법은 대외 문제를 일으키는 것이다. 다른 나라와 분쟁이 벌어지면 저마다 애국심이 동해서 나라 안에서 일어나고 있는 문제에 대해서는 눈을 감게 된다. 일본의 정한론도 마찬가지이다. 일본이 메이지유신에 따른 내부 갈등을 완화하기 위해 한국을 정벌하자는 대외 정책을 들고 나온 것으로 해석한다.

물론 그런 측면도 있을 것이다. 그런데 조선이 그저 가만히 있는데 일본에서 정한론이 발생했을까? 국내 안정을 위해서 대외 정책을 이용한다고 해도, 아무런 계기가 없는 상태에서 외국을 공격하자는 이야기가 나올 리는 없다.

1868년, 일본에는 오랜 도쿠가와 막부 체제가 끝나고 메이지유신 정부가 들어선다. 새로 정부가 들어선 이후, 일본은 외국에 외교 사절을 보낸다. 조선에도 1868년 12월에 사절단이 도착한다. 당시 일본의 사절 관련 업무는 동래에서 담당했기 때문에, 사절단들은 동래에 와서 국서를 전달했다. 조선 정부의 회답을 받으면, 한양으로 올라가 본격적인 외교 활동을 하는 것이 관례였다.

하지만 조선은 사절단이 들고 온 국서를 문제 삼는다. 일본의 국서에는 '천황, 칙'이라는 단어가 적혀 있었다. 일본은 왕을 천황이라 한다. 그리고 천황이 쓰는 말 등이 '칙'이다. 조선이 보기에 '황'이라는 말을 쓸 수 있는 사람은 중국 황제뿐이다. 조선도 '왕'이라는 호칭을 쓸 뿐, '황'이라는 호칭은 쓰지 않는다. 그런데 오랑캐인 일본이 '황'이라고 자신을 표현한 것이다. 단순히 '황'도 아니고 '천황'이란 표현을 썼다. 천황이라고 하면 황제보다 높다는 인식을 준다. 조선은 이렇게 자신을 천황이라고 밝힌 일본 국서를 절대로 받을 수 없다고 주장한다. 아예 국서를 접수하지도 않은 채로, '천황, 칙'이라는 표현을 바꾸라고 요구했다. 하지만 일본은 오래전부터 왕을 천황이라고 불러왔다. 그러니 일본 측에서도 천황이라는 호칭을 바꿀 수는 없었다.

1997년, 한국에서 IMF가 발생했을 때의 일이다. 외국 금융기관들은 계속 한국에서 돈을 빼가고 있었다. 한국의 은행들에는 달러가 고갈되고 있었다. 며칠 더 버틸 수는 있었지만, 조금 더 지나면 달러가 없어 더 이상 돈을 갚지 못하는 상황이었다. 소위 국가 부도가 나기 직전이었다.

한국에서는 달러가 필요했다. 달러를 빌려줄 외국 금융 기관이 필요했고, 부채 상환을 독촉하지 않고 기다려줄 수 있는 곳이 필요했다. 이때 한국에 돈을 많이 빌려준 나라는 일본과 미국이다. 한국에서 돈을 빼간 곳도 일본과 미국이었다. 이런 상황에서 미국의 재무부 차관보가 한국을 방문한다. 금융 위기 상황을 해결하기 위해 한국의 재무 담당자와 논의하기 위해서였다.

그런데 당시 한국의 재정경제원 장관은 미국 차관보를 만나는 것을 거절했다. 장관이 어떻게 차관보를 만날 수 있는가? 미국 차관보는 한국의 차관보나 국장하고 이야기를 해야 한다. 장관인 자신은 미국의 차관보를 만날 수 없다. 국가 위기 상황에서, 미국 금융 기관들의 도움이 절실히 필요한 상황에서, 며칠만 지나면 국가 부도가 나는 상황에서, 한국의 장관에게 더 중요한 것은 격식이었다. 차관보가 한국을 부도에서 구해주러 왔다고 해도 소용없었다. 결국 미국 정부는 차관보가 이번 사태에 대한 특사이기 때문에 만나야 한다는 의견을 전달했고, 이후 한국 장관은 차관보를 만나 IMF 구제금융 건에 대해 논의하게 된다.

조선도 마찬가지였다. 일본 국서에 적힌 천황이라는 표현을 받아들일 수 없었다. 그래서 국서를 받지도 않고 사절단을 쫓아내버렸다. 일본 사절단은 부산 동래에서 서울로 올라가지도 못했다. 당시 박규수는 대신 회의에서 '국제를 변경하여 수호를 청하는데 이를 거절하면 앙심을 품고 전쟁을 일으킬 것이다'라고 했으나 받아들여지지 않았다.

입장을 바꿔서 생각해보자. 한국의 대통령이 외국에 사절단을 보냈다. 그런데 외국에서 '네가 통령이면 통령이지, 대통령이 뭐냐. 대통령이라는 명칭을 통령으로 바꾸지 않으면 만나지 않겠다'라면서 쫓겨 왔다면 어떨까? 이것은 국가 모독에 해당한다. 지금 한국의 사절단이 외국에서 이런 대접을 받는다면, 분명 한국 사람들도 그 나라를 적대시하게 될 것이다.

일본도 마찬가지이다. 조선에서 '네가 무슨 천황이냐'라면서 국서를 받지도 않고 사절단을 쫓아냈다. 그래서 일본에서는 천황을 모욕한 조선을 정벌해야 한다는 주장이 제기된다. 이것이 정한론의 시작이다.

한국에서는 일본의 정한론을 조선 침략의 야욕을 드러낸 움직임으로 비판한다. 그런데 한국의 미숙한 외교력도 정한론이 일어나는 데 어느 정도 빌미를 제공한 것이 아닐까?

한국을 괴롭힌 나라가
일본뿐일까?

19세기 말과 20세기 초, 조선은 줄곧 일본의 침략에 시달린다. 강화도조약으로 일본에 강제적으로 개항을 당했고, 1882년 임오군란 때도 일본에 의해 피해를 입었다. 1884년 갑신정변 때도 일본이 개입을 했고, 1894년에는 일본에 의해서 전쟁터가 되었다. 1905년에는 을사보호조약이 체결되고, 결국 1910년에는 한일병합조약이 이루어진다. 근대사에서 일본은 정말 한국의 적이었다. 그래서 당시의 역사 서술은 모두 일본에 초점을 맞추고 있다. 일본이 한국에 어떤 나쁜 짓을 했는지, 일본이 어떻게 한국을 침탈했는지를 강조한다.

그래서 우리는 당시 친일파를 비난하고 친청파, 친러파에 대해서는 그렇게 나쁘지 않았던 것으로 보는 경향이 있다. 당시 조선은 친청파, 친일파, 친러파로 나뉘어져 있었다. 그런데 결국 친일파가 승리했기 때문에 조선이 일본에 합병당하는 사태까지 간 것이다. 친청파, 친러파의 세력이 강했다면 조선은 일본의 식민지가 되지 않았을 것이라는 기대도 가지고 있다. 즉, 일본은 비난하지만, 청나라와 러시아에 대해서는 큰 비난을 하지 않는다.

중국과 러시아는 정말 일본보다 더 나은 존재였을까? 만약 중국이나 러시아가 조선에서 주도권을 가졌다면 일본에게 당한 것보다는 훨씬 더 나았을까? 그리고 조선은 식민지가 아닌 자주독립국의 위치를 유지할 수 있었을까?

지금 우리는 조선이 결국에는 일본의 식민지가 되었기 때문에 일본만을 비난한다. 하지만 일본 이전에 가장 문제가 되었던 것은 청나라였다. 청나라가 조선을 괴롭힌 역사는 일본 못지않다. 청나라나 일본이나 조선을 옥죄었던 것은 마찬가지였다.

가장 대표적으로 청나라가 대원군을 납치한 일이 있다. 1882년 임오군란이 일어나면서, 세력을 가지고 있던 민씨 일파에 대해 군인들이 반란을 일으켰다. 당시 군인들은 오랫동안 월급을 받지 못했고, 몇 달 만에 간신히 쌀을 받을 수 있었다. 그런데 그 쌀은 제대로 된 쌀이 아닌, 돌이 섞여 있는 썩은 쌀이었다. 군인들은 분을 참지 못하고 들고일어났고, 당시 정권을 지니고 있던 민씨 일족들을 죽였다. 민씨 일족의 우두머리라 할 수 있는 민비는 이때 죽음을 가장하고 피난을 갔다.

임오군란 후에 정세를 안정시킨 것은 대원군이었다. 대원군은 민씨 일파에 의해 정권에서 물러나 있었다. 그러다가 임오군란으로 민씨 일파들이 쫓겨나면서 다시 권력을 쥐게 되었다. 그런데 대원군이 청나라 군대에게 납치를 당하고 만 것이다.

임오군란이 발생했을 때, 조선은 청나라에 지원을 요청했고 청나라 군대가 조선에 상륙했다. 청나라 장수들은 조선의 문제를 해결하기 위해 대원군을 납치하기로 했다. 대원군은 당시 왕이었던 고종의 아버지였다. 단순한 아버지가 아니라 고종이 왕이 되면서부터 10여 년간 조선을 다스린 권력자였다. 그리고 당시는 임오군란 후에 다시 정권을 잡은 조선의 지배자였다. 그럼에도 청나라는 대원군을 납치하기로 결정한다.

청나라 군대의 책임자 오장경, 정여창, 마건충 등은 조선에 상륙한 후 대원군을 방문한다. 중국의 관습은 누군가에게 방문을 받으면 곧 그 사람에게 답례 방문을 해야 한다. 그래서 대원군은 자신을 방문한 청나라 장군들에게 답례하기 위해 청나라 부대를 방문한다. 그리고 그길로 청나라 장군들은 대원군을 납치해서 중국으로 보내버린다.

우리는 을미사변 때 일본군이 민비를 시해한 것을 비난한다. 일

흥선대원군 이하응(李昰應, 1820~1898)
고종을 대신해 10여 년간 수렴청정한 권력자 흥선대원군은 훗날 자신이 청나라에 납치될 운명임을 예상이나 했을까?

본이 민비를 죽인 것은 분명 큰 문제이다. 한 나라가 다른 나라의 왕비를 습격해서 죽인다는 것은 상상하기도 힘든 일이다. 현재까지도 일본은 자신들이 민비를 죽였다는 것에 대해 완전히 입을 다물고 있다. 보통의 일본 사람들은 일본에 의해 조선의 왕비가 죽었다는 것을 알지도 못한다. 다른 나라의 왕궁에 난입해서 왕비를 죽인다는 것은 일본인들이 보기에도 말이 안 되는 일인 것 같다.

조선의 왕비를 죽인 것은 정말 나쁜 일이다. 조선을 우습게 본 것이고, 자기들 마음대로 행동한 것이다. 그런데 청나라 군대가 대원군을 납치한 일은 어떨까? 이것은 이해되고 인정될 수 있는 일일까?

대원군은 왕의 아버지였고, 당시 조선의 정권을 잡은 사람이었다. 그런 사람을 청나라는 조선에 아무 말도 하지 않고 납치한 것이다. 이것은 민비를 시해한 것에 못지않은 폭거이다. 국가 간 관계에서 있을 수 없는 일이다. 청나라가 조선을 존중하는 마음이 있었거나, 조선을 대등한 존재로 생각했으면 이런 행위가 나올 수가 없다. 청나라는 정말로 조선을 아무 것도 아닌 것으로 본 것이다.

1882년 조선에 군대를 파병한 이후, 청나라는 조선에 대한 간섭을 강화한다. 1894년 청일전쟁이 발발해서 청나라가 조선에서 쫓겨날 때까지, 청나라는 조선의 모든 내정에 간섭하고 지시를 했다. 이때 청나라에서 조선에 파견되어 사사건건 간섭을 한 사람은 원세개이다. 원세개는 조선에서의 활약을 통해서 청나라에서 권력자로 올라선다. 그 결과 신해혁명 이후 중국 최고 권력자가 되었고, 청나라 부의 황제가 폐위된 이후에는 중국 황제에 오르려 했다.

한국 사람들은 이토 히로부미를 비난한다. 이토 히로부미는 1905년 을사보호조약 때부터 1909년 안중근에게 피살될 때까지 조선 통감으로서 실질적인 조선의 권력자였다. 그는 힘이 없는 조선 정부를 대신해서 의사결정을 했다. 이토 히로부미가 순수하게 조선을 위해서 의사결정을 했다면 긍정적으로 볼 수도 있다. 하지만 이토 히로부미의 목적은 어디까지나 일본의 영향력을 확대시키는 것이었고, 일본을 위해서 조선을 움직였다. 그래서 이토 히로부미는 아직까지도 한국 침략의 원흉이라는 비난을 받는다. 이토 히로부미를 죽인 안중근은 영웅이 될 수밖에 없다.

그런데 1894년 청일전쟁이 발발하기 전까지 이토 히로부미가 했던 역할을 맡은 사람이 바로 원세개였다. 아니, 이토 히로부미보다 더했다. 이토 히로부미는 그 내용은 어쨌든 외면적으로는 예의를 지켰다. 협박을 하더라도 조용한 말투로 얌전히 했다. 조선에서는 이토 히로부미의 직책과 지위, 역할 때문에 이토 히로부미를 싫어했지, 그 사람의 인격 자체를 나쁜 놈으로 보지는 않았다.

하지만 원세개는 거의 막장 스타일이었다. 대놓고 고종과 대신들에게 협박을 하고 위협을 했다. 큰소리도 질렀다. 이토 히로부미는 나이가 많기라도 하지, 원세개는 새파랗게 어렸다. 청일전쟁이 발발해서 원세개가 청나라로 돌아간 1894년, 원세개의 나이는 35세였다. 원세개가 처음 조선 땅을 밟은 것은 1882년 임오군란이 발생했을 때였고, 이때 나이는 23세였다. 20~30대 초반밖에 안 되는 원세개가 조선 왕과 대신들에게 소리를 치고 다녔다.

이토 히로부미는 조선에 부임하기 전에 일본의 최고 권력자였었다. 일본에서 수상까지 지낸 사람이 조선으로 온 것이다. 하지만 원세개는 조선에 와서 관료 생활을 시작했다고 볼 수 있었다.

청나라와 일본 중에서 어느 쪽이 조선을 더 무시한 것일까? 일본은 그래도 총리를 지낸 사람을 조선에 보냈고, 나이도 많은 사람을 보냈다. 조선을 일본에 병합하는 것이 목적이었지만, 외면적으로는 예의 바르게 행동했다. 하지만 청나라는 20대 젊은이를 보내서 조선을 좌지우지하려고 했다. 고위직을 보낸 것도 아니고, 이제 막 관료 생활을 시작하는 사람을 보냈다. 그리고 자신보다 나이가 훨씬 많은 조선 왕과 대신들에게 큰소리를 치고 협박했다.

청나라는 일본보다 더 심하게 한국을 대했다. 한국이 일본의 식민지가 된 것은 한국의 비극이다. 하지만 청나라의 간섭하에 있었다면 그것 역시도 비극이었을 것이다. 한국이 일본을 지금껏 비판하듯이, 중국에 대해서도 비판해야 한다. 중국은 일본보다 더하면 더했지, 한국을 덜 괴롭혔던 것은 아니다. 하지만 역사책에서는 일본에 관한 이야기가 대부분이다. 우리는 조선 말기에 청나라가 조선을 어떻게 대했는가에 대해서 알고 있을 필요가 있다.

조선이 청나라에 파병을 요청한 어처구니없는 이유는?

근대 한국에서 벌어진 가장 큰 전쟁은 청일전쟁으로, 1894년에서 1895년까지 이어졌다. 중국 청나라와 일본 간의 전쟁이니 조선은 별 관계가 없을 수도 있지만, 청일전쟁이 이루어진 장소는 바로 조선 땅이었다. 일본군이 계속 북진을 해서 나중에는 청나라로 전쟁터가 옮겨지기는 했지만, 처음은 성환에서 싸우기 시작했고 승패를 가른 주요 전장은 평양이었다. 청일전쟁은 한반도 남부에서 북쪽까지 한반도를 훑으면서 이루어졌다. 두 나라의 군인들이 서로 싸우느라 한반도를 각각 훑고 지나갔다. 청일전쟁에서 직접적인 피해를 입은 사람들은 전쟁에서 패한 청나라 사람들이 아니었다. 전쟁이 벌어진 조선 땅에 사는 사람들이었다.

청일전쟁은 근본적으로 일본에 의해 시작되었다. 일본은 청나라를 몰아내고 동아시아의 패권을 가지려고 했다. 특히 조선에서 청나라를 몰아내고 한반도의 주도권을 가지려 했다. 당시 청나라는 전쟁을 피하려고 했지만, 일본은 이미 청나라와의 전쟁을 내부적으로 결정하고 있었다. 청나라가 피하려야 피할 수 없는 전쟁이었다.

미즈노 토시카타(水野年方)가 그린 청일전쟁 당시 평양전투
청일 간의 전쟁으로 애꿎은 조선 땅의 백성들이 피해를 입었다.

이처럼 전쟁의 근본적 원인은 일본에게 있었지만, 계기를 마련해준 것
은 조선이었다. 특히 조선 땅에서 전쟁이 이루어지게 된 원인은 조선에
있었다. 탄약이 마련되어 있는 총에 방아쇠를 당긴 쪽은 조선 정부였다.

1894년, 동학혁명이 발생한다. 정부군은 동학혁명군과의 싸움에서 이
길 수가 없었다. 결국 전주성이 동학혁명군에게 점령된다. 이때 조선은
청나라에 원병을 요구한다. 청나라 군대를 조선에 파견해서 동학혁명군
을 토벌해줄 것을 요구한 것이다. 조선의 요청에 따라 청나라 군대가 출
동했고, 일본군도 함께 조선으로 들어왔다. 1884년 갑신정변 이후 1885
년에 청나라와 일본이 맺은 톈진조약 때문이었다. 청나라 군대와 일본군
이 함께 조선에서 철수하고, 조선에 대한 군사 행동은 서로 보조를 맞춘

다는 내용의 조약이었다.

텐진조약을 구실로 조선에는 청나라 군대와 일본 군대가 함께 주둔하게 되었다. 그로 인해 청나라와 일본 간의 전쟁은 거의 기정사실화되었다. 조선 정부는 청나라 군대와 일본 군대 간 전쟁이 벌어지지 않도록 노력하기는 하지만, 당시의 분위기상 청일 간 전쟁은 피할 수 없어 보였다. 조선 땅에 주둔한 청나라 군대와 일본군은 서로 싸우기 시작했다. 결국 1894년 7월, 일본이 선전포고도 없이 청나라의 군함을 공격하면서 청일전쟁이 발발한다.

조선이 청나라에 군대 파병을 요청한 것은 청일전쟁의 방아쇠를 당기는 일이었다. 하지만 조선은 파병 요청이 청일전쟁으로 이어질 것이라고 생각하지는 못했을 것이다. 청나라 역시 전쟁을 예측하지 못했다. 반면에 일본은 청나라와의 싸움을 계속 준비해오고 있었다. 전쟁의 계기를 마련하지 못했을 뿐이다. 사소하더라도 양국 간에 군사적 충돌이라고 할 만한 것이 있어야 전쟁을 시작할 수 있는데, 텐진조약으로 청나라와 일본군은 모두 조선에서 철수했다. 청나라와 일본 군대가 서로 대치하고 있는 곳이 없다. 그런 상태에서 전쟁의 계기를 만들 수가 없었다.

그런 점에서 청나라 군대의 조선 출병은 일본 측에서 볼 때 절호의 기회였다. 청나라 군대가 조선에 출병하면 자신들도 출병할 수 있다. 조선 땅에 청나라와 일본군이 같이 있게 된다. 그러면 어떤 식으로든 분쟁이 발생할 것이고, 그것을 계기로 전쟁을 시작할 수 있다. 조선이 청나라에 파병을 요청한 것은 그동안 일본이 고민해오던 상황을 한꺼번에 해결하는 절호의 기회였던 것이다.

그런데 조선은 왜 청나라에 군대 파병을 요청한 것일까? 물론 동학혁명군을 진압하기 위해서 청나라에 파병을 요청한 것이지만, 이는 국제적으로 볼 때 도무지 이해할 수 없는 일이었다.

당시 조선 정부의 목적은 청나라로부터 진정한 독립을 얻는 것이었다. 조선은 오랫동안 청나라에 대한 조공국이었다. 그런데 근대 국가 시스템에서 조공국이 정확히 무엇인가에 대한 혼란이 발생했다. 조선은 조공관계는 동아시아 특유의 국제관계일 뿐이며, 조선은 어디까지나 독립국이라고 주장했다. 이에 대해 청나라는 조공국은 속국이라며, 조선은 청나라의 속국에 불과할 뿐이라고 주장했다. 이 문제를 가지고 10년이 넘도록 청나라와 조선 간에는 신경전이 벌어졌다. 청나라는 조선에 대한 간섭을 강화하려고 했고, 조선은 청나라의 간섭으로부터 벗어나려고 했다. 조선은 모든 노력을 기울여 청나라로부터 독립한 국가의 지위를 얻고 싶어 했다. 이런 사정을 서울에 공사를 파견한 모든 국가들이 다 알고 있었다. 그런데 그런 상황에서 조선이 청나라에 군대 파병을 요청한 것이다.

청나라가 조선에 군대를 파병하면 조선이 청나라의 영향권하에 있다는 것이 분명해진다. 조선의 모든 외교적 노력을 무위로 돌릴 수 있는 사안이다. 그동안 그렇게 청나라로부터 독립하려고 노력해왔으면서 청나라에 군대 파병을 요청한다? 조선의 요청은 완전한 자충수였다. 이 일을 계기로 일본군이 출병하느냐 마느냐의 문제를 제쳐두고, 파병 요청이 청일전쟁을 불러왔다는 것을 제외하고서라도, 이해할 수 없는 사안이었다.

조선의 대신들도 모두 파병 요청에 반대했다. 그 일이 조선과 청나라의 관계에 미칠 영향에 대해서는 모두 짐작하고 있었다. 이 가운데 청나라 파병을 주장한 사람은 민영준 한 명뿐이었다. 그런데 민영준이 다음과 같은 논리로 계속해서 파병을 주장하기 시작했다.

'청나라 군대가 들어오면 청나라의 권한이 강화되기는 하지만, 나중에 힘을 키워 독립할 기회가 생길 것이다. 하지만 동학군에게 나라를 뺏기

면 어쩔 것인가. 그때는 아무런 기회가 없다.'

대신들은 차츰 민영준의 논리에 설득되었고, 김병시 한 명을 제외하고는 모두가 파병에 찬성하게 되었다. 대신들은 대체 어떤 사고방식으로 파병 찬성이라는 결론을 내린 것일까? 이들은 국가 입장에서 생각하지 않았다. 정권의 입장에서 생각했다.

국가를 위한다면 누가 정권을 잡는가보다 조선이 독립국인지 여부가 중요하다. 민씨 세력이 정권을 잡고 있든, 동학군이 정권을 잡고 있든 모두 조선이다. 하지만 청나라 군대가 들어온다면 조선이라는 나라 자체가 위험해진다. 다른 사람에게 정권이 넘어가더라도 다른 나라에 나라가 넘어가는 것은 막아야 한다. 이것이 국가 위주의 사고방식이다.

하지만 정권 위주로 생각하면 다른 결론이 나온다. 청나라 군대가 들어오면 이 나라는 청나라의 속국이 될 가능성이 높다. 그러나 조선의 정권은 계속 우리들이 잡을 수 있다. 동학군에 의해 정권을 잃는 것보다는, 청나라의 속국이 되더라도 계속 정권을 잡는 것이 중요하다. 이런 발상일 때 민영준의 파병 요청 주장이 나올 수 있다.

당시 조선의 대신들은 계속 정권을 잡는 길을 택했다. 그래서 처음에는 청나라 파병 요청을 반대하다가, 결국 동의하고 만다. 당시 외국에서는 독립국이 되기를 그렇게 원하던 조선이 청나라에 파병 요청을 하는 것을 이해하지 못했다. 파병 요청을 받은 청나라는 얼씨구나 하고 군대를 보낸다. 청나라 군대의 조선 파병은 조선이 청나라의 속국이라는 것을 세계만방에 보여주는 세레모니였다.

로마노프·야마가타 의정서의
비공개 조항은?

조선 시대 말기, 일본만 없었다면 한국은 독립국으로서의 위치를 유지할
수 있었을까? 일본의 야욕만 없었다면 조선은 국체를 유지하면서 조선
나름대로 발전을 이룩할 수 있었을까?

쉽지 않은 문제이다. '일본이 없었다면'이라는 가정을 하기 위해서는
러시아라는 존재를 생각해야만 한다. 그런데 한국에서는 러시아에 관한
문제를 거의 이야기하지 않는다.

1884년에 갑신정변이 발생하고, 사후 처리를 위해 청나라와 일본 간
조약이 체결된다. 소위 톈진조약이다. 이 조약에서 중요한 조항 중 하나
는 청나라와 일본이 조선에 출병하게 되면 다른 나라에 통고를 해야 한
다는 것이다. 청나라와 일본 모두가 조선에서 병사를 철수시키고, 향후
다시 파병을 하게 되면 상대 국가에 통보를 해야 한다. 그런데 이 조항은
사실상 조선을 두고 청나라와 일본이 서로 다투고 있다는 것을 말해주는
조항이다. 청나라와 일본이 조선을 누가 먹느냐를 가지고 싸우고 있기
때문에 이런 조항이 만들어질 수 있다. 상대 국가가 일방적으로 독주하

는 것을 견제하기 위해 만들어진 조항인 것이다.

1894년, 조선을 두고 신경전을 벌이던 양국 간에는 결국 청일전쟁이 발발했고 일본이 일방적으로 이겼다. 그 결과 일본이 조선에서 우월권을 갖게 되고 청나라는 조선에서 물러난다. 하지만 청일전쟁의 승리로 일본이 바로 조선에 대한 지배권을 점하게 된 것은 아니었다. 러시아의 적극적인 개입이 있었다.

청일전쟁에서 승리한 일본에게 청나라는 대만과 요동 반도를 할양했다. 하지만 러시아가 나서서 일본이 요동 반도를 가지는 것을 좌절시킨다. 이때 러시아의 주도로 프랑스, 독일이 함께 일본에 간섭을 하는데, 러시아는 요동 반도에서 물러나지 않으면 전쟁에 개입하겠다는 뜻을 비춘다. 러시아와 싸울 수 없었던 일본은 요동 반도를 포기하고 물러난다.

일본은 요동 반도를 포기했지만, 그렇다고 요동 반도가 중국의 손으로 돌아간 것은 아니다. 러시아가 요동에 진출한다. 요동 반도의 뤼순 항이 러시아에게 조차되고, 러시아는 뤼순 항에 군항을 만든다. 러시아는 계속해서 남쪽으로 진출을 꾀했다. 뤼순 항이라는 극동해양 기지가 마련되었고, 이때부터 본격적으로 동북아 진출을 꾀하게 된다.

때마침 조선에서는 아관파천이 일어난다. 고종이 러시아 대사관으로 피난을 가면서, 조선의 모든 권력이 러시아의 영향하에 놓이게 된다. 이쯤 되면 러시아의 야욕이 조선을 향해 뻗고 있다는 것이 분명하게 드러난다. 그동안은 청나라가 조선을 속국이라고 주장하면서 권한을 행사하다가, 청일전쟁의 패배로 조선에서 손을 뗐다. 그런데 이제는 러시아가 본격적으로 조선을 노리기 시작했다. 요동 반도에 군항을 만들고, 조선에 영향력을 행사하면서 러시아는 동북아시아에서 권한을 확대해나간다.

일본 역시 조선에 대한 야욕을 가지고 있었다. 일본과 러시아가 조선을 놓고 본격적으로 대립 구도를 가지게 된 것이다. 이런 분위기 속에서 1896년 6월, 러시아와 일본 사이에 조약 하나가 만들어진다. 바로 로마노프·야마가타 의정서이다. 로마노프는 러시아 외무부 장관이었고, 야마가타는 일본의 외무부 장관이었다. 러시아와 일본의 외상들이 만나 조선 문제에 대한 의정서를 만든다.

로마노프·야마가타 의정서는 모두 6개조이다. 4개조는 공개되었고, 2개조는 비공개된 비밀 조약이었다. 공개된 4개조는 좋은 이야기이다. 러시아와 일본이 서로 협력하고 합의해서 조선을 돕자는 이야기이다. 하지만 정말로 중요한 것은 비공개된 2개조이다. 비공개된 조항에서는 '러시아나 일본이 조선에 군대를 파견할 경우에는 양국 정부는 군대 상호 간의 충돌을 예방하기 위해서 양국 군대 간의 완충지를 마련하고, 각 군대의 용병 지역을 확정한다'라고 명시하고 있었다. 또한 '러시아와 일본이 각각 같은 수의 군대를 조선에 주둔시킨다'는 내용도 있었다.

텐진조약에서 청나라와 일본 간에 군대 파병에 대한 조항을 두었던 것과 거의 유사한 조항이다. 러시아와 일본이 조선에 대한 지배권을 놓고 서로 싸울 수 있다는 것을 전제로 한 것이다. 그렇지 않다면 두 국가가 조선에 군대를 파병하는 문제로 별도의 조약을 만들 필요는 없다. 조선에서 독립이냐 아니냐를 고민하고 있었을 당시, 일본과 러시아는 조선을 일본이 삼키느냐 러시아가 삼키느냐로 고민하고 있었다. 그리고 주변 국가들은 한국이 독립국으로 발전할 수 있는지 여부를 궁금해한 것이 아니라, 조선이 일본에 넘어갈 것인가 러시아에 넘어갈 것인가에 주목하고 있었다.

실제로 일본은 이때부터 러시아와 전쟁을 할 수 있다는 것을 분명히 인지한다. 그리고 내부적으로 전쟁 준비에 들어간다. 군비를 증강하고,

전쟁터가 될 수 있는 만주 지역 등에 대한 지형을 조사한다.

1890년대 중반, 아직은 러시아가 극동 지역에서 전쟁을 벌이기는 쉽지 않았다. 모스크바 지역에서 극동 지역으로 군대를 보내기가 너무 어려웠다. 하지만 러시아는 시베리아 횡단 철도를 만들고 있었다. 1900년대 초중반이 되면 시베리아 횡단 철도가 완성될 예정이었다. 그렇게 되면 러시아 군대가 극동 지역으로 쉽게 이동할 수 있다. 바로 이때가 러시아가 일본과 전쟁을 벌이고, 만주, 조선, 요동 지역에서 러시아가 지배권을 제대로 넘볼 수 있는 때였다.

그래서 일본은 시베리아 철도가 완성되고 본격적인 운영에 들어가는 1905년쯤에 전쟁이 벌어질 것으로 보았고, 이때를 기준으로 전쟁 준비에 들어간다. 그리고 실제로 1904년에 러일 전쟁이 발발한다. 러일전쟁은 갑자기 발생한 전쟁이 아니다. 일본이 1895년부터 10년을 준비한 전쟁이었다.

조선은 순진했다. 국제적으로 러시아와 일본이 한반도를 두고 본격적으로 다툼을 하고 있는 이 시기에 단지 국체 강화에만 힘을 썼다. 당시 조선은 러시아와 일본 간에 전쟁이 벌어질 수 있다는 것, 그리고 그 결과에 따라 조선의 운명이 결정될 수 있다는 것을 거의 고려하지 않았다. 조선 정부는 광무개혁 등을 시행하면서 황권 강화에 오히려 신경을 쓴다. 근대화를 요구하는 독립협회 활동은 탄압했다. 독립협회는 의회제도 등 왕권을 약화시킬 수 있는 제도 도입을 주장했기 때문이다.

사실 로마노프·야마카타 의정서가 체결되고 일본과 러시아가 전쟁을 하기 전까지가 한국이 독립국 체제를 계속 유지할 수 있을지 향배를 결정하는 마지막 시간이었다. 그동안이라도 조선은 자율성을 발휘하고 미래를 조율할 여지가 있었다. 하지만 당시 조선은 그런 국제적 관계를 알지 못했다. 러시아가 시베리아 철도를 완성할 무렵에 전쟁 위험이 있다는 것에 대해서도 제대로 인지하지 못했다. 고종 황제는 오로지 황권 강화, 자신의 지위를 강화하는 것을 우선시했을 뿐이다.

일본이 없었다면 한국은 독립국을 유지하면서 스스로 발전해나갈 수 있었을까? 이런 질문 자체에 오류가 있다. 단순히 일본이 있느냐 없느냐의 문제가 아니다. 러일전쟁에서 일본이 패하고 러시아가 이겼더라도, 러시아가 조선에 대해서 강력한 지배권을 행사했을 것이다. 당시 러시아는 분명히 동북아시아에서 지배권을 구축하려고 노력하고 있었다. 그런 분위기에서 조선은 어떻게 대응해야 했을까?

러일전쟁에서 일본이 승리하자 조선은 급속도로 일본의 식민지화가 된다. 만약 러일전쟁에서 러시아가 승리했다면, 국제 정세에 어두웠던 조선은 일본의 식민지가 되었던 것과 마찬가지로 급속히 러시아의 위성국이 되지 않았을까?

일제강점기의 한국 발전을
논하는 것은 금기다?

현재 티베트는 중국에 속해 있다. 하지만 계속해서 중국으로부터의 독립을 주장하고 있다. 티베트는 중국에 속한 적이 없는데, 중국 군대가 티베트에 침략해서 강제로 합병했다고 주장한다. 이에 대해서 중국은 티베트가 청나라 때 속국이었으니 티베트는 현대 중국에 속한다고 본다. 게다가 과거에 낙후되어 있던 티베트가 중국의 지배를 통해 잘살게 되었다고 주장한다. 티베트는 야만적이고 후진적인 지역이어서 생활수준이 낮았는데, 이런 티베트를 지금처럼 살게 만든 것이 중국이라는 것이다. 즉, 중국이 티베트를 지금처럼 먹고살 수 있게 해주었으니 자신들에게 티베트 지배에 대한 정당성이 있다고 본다. 티베트는 티베트인들이 지배하는 것보다 중국이 지배하는 편이 더 좋다는 논리이다.

티베트는 이런 논리에 동의하지 않지만, 중국이 지배하면서부터 잘살게 되었다는 것 자체를 부인하지는 않는다. 티베트는 산골짜기에 완전히 숨겨진 지역이다. 티베트 사람들끼리 먹을거리를 만들어내는 데는 한계가 있다. 티베트는 분명 세계에서 가장 못사는 지역에 속했다. 그런데 중

국이 들어오면서부터 식량과 물품들을 지원받았다. 도로도 만들고 철도
도 만들었다. 중국의 지배하에서 티베트인들의 생활수준이 올라간 것은
분명하다.

하지만 그렇다고 해서 중국의 티베트 지배가 정당화되는 것은 아니다.
티베트에서 중국이 떠나가면 티베트의 생활수준은 대폭 하락할지도 모
른다. 그렇더라도 티벳은 독립을 원한다. 자주 독립이란 그런 것이다. 단
순히 생활수준이 나아지고 더 잘살게 되었다고 해서 독립을 포기하려 하
지는 않는다. 생활수준이 나아지는 것은 나아지는 것이고 독립은 독립이
다. 더 잘살게 해주었다는 것이 지배를 정당화하는 것은 아니다. 과거에
티베트가 중국 청나라에 속했다고 해서 현재의 티베트 지배가 정당화되
는 것도 아니다.

한국은 1910년에 일본의 식민지가 된다. 정확히 말하면 1905년 을사
조약이 체결되면서부터 일본 지배하에 들어갔다고 봐야 한다. 그런데 한
국이 일본으로부터 독립하는 1945년까지, 한국은 일본 지배하에서 더 잘
살게 되었을까, 못살게 되었을까? 조선 말기 때 생활수준과 비교했을 때
일제 치하의 한국은 더 발전했을까, 아니면 쇠퇴했을까?

한국의 역사책에서는 일제강점기가 완전히 암흑기였던 것으로만 묘사
한다. 일본이 한국을 모든 면에서 수탈했고, 한국인들은 일제의 탄압을
받았고, 재산을 강탈당했다. 한국은 일본 치하에서 굉장히 어려워졌다는
것만을 말한다. '일제강점기 때 한국이 발전했다'라든지 '보다 잘살게 되
었다'라고 말하는 것은 일종의 금기이다. 한국이 일제강점기 때 발전했
다고 하면 일제의 지배를 정당화하는 것으로 생각한다. 그래서 일제강점
기 때 한국이 발전되었다는 말은 웬만하면 하지 않는다.

하지만 티베트와 중국의 경우에서 보듯이, 경제적으로 나아지는 것은

나아지는 것이고 독립은 독립이다. 경제적으로 보다 잘살게 되었다고 해서 그것이 식민 지배를 정당화할 수는 없다. 경제적 측면으로 식민 지배의 정당성을 이야기하는 것은 돈의 관점으로 역사를 보는 것이다.

사실 전 세계 식민지 국가들은 서구 열강의 식민 지배를 겪으면서 경제적으로는 더 잘살게 되었다. 아프리카, 남미, 동남아시아 등이 서구 열강의 지배를 받기 전에 어떻게 살았는가를 생각해보자. 아프리카 원주민들이나 인디언들은 거의 수렵 생활을 하고 있었다. 부족국가 체계도 제대로 갖추지 않은 곳이 많았다. 이런 곳에 서구 열강이 들어가서 식민지를 만들었다. 도로를 만들고 현대 문명을 이식했다. 아프리카, 아메리카 식민지 국가들은 서구의 식민지가 되면서 생활수준이 급격히 높아졌다.

그러나 생활수준이 높아졌다고 해서 식민 지배가 옳았다고는 말하지 않는다. 아프리카, 아메리카 국가들은 모두 독립을 원했다. 서구 열강들도 식민 지배가 식민지의 생활수준을 높였으니 정당한 일이었다고 주장하지는 않는다.

2015년, 1천만 명이 넘는 관객을 동원한 영화 〈암살〉에는 일제강점기를 배경으로 서울 풍경이 그려져 있다. 백화점이 있고 가로등이 있고, 또 각종 상점들이 들어서 있다. 이때의 풍경과 조선 시대의 한양을 비교해보면 일제강점기 때 서울의 경관이 조선 시대보다 한결 발전된 모습이라는 것을 분명히 느낄 수 있다.

조선의 인구 역시 일제강점기를 거치면서 크게 증가했다. 조선 말기 한국의 인구는 2천만 명이 안 되었던 것으로 본다. 하지만 1945년에는 3천만 명을 넘는다. 불과 30여 년 사이에 인구가 50퍼센트 증가한 것이다.

물론 인구 증가가 곧 경제 성장을 의미하는 것은 아니다. 선진국들은 발전을 이루더라도 인구가 증가하지는 않고 오히려 감소하기도 한다. 하지만 후진국의 경우, 경제 발전이 이루어질 때 나타나는 주요한 사회 현상 중 하나가 인구 증가이다. 일제강점기 때 조선의 인구가 50퍼센트 증가했다는 것은 어떤 모습으로든 근대화가 진행되었다고 볼 수 있다.

또한 일제강점기에 한국은 아시아에서 2위의 공업국으로 발전한다. 20세기 초에 아시아에서 잘사는 나라는 일본밖에 없었다. 다른 아시아 국가들은 모두 농사를 짓고 있을 때, 일본만 공업 생산을 시작했다. 그래서 일본이 아시아 최고의 공업국이었다.

조선이 일본의 식민지가 되면서 일본은 조선에도 공장을 짓기 시작한다. 특히 1930년대 일본이 만주에서 전쟁을 벌이면서 조선은 일본의 군수물자를 만드는 기지로서 공업화가 진행된다. 일본 본토에서 군수물자를 만들면 만주까지 운반하기가 어렵다. 그래서 일본은 조선에서 군수물자를 만들어 만주에서 싸우는 일본군에게 제공했다. 덕분에 한반도의 공업은 크게 발전했다. 한국의 공업 생산량은 아시아에서 일본 본토에 이어 2위였다. 아시아 국가들을 기준으로 했을 때, 한국은 이때 공업국이 된다.

당시 일본에 의해서 이루어진 한국의 공업화가 해방 이후 대한민국의 발전에 도움이 되었는가 하면 그렇지는 않다. 일제강점기에 만들어진 주요 공장은 거의 다 북한 지역에 있었다. 만주의 일본군을 지원하는 것이 목적이니 만주와 가까운 북한 지역에 공장을 만든 것이다. 해방 이후 그 공장들은 모두 북한 소유가 되었고, 남한은 별다른 이익을 보지 못했다. 게다가 북한에 있는 공장들 역시 1950년 한국 전쟁이 발발하면서 전쟁 초기에 모두 파괴되고 만다.

일본에 의한 공업화가 현대 한국의 발전에 크게 기여하지는 않았다. 하지만 일제강점기 때 이루어진 공업화로 인해서 주민들이 더 잘살게 된 것은 분명하다. 농사를 짓는 것 외에 다른 일을 할 수 있는 기회가 생겼고, 노동자 외에 사무직으로 살아갈 수 있는 길도 열렸다. 예전에는 서당만 다닐 수 있었는데, 이제는 학교도 다닐 수 있게 되었다. 선생이 될 수도 있었고, 옷도 다양하게 입을 수 있게 되었다. 조선 시대 때보다 일제강점기에 경제가 성장하고 사회가 발전한 것은 사실이다.

하지만 앞서 언급했다시피, 현재 한국의 역사 서술에서 일제강점기에 한국이 보다 잘살게 되었다는 말은 일종의 금기이다. 설사 일제강점기에 발전이 있었다 해도 그것은 진정한 발전이 아니었다고 본다. 공장이 많이 만들어졌다 해도 이 공장들은 한국인을 위해서 만들어진 것이 아니라 일본을 위해서 만들어진 것이니 한국에 기여한 것은 없다고 본다.

일제강점기에 한국이 보다 잘살게 되었다는 것을 그렇게까지 부인할 필요가 있을까? 전통 사회에서 현대 문물이 들어오고 현대 사회와 접점을 가지게 되면, 어느 나라든 생활수준이 올라가는 것이 당연하다. 경제적으로 잘살게 되었다는 것이 자주독립을 침해한 것을 정당화할 수는 없다. 일제강점기에 한국인의 삶이 조선 시대보다 나아졌다는 것을 인정하더라도 일본의 식민 지배는 분명히 치욕적인 일이었다. 하지만 한국인의 삶이 나아졌다는 사실 자체를 부정할 필요는 없다.

창씨개명을 한 사람은
모두 친일파일까?

2012년 12월, 한국에서 대통령 선거가 있었다. 이때 주요 후보자는 새누리당 박근혜, 민주통합당 문재인이었고, 군소 정당 후보로 통합진보당의 이정희가 있었다. 대통령 후보 중에서 지지율이 높은 3인은 TV 토론에 참여한다. 그래서 박근혜, 문재인, 이정희 후보 3인이 TV 토론을 했다. 통합진보당의 이정희 후보는 당선 가능성이 없었다. 하지만 대통령 후보 TV 토론은 3인이 하도록 되어 있었고, 이정희 후보도 TV 토론에 참여했다.

이정희 후보는 박근혜 대통령을 공격했다. 이때 주된 논리 중 하나가 박근혜가 박정희의 딸이라는 점이었다. 그리고 이정희는 박정희의 일본 이름인 다카키 마사오를 TV 토론에서 계속 언급했다. 박정희 대통령은 일제강점기에 창씨개명을 했다. 그 이름이 바로 다카키 마사오였고, 당시만 해도 사람들에게는 잘 알려지지 않은 이름이었다.

이정희 후보는 박정희 대통령이 일제강점기에 창씨개명을 한 사람이고, 그래서 친일파라는 주장을 했다. 친일파의 딸인 박근혜가 대통령이 되어서는 안 된다는 논리였다. 대다수의 젊은이들은 박정희의 일본 이름이 다카키 마사오라는 사실에 놀랐고, 또 박정희 대통령에 대해 비판했다. 그럼에도 불구하고 박근혜는 제18대 대통령으로 당선이 되었다. 특히 나이가 많은 노년층들은 박근혜에 대해 압도적인 지지를 보냈다. 박근혜 대통령이 다카키 마사오의 딸이라는 것을 TV 토론에서 밝혔는데도 노년층의 지지가 무너지지 않은 이유는 무엇일까?

노년층이 박근혜를 지지한 이유로는 여러 가지가 있을 수 있지만, 박정희가 다카키 마사오였다는 사실은 이들에게 어떠한 부정적인 영향도 미치지 않았을 것이다. 오히려 이정희 후보에 반대하고 박근혜를 대통령으로 지지하는 힘을 더 키웠을 것이다. 이정희 후보는 건드리지 말아야 할 선을 건드렸기 때문이다.

1990년대 초반에 나온 영화 중 〈명자, 아키코, 소냐〉가 있다. 일제강점기 이후부터 해방 이후까지 활동했던 한 여성이 주인공인 영화이다. 원래 그녀의 이름은 '명자'인데 창씨개명을 하면서 '아키코'로 변하고, 이후 소련에 가서 활동하면서 '소냐'라는 이름을 받는다. 한마디로 한 여성의 이름이 명자, 아키코, 소냐로 바뀌는 인생에 대한 이야기인 것이다. 그런데 명자였던 주인공이 아키코로 창씨개명을 했다면, 이 여자는 친일파였을까? 그렇지 않다. 당시 한국인들은 거의 모두가 일본식 이름을 가지고 있었다. 모든 국민들이 창씨개명을 했던 것이다.

일본은 1939년 11월에 창씨개명에 대한 규정을 만들고, 1940년 2월부터 본격적인 시행에 들어갔다. 이 규정에 의해서 모든 한국인은 일본식 이름을 가져야 했다. 일본은 적극적으로 일본식 이름 바꾸기를 추진했고, 창씨개명 기간인 1940년 8월까지 6개월 동안 전 국민의 80퍼센트가 일본식 이름을 가지게 되었다.

그렇다면 전 국민의 80퍼센트는 친일파였고, 나머지 20퍼센트는 친일파가 아니었을까? 그렇지 않다. 1940년 8월까지 이름을 바꾼 사람이 80 퍼센트였을 뿐이다. 이후로도 계속해서 일본 이름을 가진 한국인은 늘어났다. 우선 출생신고는 모두 일본식 이름으로 해야 했다. 1940년에서 1945년 사이에 태어난 사람들은 모두 일본식 이름을 받았다. 한국 이름에서 일본 이름으로 바꾼 것이 아니라, 애초에 등록된 이름이 일본식 이름이었다. 이런 식으로 해서 1945년에 일본이 패망할 때까지는 특별한 경우를 제외하고 모두가 일상생활에서 일본식 이름을 사용했다.

그런데 중요한 것은 이렇게 일본식 이름을 사용한 사람들이 지금 우리와 별개의 사람들이 아니라는 사실이다. 1940년대는 지금의 노년층이 태어난 시기이거나 10대 시절이었다. 즉, 우리의 할아버지, 할머니가 바로 그 시대를 산 사람들이다. 현재 70세가 넘는 할아버지, 할머니들은 모두 일본식 이름을 가졌던 사람들이다.

아는 분 중 '명희'라는 이름을 가진 분이 있다. 1940년대 초에 태어났고, 그래서 2015년 현재 70대 중반 가까이 된다. 그런데 이분의 원래 이름은 명희가 아니었다. 아키코였다. 1940년대 초에 태어나서 '明子'라는 이름을 받았다. 명자이다. 끝자리가 '子'로 끝나는 것은 일본 여자들 사이에서 흔한 이름 짓기 관습이다. '明子'가 이름이었지만, '명자'라고 불리었던 것은 아니다. 발음은 아키코라고 했다.

1945년, 해방이 되고 이름을 한국식으로 바꾸게 되었다. '明子'를 '명희'로 발음하게 되었다. 아키코라는 일본 이름은 더 이상 사용하지 않았다. 이런 경험은 너무나 당연한 것이다. 이때 모든 사람들은 일본식 이름을 가지고 있었다. 2012년 대선 때는 67세 이상의 노인분들이라면 일본식 이름을 가졌던 사람들이었다.

나이 든 여성의 이름에는 영자, 춘자, 순자 등이 많다. 1970년대만 하더라도 영자라는 이름이 굉장히 많았다. 〈영자의 전성시대〉라는 제목의 영화가 유행한 것도 우연이 아니다. 그런데 이 이름들은 모두 일본식 이름이다. 영자는 에이코, 춘자는 하루코, 순자는 준코이다. 일본에서는 굉장히 일반적인 이름이다. 1970년대면 1940년생들이 30대이던 때였다. 많은 사람들이 예전 일본식 이름을 한국식 한자 발음으로 바꿔서 사용한 것이다.

이 사람들이 일본식 이름을 가지고 있었다고 해서 친일파라고 비난할 수 있을까? 그것은 이들에게 너무 심한 역사적 부담을 지우는 일이다. 물론 1940년대 이전에 태어난 사람들은 한국 이름에서 일본식 이름으로 창씨개명을 했다. 그렇다면 이 사람들을 친일파라고 비난할 수 있을까? 창씨개명을 하지 않은 사람이 20퍼센트가 되니, 이들은 모두 애국자였던 것일까?

그렇게 간단히 설명할 수는 없다. 현재 정부에서도 어떤 시책을 시행한다고 했을 때, 100퍼센트 완수되는 경우는 없다. 예비군 동원을 하려고 해도 제 주소에 살고 있지 않아서 통지서 수령이 제대로 안 되는 사람들이 굉장히 많다. 노숙자에 대해서도 행정력이 전혀 미치지 않는다. 집을 떠나 외지에서 혼자 살고 있는 경우도 많다. 주민등록을 이전하지 않고 몸만 이동하기 때문에, 정부 주민등록은 현실을 제대로 반영하지 못한다. 그래서 지금도 인구 총조사를 할 때 주민등록지 주소와 실제 주소가 같은지 여부를 확인한다.

현재도 이런 상황인데 당시에 80퍼센트 이상이 창씨개명을 했다는 것은, 실제로 사회생활을 하는 사람들 모두가 창씨개명을 했다는 뜻이 된다. 노숙자, 행려자, 거지 등은 창씨개명 등록을 하지 않았고, 그 이외에 창씨개명을 하지 않고 버틴 사람은 정말 극소수이다. 창씨개명을 하지

않은 사람들만 애국자이고 창씨개명을 한 사람은 친일파였다고 비난할
수는 없다. 창씨개명한 사람을 친일파라고 비난한다면, 당시 모든 국민들
이 친일파가 되어버린다. 즉, 우리의 할아버지, 할머니, 증조할아버지, 증
조할머니들이 모두 친일파인 것이다. 그러면 우리 모두가 친일파의 직계
후손이 되어버린다.

　박정희 대통령의 일본 이름은 다카키 마사오였다. 그것이 TV 토론에
서 언급되었을 때, 당시 67세가 넘은 노년층은 어떤 느낌을 받았을까? 박
정희는 일본 이름을 가지고 있었으니 친일파라고 생각했을까, 아니면 기
억 한구석에 남아 있는 자신들의 일본식 이름을 떠올렸을까? 우리의 할
아버지, 할머니들은 모두 일본식 이름을 가졌던 사람들이라는 점을 기억
할 필요가 있다. 그것을 인식하지 못하고 일본식 이름을 가졌던 것만으
로 비난한다면, 그 화살은 우리 모두에게 향하게 된다.

3장

한국의 바닷길이 끊어지면 무슨 일이 벌어질까?

현대의 한국사

북한의 지도자를 결정한 것은
소련이었다?

1945년, 한국은 일본으로부터 해방되지만 불과 5년 후에 벌어진 한국전쟁 끝에 남한과 북한으로 갈라진다. 남한과 북한 중에서 어느 쪽에 더 정통성이 있는지, 어디가 더 잘했는지에 대해서는 현재까지도 많은 논란이 있다. 물론 현재를 기준으로는 논란의 여지가 없다. 현재의 남한과 북한을 비교하는 것은 어불성설이다. 지금 북한은 정치, 경제, 사회의 모든 면에서 최악이라고밖에 평가할 수 없다.

하지만 1945년 해방 이후의 전개에 대해서는 다양한 목소리들이 있다. 남한은 이승만이 대통령이 된다. 이승만은 미국의 힘을 받아들였고, 남한 내 친일파들과 손을 잡았다. 이에 비해 북한은 독립운동을 한 김일성이 정권을 잡고 친일파들을 일소했다. 남한은 줄곧 외국에 의존적이었고 권력 투쟁이 심했다. 이승만의 강력한 정치적 경쟁자라 할 수 있는 김구, 여운형 등이 암살을 당하는 일도 벌어졌다. 하지만 북한은 김일성 체제로 일찍 자리를 잡고 개혁 정치가 수행되었다. 최소한 해방 이후 혼란기에 대해서는 북한이 남한보다 더 자주적이었다고 보는 시각도 있다.

그런데 정말로 당시 북한이 자주적이었다고 볼 수 있을까? 외세 의존적이었던 남한에 비해 더 나았다고 말할 수 있는 것일까?

1945년, 제2차 세계대전이 끝나고 세계는 냉전 체제에 들어선다. 자유주의 진영의 미국과 공산주의 진영의 소련으로 갈라진다. 이런 냉전의 최전방에서 경계선 역할을 한 곳이 바로 독일과 한국이었다. 독일은 소련 주도의 동독과 미국 주도의 서독으로 갈라진다. 동독 지역에 위치한 독일의 수도 베를린도 동독 지구와 서독 지구로 나누어지고, 이 경계선에 소위 베를린 장벽이 세워진다. 그리고 한국은 소련의 영향이 미치는 북한과 미국의 영향이 미치는 남한으로 갈라진다.

한국은 당시 냉전의 최전선이었다. 남한에는 미군이 진주하면서 엄청난 영향력을 행사했다. 사실 미국의 뒷받침이 없으면 이승만이 초대 대통령이 될 수 있을지도 의문인 상황이었다. 그런데 냉전의 또 다른 최전선인 북한에서 모든 것을 자주적으로 결정하고 추진할 수 있었을까? 그럴 리는 없다. 북한도 소련의 영향하에 존재했다. 김일성이 북한의 최고 결정자가 된 자체가 소련의 결정 때문이었다.

1945년 8월 6일, 일본 히로시마에 핵폭탄이 떨어지고 8월 9일 소련이 일본과의 전쟁을 시작한다. 소련군은 순식간에 당시 일본의 점령지였던 만주에 진입했다. 일본에 핵폭탄이 떨어지면서 전쟁이 곧 끝날 것으로 예측되는 상황에서, 소련은 만주에 군대를 파견한 것이다. 이때 소련의 주된 목적은 일본과 진심으로 싸우는 것이라고는 보기 어렵다. 그보다는 일본이 물러났을 때 그 지역에서 주도권을 잡기 위해서 들어온 것으로 보는 것이 타당하다.

일본이 만주, 한반도에서 물러난 다음에는 이곳에는 연합군이 진주하게 된다. 아마도 미군과 소련이 이 지역의 전후 관리를 맡게 될 터였다.

하지만 미국과 소련은 만주, 한반도에 대한 이해관계가 달랐다. 소련은 만주와 한반도를 지배하고자 했지만, 1904년 러일 전쟁에서 패해 이 지역에서 물러나게 되었을 뿐이었다. 소련이 만주와 한반도에서 손을 뗀 것은 불과 40년밖에 되지 않았다.

소련은 북한에 진주한 이후의 상황도 준비하기 시작한다. 당시 소련은 공산주의를 세계에 파급시키는 것이 목적이었고, 따라서 북한도 공산주의 국가로 만들고자 했다. 하지만 미국은 이때 태평양에서 일본과 전쟁을 하느라 그런 것까지 고민하지는 않았다. 미국은 어떻게 일본과의 전쟁을 끝낼 것인지, 일본 본토에 상륙해야 하는지 마는지를 고민했을 뿐이고, 일본이 항복한 다음에 만주, 한반도를 어떻게 할 것인지에 대해서는 큰 관심을 기울이지 않고 있었다.

38선이 정해지고 소련군이 북한에 진주하는 것이 결정되면서 소련이 가장 신경 쓴 것은 북한의 지도자로 누구를 내세울까 하는 문제였다. 무엇보다도 소련 편에 선 사람을 지도자로 삼아야 했고 공산주의자여야 했다. 그래야 소련의 위성국으로서 역할을 충실히 수행할 수 있기 때문이다. 하지만 국적이 소련이면 안 된다. 북한에 영향력을 행사하는 데 문제가 될 수 있었다.

당시 만주나 연해주 지역에서 독립운동을 하는 사람들은 많았다. 하지만 소련 편이어야 하고, 공산주의자인 데다가 소련 공민권이 없는 사람은 그렇게 많지 않았다. 당시 유명했던 허가이, 남일, 박창옥 등은 이 기준에 따르면 북한 지도자가 될 수 없었다. 결국 탐색 과정에서 대두된 것이 김일성이었다. 김일성은 소련 군대에서 3년간 훈련을 받았다. 충분히 소련 편이었고, 공산주의자이기도 했다. 게다가 중국공산당원이었기 때문에 소련 공민권도 없었다.

소련 군사 고문단과 김일성(우측 하단)이 함께 찍은 사진
1945년 9월에 김일성은 이미 소련에 의해 북한의 지도자로 내정된 상황이었다.

소련은 김일성을 밀어주기 시작했다. 1945년 9월, 김일성은 비행기를 타고 모스크바에 간다. 소련의 최고 지도자 스탈린은 김일성을 직접 만나고 김일성을 북한 지도자로 내정한다. 이로써 소련 내부에서는 김일성이 북한 지도자로 결정된다.

해방 이후 남북한은 누가 지도자가 되는가, 혹은 누가 통일 한국의 지도자가 되는가 하는 문제로 요란한 때였다. 남한은 이승만, 김구, 여운형 등이 주된 인사였고, 북한은 조만식, 박헌영 등 유명인들이 있었다. 하지만 소련 내부에서는 이미 김일성으로 내정된 상태였다. 김일성은 해방 이후 북한 내에서 기반이 전혀 없었다. 그렇지만 당시 북한은 소련의 지배하에 있었다. 소련의 지원으로 김일성은 북한 내에서 최고 지도자로 급부상하게 된다.

그런데 조선에서는 유명한 공산주의자가 이미 있었다. 박헌영이었다. 박헌영은 일제강점기 때부터 공산주의자로 유명했다. 소련은 박헌영에 대해 잘 몰랐던 것 같다. 하지만 남한, 북한 모두에서 가장 유명한 공산주의자는 박헌영이었다. 그래서 한국의 공산당을 대표하는 사람이 박헌영이어야 하는가 김일성이어야 하는가에 대해 논란이 증가하게 된다.

결국 소련은 다시 한 번 결정을 해야 했다. 한국에서 유명한 공산주의자 박헌영이라는 존재를 알게 된 것이다. 박헌영과 김일성 중에 누구를 지도자로 지목해야 할까? 둘 다 공산주의자이고, 소련 편이고, 소련 공민권은 없었다. 소련이 요구하는 자격은 두 사람 모두 갖추고 있었다.

1946년 7월, 박헌영과 김일성은 모스크바행 비행기를 탄다. 그리고 세계 공산주의의 최고 우두머리인 스탈린을 만난다. 스탈린은 두 사람을 만나서 소위 면접시험을 치른다. 그리고 나서 김일성을 북한의 지도자로 선택했다.

김일성, 박헌영에 대해 스탈린이 면접을 치른 것은 오랫동안 알려지지 않았었다. 1990년대 〈중앙일보〉 취재팀이 소련에서 취재를 하다가 박헌영이 1946년 7월에 모스크바에 있었다는 증언을 들었다. 그런데 한국에서 모스크바까지 기차를 타고 왕복하면 한 달은 걸린다. 박헌영이 1946년에 한 달 넘게 사라진 적이 없었기 때문에 그 증언은 거짓이었다고 판단하기도 했다. 하지만 박헌영은 소련 비행기를 타고 모스크바에 갔다. 이후 소련 장군들의 증언, 소련 문서들이 공개되면서 스탈린의 박헌영, 김일성 면접이 알려지게 된다.

어쨌든 스탈린의 결정으로 사실상 북한의 지도자는 결정된다. 북한 정부는 1948년 9월 9일에 정식으로 성립되었고, 김일성이 수상으로 취임

한다. 하지만 1946년에 이미 김일성은 스탈린의 결정으로 북한의 지도자로 내정된 상태였다. 북한 사회에서는 여전히 이런 저런 이야기들이 많았지만 소련의 결정으로 이미 끝난 이야기였다.

북한이 남한보다 자주적인 정권이었다고 말할 수 있을까? 남한은 친일파 처리가 제대로 이루어지지 않았는데 북한은 친일파 처리가 제대로 되었으니 북한은 자주적이었다고 말할 수 있을까? 남한은 친일파와 손잡은 이승만이 대통령이 되어서 문제였고, 북한은 독립운동을 한 김일성이 주석이 되었기 때문에 상대적으로 나았다고 할 수 있을까?

그렇지 않다. 친일파 세력이 정권을 잡았다는 것은 문제가 될 수 있지만, 국가 지도자가 외국 원수의 면접을 받고 결정되었다는 것은 더 큰 문제다. 남한은 친일파 세력이 정권을 잡았다고는 하지만 그래도 총선거에 의해서 지도자가 결정되었다. 소련의 내정으로 지도자가 결정된 것보다는 낫다. 조선 시대에도 왕위를 계승하면 명나라나 청나라에 보고하고 사후 추인을 받아야 했지만, 직접 중국에 가서 황제를 만나야 했던 것은 아니다. 북한 지도자의 결정 과정은 한국 역사에서 충분히 비극적인 일이다.

북한이 그런 식이었다고 북한만 대놓고 비난할 수도 없는 일이다. 이는 비단 북한만의 문제가 아니다. 한반도 전체의 문제이다. 소련이 한반도 역사에 그런 식으로 자취를 남겼다는 것 자체가 문제이다. 그래서 남한에서도 이 문제는 거의 이야기하지 않는다. 북한만이 아니라 남한의 자존심에도 상처를 줄 수 있는 일이기 때문이다.

하늘에서는 남한이 먼저
북한을 침략했다?

1950년 6월 25일 새벽, 북한군이 남한에 쳐들어온다. 정부는 바로 남쪽으로 도망을 가고, 서울은 3일 만에 함락된다. 북한군은 기세를 이어서 낙동강까지 내려온다. 이때까지 전투다운 전투는 거의 없었다. 북한군은 거의 아무런 저항도 받지 않고 낙동강 전선까지 내려간다. 9월이 되어서야 인천 상륙 작전 등으로 반격이 시작되고 유엔군이 북쪽으로 진격하기 시작한다.

이것이 일반적으로 알고 있는 한국전쟁의 정황이고, 또 분명한 사실이기도 하다. 그런데 북한은 한국전쟁이 북침이었다는 주장을 한다. 한국이 먼저 북쪽을 침략했다는 것이다.

한국전쟁은 북침이었을까, 남침이었을까? 북한이 먼저 남한을 침범했을까, 아니면 남한이 먼저 북한을 침범했을까? 이는 전쟁 초기의 양상이 어떻게 전개되었는가를 보면 충분히 알 수 있는 일이다. 남한이 먼저 침범했는데 남한의 수도 서울이 3일 만에 점령당할 수는 없다. 설령 남한이 먼저 침범했다고 해도, 북한이 대응하고 반격에 나서다가 남침을 하고,

그러다 보니 서울까지 점령하는 일이 3일 만에 이루어질 수는 없다. 38선 부근에서 오랫동안 전투가 벌어졌다면 남한이 먼저 북한을 공격했다는 주장을 고려해볼 수도 있다. 그러나 3일 만에 서울이 함락되었다는 것은 북한이 작정하고 준비를 마친 상황에서, 전면적으로 전쟁을 시작했다고 봐야 한다.

그런데 북한은 왜 한국전쟁이 북침이었다는 이야기를 할까? 왜냐하면 대부분의 북한 사람들, 특히 북한 주민들에게 한국전쟁은 남한의 폭격으로부터 시작되었기 때문이다. 북한 주민들은 자신들의 군대가 남한으로 돌격하고 있다는 소식에 환호하기도 전에, 먼저 남한에서 온 군대가 북한을 폭격하는 현장을 접했다. 미군 전투기가 북한 지역을 횡횡거리며 날아다니고 폭탄을 투여하는 것을 먼저 보았다. 북한 주민들 입장에서 한국전쟁은 미군의 폭격으로부터 시작되었다. 실제 역사가 어떻든 간에 대부분의 북한 사람들이 경험한 전쟁의 선후 관계는 미군의 북한 폭격이 먼저이다.

한국전쟁에 대해서 교과서나 한국 역사책에서 이야기하고 있는 것은 북한군이 남침을 시작했고, 서울이 함락되었고, 북한군이 계속 남하하여 낙동강 전선이 만들어졌다는 것이다. 그리고 인천 상륙 작전이 실행되고 한국군과 미군 등 연합군의 반격이 시작되었다. 인천 지역에 유엔군이 상륙하면서 낙동강 유역의 북한군은 포위되었고 괴멸을 한다. 유엔군은 북진을 시작하고 압록강까지 도달한다. 하지만 이때 중공군이 개입했고, 결국 38선 부근에서 지루한 공방전이 시작된다.

한국전쟁에서 남한은 줄곧 일방적으로 밀리다가 인천 상륙 작전을 기점으로 완전히 전세를 역전시킨다. 인천 상륙 작전은 성공률이 거의 없었던 위험한 작전이었다. 이 작전을 주장하고 성공으로 이끈 맥아더 장군은 위대한 장군이다. 또 한국전쟁은 초기에 완전히 당하다가 인천 상륙 작전이라는 도전에 성공해서 판을 바꾸어놓은 대표적인 전쟁이다. 드라마적인 측면이 있는 것이고, 그래서 영웅적인 측면도 있는 것이다.

하지만 그것은 어디까지나 육지에서 바라본 한국전쟁의 진행 과정이다. 땅에서 싸우는 육군 입장에서 볼 때의 전쟁이다. 전체적인 측면에서 살펴보면 전혀 다른 형태의 전쟁 양상이 보인다.

육군은 3일 만에 서울을 포기하고 낙동강까지 후퇴했다. 그렇다면 공군은 어땠을까? 남한이나 북한이나 공군이라고 할 만한 전력은 없었다. 그 대신 미군의 전투기가 있었다.

전쟁이 시작되자마자 미군은 유엔군 형태로 참전을 결정한다. 미군이 미국 본토나 일본에서 한국으로 들어오기 시작했고, 군수물자들도 들어왔다. 일주일 만에 미군 육군이 한국에 들어와서 전투에 참여했고, 몇 달 만에 인천 상륙 작전을 수행할 만큼의 군대와 물자들이 들어왔다. 그런데 미군 공군은 어땠을까? 미국 전투기는 6월 25일 전쟁이 발발하고 미군 참전이 결정된 이후에 바로 출격한다. 6월 29일에는 미군 전투기들이 평양 비행장을 폭격하기 시작한다. 전쟁이 벌어지고 4일밖에 안 되었는데 북한 수도의 전략 지역이 폭격당하기 시작했다. 수도가 폭격되기 시작하는데 다른 지역은 말할 것도 없다. 전투기는 땅에서 이루어지는 전쟁과는 상관이 없다. 전쟁이 시작되자마자 북한 지역 전역에 폭탄이 떨어지기 시작한 것이다.

북한 전투기는 전투기라고 할 것도 없었다. 하늘을 날아다니기는 했지만 미군 전투기와 상대할 수 있는 기종이 아니었다. 남한의 서울, 대전, 낙동강 등에서 전투가 벌어지는 동안 미군 전투기는 하늘에서 한반도 전역을 휩쓸고 다녔다. 북한군을 공격했고, 북한의 군수공장과 주요 기반

한국전쟁 당시 미 공군의 폭격을 받는 북한의 철도(원산)
북한 주민들에게 전쟁의 시작은 하늘에서 날아온 공포의 전투기가 아니었을까?

시설들을 폭격했다.

북한 주민들은 북한군이 서울을 점령했다는 소식에 기뻐하기도 전에, 미군의 폭격부터 맞았다. 어느 날 갑자기 하늘에 미군 전투기들이 왔다 갔다 하면서 폭탄을 떨어뜨리는 통에 북한군이 남한으로 진격하고 있다는 것을 즐거워할 시간도 없었다. 북한 사람들에게 전쟁은 그렇게 시작됐다.

주민들은 그렇다고 치자. 그러면 북한의 권력자들, 장성들, 고위 군인들은 북한군의 남한 진격에 대해 자축할 틈이 있었을까? 3일 만에 서울을 점령하고 한 달도 안 되어 낙동강까지 진격한 상황에 만족했을까? 미군의 전투기가 하늘을 날아다니고 폭탄을 퍼붓는 상황에서 자신들이 이기고 있다고 생각했을 리가 없다. 북한 권력자들은 전쟁이 시작되자마자 무언가 잘못되었다는 것을 바로 알아차린다. 전쟁이 시작되고 며칠 만에 북한 권력자, 군인들은 비상이 걸린다. 남한 정부는 대전으로, 부산으로 도망가면서 비상이 걸렸지만, 북한 정부도 비상이 걸린 것은 마찬가지였다. 북한군이 남한 깊숙이 진격했다고는 하지만, 평양은 쑥대밭이 될 위기에 처한 것이다. 전쟁이 발생한 지 5일 만인 7월 1일, 북한 지도자들은 소련에게 북한이 난관에 처했음을 보고한다.

미군 전투기는 전쟁 기간 내내 한반도에서 완전한 제공권을 가지고 있었다. 나중에는 소련 전투기가 북한군을 돕기 위해 참전하기도 하지만 미군의 제공권을 위협할 정도의 수준은 아니었다. 3년이라는 전쟁 기간 내내 미군 전투기는 북한에 폭탄을 떨어뜨린다. 1951년 중반 이후, 38선 부근에서 전선이 고착되고 나서부터는 38선 부근에서 2년 동안 계속 왔다 갔다 한다. 그래서 남한 주민들은 전시 상황에서 벗어나 조금이라도 생업에 몰두할 수 있었다. 하지만 북한은 아니었다. 미군 전투기는 이때에도 계속 북한의 하늘을 날아다녔다.

북한군, 그리고 북한 주민들이 정말로 무서워한 것은 용감무쌍한 남한 군대, 유엔 병사들이 아니었다. 하늘에서 날아오는 전투기와 폭탄들이었다. 남한 군대, 유엔군과는 잘 싸우면 된다. 총을 들고 열심히 싸우면 질 수도 있지만 이길 수도 있다. 어떻게든 대항할 수 있는 길이 있다. 하지만 하늘에서 날아오는 전투기는 속수무책이었다. 북한군과 북한 주민은 완전히 손을 놓고, 자신의 머리 위로 폭탄이 떨어지지 않기를 바라는 수밖에 없었다.

전쟁이 끝난 후, 북한 사람들에게 미군들은 완전히 원수가 되었다. 북한군이 싸운 것은 남한 군대와 미군, 그리고 유엔군도 있었다. 하지만 북한 사람들의 골수에 쌓인 적은 미군이었다. 미군 전투기는 북한 사람들에게 그 정도로 트라우마가 되었다.

육군이 싸운 전쟁만 주목하다가 하늘에서 벌어진 전투를 알고 나면 한국전쟁의 양상은 다르게 느껴진다. 우리는 한국전쟁을 발발한 지 3일 만에 서울을 점령당하고, 낙동강 전선까지 밀리면서 북한에 완전히 패하는 위험한 사건이었다고 생각한다. 인천 상륙 작전이 없었다면 꼼짝없이 한국은 북한에 합병되었을 것이라고 본다. 하지만 정말 그랬을까? 제공권을 완전히 장악하고 하늘에서 전투기가 계속해서 적에 대한 폭격을 가하는 상황이 과연 급박한 위기 상황이었을까?

사실 북한군의 패퇴는 시간문제였을 뿐이다. 미군이 참전을 결정하고 미군 전투기가 출격한 시점부터 북한군의 승리는 기대할 수 없었다. 비록 북한군이 연전연승을 하며 남한으로 진격했다 해도 오래갈 수 없는 승리였다. 현대전에서 가장 중요한 것은 공중전이다. 비록 최후의 싸움은 육지에서 이루어진다고 하더라도, 공중전이 전쟁의 승패를 결정짓는다. 한국전쟁은 인천 상륙 작전 이전에도 북한이 일방적으로 유리했던 전쟁은 아니었다.

한국전쟁에서 민간인 사망자 수가
압도적이었던 까닭은?

1950년 6월에 발발한 한국전쟁은 1953년 7월, 휴전이 될 때까지 3년간 계속된다. 한국전쟁은 굉장히 비극적인 전쟁이다. 동족끼리 전쟁을 했다는 점에서 그렇기도 하지만, 민간인들 중에서 사상자 수가 굉장히 많았다는 점에서 더 그렇다.

한국전쟁으로 사망한 사람, 다친 사람, 행방불명이 된 사람들은 남북한을 합쳐서 300만 명이 넘는 것으로 추산된다. 당시 한반도 인구가 4천만 명 정도였으니, 거의 열 명에 한 명꼴로 죽었다.

그중 남한의 민간인 사상자만 100만 명이다. 다친 사람을 빼고 사망자, 행방불명자 등만 따지면 77만 명 정도 된다. 군인 중에서 사망자는 15만 명 정도이다. 군인은 15만 명 정도가 사망을 하거나 행방불명이 됐는데, 민간인들이 77만 명이나 희생된 것이다.

도대체 어떤 전쟁이었기에 민간인 사망자가 이렇게 많이 생겼을까? 제2차 세계대전 당시에도 민간인 사상자들이 많기는 했지만, 대부분 전투기로 인한 도시 폭격에 의한 것이었다. 독일의 전투기가 런던을 폭격하고, 미국의 전투기가 도쿄를 폭격하면서 민간인 사상자가 발생했다.

그런데 한국전쟁 당시 남한 지역에 대한 폭격은 거의 없었다. 한국전쟁 때 모든 제공권은 미군이 가지고 있었다. 그래서 미군 비행기가 북한 지역을 폭격할 수는 있었지만, 북한 비행기가 남한 지역을 폭격할 수는 없었다. 남한에서 발생한 민간인 사상자는 폭격에 의한 것이 아니다.

전쟁이 잔혹해서 사망자가 많았다고 볼 수도 있다. 하지만 아무리 전쟁 양상이 달라졌다고 해도 전쟁은 군인들이 하는 것이다. 총을 쏘고 대포를 쏘고 탱크가 밀어닥쳐도, 이런 무기의 사상자는 대부분 군인이지 민간인이 될 수는 없다. 정상적인 전투 행위에서 남한의 군인 15만 명이 사망했는데, 민간인이 77만 명 가까이 사망할 수는 없는 일이다.

한국전쟁에서 민간인 사망자가 많았던 이유는 전투 행위 때문이 아니다. 한국전쟁은 민간인이 민간인을 죽이는 전쟁이었다. 민간인과 민간인이 서로를 죽였기 때문에 100만 명이나 되는 사상자가 나오게 되었다. 한국전쟁이 참혹한 이유는 단순히 남과 북 구도의 싸움이라서가 아니라, 민간인들끼리 서로의 동족을 죽이는 전쟁이었기 때문이다.

한국전쟁은 기본적으로는 이념 전쟁이었다. 공산주의와 반공주의 간의 이념 다툼이었다. 북한은 공산주의였고, 남한은 반공주의였다. 그러면 북한에 있는 사람들은 자연스럽게 공산주의자가 되고, 남한 지역에 있는 사람들은 반공주의자가 되었을까? 그렇게 됐을 리는 없다. 북한에 공산주의자가 더 많기는 했지만, 반공주의자도 있었다. 남한에서도 역시 반공주의자뿐만 아니라 공산주의자가 있었다. 해방 이후 1948년, 남북에 공산주의와 반공주의 국가가 각각 성립하기 전에는 한 동네에 공산주의자와 반공주의자가 같이 살고 있었다. 그러다가 남한의 공산주의자는 북한으로 이주했고, 북한의 반공주의자는 남한으로 이주했다. 하지만 모두가

다 이주한 것은 아니다. 아무리 이념이 좋다고 해도, 자신이 살고 있는 기반을 떠나 이주하는 것은 쉽지 않다. 남한에도 여전히 공산주의자들이 있었고, 북한에도 반공주의자들이 있었다.

1950년, 한국전쟁이 발발하고 북한군이 남한 지역으로 밀려들어 왔다. 그동안 남한에서는 반공주의자들이 권력을 행사했고, 공산주의자들은 입을 닫고 조용히 지냈다. 하지만 북한군이 서울을 점령하고 남한 지역이 공산화되면서 상황이 달라졌다. 지금까지 숨어 지내던 공산주의자들이 보기에 이제는 자신들 세상이 된 것이다. 민간인 중에서도 공산주의자들이 권력을 잡기 시작했다. 그들은 각 지역, 동네에서 위원장을 맡고 권한을 행사했다.

보통 외국의 침략이 있으면, 외국 군대가 동네에 들어오고 외국인들이 권한을 행사한다. 하지만 갑자기 들어온 외국인들이 해당 지역 사람들의 사정을 알 리가 없다. 누가 외국의 침입을 비난하고 반대하는지도 알지 못한다. 그런 상황에서 점령지를 자신들의 땅으로 만들기 위해서는 먼저 그곳에 사는 사람들의 인심을 얻어야 한다. 점령 지역의 주민들을 함부로 죽이지 않는 이유가 여기에 있다. 전쟁에서 패했다고 하더라도 대체로 민간인 사망자가 그렇게 많지는 않다.

그런데 한국은 달랐다. 반공주의 국가가 들어선 가운데, 한동네 안에 권력을 쥔 반공주의자가 있었고 공산주의자도 있었다. 그런데 전쟁을 틈타 공산주의자들이 권력을 가지게 되었다. 그들은 동네 사람 중 누가 어떤 짓을 했는지, 북한에 대해 긍정적인지 부정적인지, 공산주의에 대해 어떤 생각을 하는지 모두 다 알고 있었다. 서울이 북한의 손에 떨어지고 낙동강 이북 지역을 공산군이 점령하면서, 공산주의자들은 지역의 지주들, 반공주의자들을 숙청하기 시작했다. 군인들이 민간인을 숙청하고 살해한 것이 아니다. 그동안 한동네 주민으로 살던 사람들이 이념이 다른 주민들을 숙청하고 살해했다. 민간인들이 민간인들을 살해하는 현상이 나타난 것이다.

가을이 되면서 전쟁의 양상이 바뀌었다. 인천 상륙 작전이 성공하면서 북한군이 북쪽으로 쫓겨났다. 남한의 권력은 다시 반공주의의 손으로 넘어오게 된다. 이제는 동네의 공산주의자들이 적이 되었다. 그동안 공산주의자들에게 억눌려 있던 사람들은 보복을 시작했다. 이들은 공산군 치하에서 부모님, 형, 동생, 친척, 친구들을 잃었다. 공산군이 계속 주둔하고 있을 때는 어쩔 수 없이 참고만 있었지만 이제 북한은 북쪽으로 도망갔다. 기미를 알아채고 북한으로 도망간 공산주의자들도 있었다. 하지만 그자 때문에 가족이 당했는데 도망갔다고 해서 용서하고 잊어버릴 수는 없었다. 도망간 자의 가족을 찾아서 보복을 했다.

공산주의자들이 반공주의자들을 공격하고, 반공주의자들이 공산주의자들에게 보복을 했다고 하지만 그렇게 간단하지는 않다. 공산주의는 하나의 이념이면서도 이상적인 사회에 대한 구상을 집약한 시스템이다. 보통 사람들이 공산주의에 대해 그렇게 많이 알지는 못했다. 하지만 공산주의의 막연한 구호는 알고 있었다. 지주도 나쁜 놈이고 부자도 나쁜 놈이라는 것이다. 북한군이 내려왔을 때 각 동네에서 공산주의자라고 자처한 사람들이 정말로 공산주의자는 아니었다. 대부분은 지주에게 핍박받고, 가난하게 살아온 사람들이었다. 이들은 지주들에게 보복을 하고 지주들을 죽여도 된다는 생각으로 실제 공산주의자가 아니면서 공산주의에 동조를 해서 나왔다. 핍박당하며 살았다고 생각하는 사람들이 동네에서 잘사는 사람, 또는 싫어하는 사람, 자신을 모욕한 사람들을 공격했다. 자본주의자이고 반동이라는 명목으로 공격하고 인민재판을 해서 죽이곤

했다. 그러다가 한국군이 우세하게 되면서, 공격을 받았던 사람들이 보복 공격에 나서게 된다. 이런 과정에서 민간인들은 끝도 없이 죽어나갔다. 남한 지역에서만 무려 100만 명 가까이가 이런 식으로 사망했다.

한국전쟁이 참혹한 것은 민간인들이 민간인들을 서로 공격하고 학살한 전쟁이었기 때문이다. 게다가 그 민간인들은 서로 모르는 사이가 아니라 한동네에 살면서 서로를 잘 알았다는 점에서 비극이었다. 1950년대 한국 사회는 아직 농업 사회였다. 농민들은 기본적으로 이주를 하지 않고 한곳에서 평생을 살아간다. 몇십 년간 이웃으로 지내던 사람이 옆집 사람들을 죽이다가, 전세가 바뀌자 옆집 사람들이 보복을 하면서 죽였다.

2000년대 들어서서 한국은 미군의 양민 학살을 비판하곤 했다. 그런데 학살의 배경이 생각보다 복잡하다. 당시 한국의 주민들은 내부적으로는 공산주의자와 반공주의자로 갈라져 있었고, 서로를 죽이는 관계였다. 공산주의의 편에 섰던 민간인들은 미군과 한국 군대에 공격을 가하기도 했고, 반공주의의 편에 섰던 민간인도 공산주의자들을 공격했다. 당시 주민들 사이에서는 누가 공산주의자이고 반공주의자인지 알고 있었다. 하지만 미군들은 단순한 양민인지, 적의 게릴라인지 구별할 수가 없었다. 그 과정에서 양민들을 적으로 오인하거나, 적일지도 모른다는 이유로 학살이 이루어졌다.

지금 우리는 북한군의 만행을 이야기한다. 미군의 학살도 이야기하고 한국군의 학살도 이야기한다. 그런데 한국전쟁의 가장 큰 비극은 한동네 주민들이 이념으로 나뉘어서 서로를 죽였다는 점이 아닐까 한다.

미군의 흥남 철수 작전이
유명한 까닭은?

1983년, 한국에서는 이산가족 찾기 운동이 벌어졌다. KBS에서 생방송으로 이산가족을 찾는 방송을 내보냈고, 전국이 들썩였다. 사실 KBS로서는 그렇게까지 사회적 이슈가 될 줄 모르고 세 시간 정도로 기획한 방송이었는데, 상상외로 많은 이들이 신청을 했고 신청자들로 장사진을 이루었다. 결국 KBS에서는 모든 정규 방송을 취소하고 이산가족 찾기만으로 생방송을 한다.

이산가족 찾기 방송에 나온 사람들은 자신이 언제 가족을 잃어버렸는지에 대해서 이야기했다. 그런데 신청자들이 가족을 잃어버린 시기에는 공통점이 있었다. 대부분이 1·4후퇴, 아니면 흥남 철수를 기점으로 이산가족이 되어 흩어진 것이다.

흥남 철수는 미군이 압록강까지 진격했다가 중공군의 개입으로 함경도 지방을 포기하고 철수하는 과정이었다. 흥남 철수 작전은 미군 내에서 가장 위대한 철수 작전이었다고 평가받고 있다. 이 작전이 도대체 어땠기에 미군들이 꼽은 가장 위대한 철수 작전이라는 것일까?

인천 상륙 작전이 성공한 후 미군은 낙동강 유역의 북한군을 포위 섬멸한다. 남한 내에서 북한군이 진압되자 미군은 38선을 넘어 북진을 시작했다. 한국군과 미군은 계속 북진해서 결국 압록강 유역에 도달한다. 하지만 이때 중공군이 개입해 인해전술을 시도하며 밀려들어 온다. 미군은 중공군의 개입을 예상하지 못했고, 중공군과 싸울 수 있는 태세가 되어 있지 않은 상태에서 너무 깊숙이 들어갔다. 특히 함경도 지역의 미군은 더 이상 중공군과 다툴 수 없는 고립된 상태였다. 결국 미군은 함경도 지역에서의 철수를 결정한다.

한국 군대는 북한 지역에서 걸어서 남한 지역으로 후퇴했다. 하지만 미군은 세계 최대의 장비를 갖춘 기계화 군대이다. 함경도의 미군들은 모두 흥남으로 집결했고, 흥남에서 배를 타고 부산으로 후퇴하고자 했다. 미군의 수많은 전함, 수송선들이 미군들을 실어 나르기 위해 흥남으로 모여들었다.

그런데 이때 미군은 전혀 예상치 못한 상황에 직면한다. 미군이 철수하려고 준비하고 있는 흥남으로 주민들이 몰려든 것이다. 그리고 이들은 자신들도 남한으로 보내달라고 요구했다. 흥남 지역의 주민들만 미군에게 이런 요구를 한 것이 아니었다. 함경도 전체에서 미군이 흥남 철수를 준비하고 있다는 소식을 들은 주민들이 모여들었다. 가족들을 모두 데리고, 가재도구를 챙겨서 흥남으로 몰려들었다. 그 수가 10만 명은 족히 넘었다. 미군은 결국 흥남으로 모여든 10만 명의 주민들을 모두 데리고 함께 흥남에서 철수하기로 결정한다.

미군이 주민들과 함께 철수하기로 한 결정이 뭐가 그리 대단한 것일까? 충분히 그럴 수 있는 일 아닐까? 그런데 이것이 뭐가 그렇게 대단하다고 미국은 이 철수 작전을 가장 위대한 철수 작전이라 하는 것일까?

흥남 철수 작전이 일반적 철수 작전과 가장 다르고 중요한 점은, 이때 몰려든 민간인들이 미군 편이 아닐 수도 있었다는 점이다. 한국전쟁은 북한과 남한이 서로 싸운 전쟁이다. 그리고 미국은 남한 편을 들면서 남한과 같이 싸웠다. 즉, 미국은 북한과 적이었다. 그런데 흥남은 함경도 지역이다. 미군은 지금 적의 영토에 들어와 있는 중이었다. 미군이 적의 영토에 들어와 있으니, 이곳의 주민들도 적의 편이라고 볼 수 있었다. 흥남에 몰려든 주민들은 함경도 주민들이었다. 함경도 주민은 분명히 북한 주민들이었고, 미군에게 이들은 적의 편에 있는 주민들이었다.

군대가 철수하면서 주민들과 함께 철수하는 것은 당연한 일이다. 주민을 버리고 군대만 철수한다면 욕을 먹는다. 그런데 다른 나라 주민들은 어떻게 해야 할까? 군대가 자국의 국민이 아니라 다른 나라 국민들까지 보호하고 함께 철수할 의무는 없다. 다른 나라 국민은 다른 나라 군대가 보호해야 하는 것이다.

게다가 적군의 주민들이라면 어떨까? 적의 주민들을 보호하고 같이 철수해야 할까? 세상에 군인이 적군의 주민들을 보호하며 함께 철수하는 경우는 없었다. 적군의 주민들을 포로로 삼고 노예로 팔아버리기 위해서 끌고 오는 경우는 역사상 많이 있지만, 적군의 주민들을 보호하기 위해서 같이 철수하는 경우는 없었다.

상황을 바꿔서 생각해보자. 한국은 1970년대에 베트남에 가서 전쟁을 했다. 한국은 남베트남 편이었고, 북베트남과 싸웠다. 그런데 한국 군대가 베트남에서 철수해야 했다. 이때 한국 주민들을 보호하고 같이 철수했다면 잘한 일이다. 그런데 한국 군대가 남베트남 주민들과 같이 철수했다면 어떨까? 우리는 한국 군대를 마냥 칭찬할 수 있을까? 한국 군대가 북베트남 군대의 공격에 전멸당할지도 모르는 상황에서 남베트남 주

흥남항에서 피난민들이 미 상륙함 USS LST-845에 탑승하고 있다.

민과 같이 위험을 무릅쓰고 철수했다면 칭찬할 만한 일일까? 그런데 여기에 더해서 한국 군대가 북베트남 주민과 같이 철수한다고 하면 어떨까? 지금 한국군이 죽어나가고 있는 북베트남 지역에서 북베트남 주민들과 같이 철수한다면, 우리는 그것을 인정할 수 있을까? 쉽지 않은 문제이다.

　흥남 철수 당시 미군은 몰려든 주민들을 보고 누가 북한 편이고 누가 남한 편인지를 파악하지 못해서 고민에 빠졌다. 미군이 한국에서 전쟁을 하면서 가장 골치가 아팠던 점은 사실 북한 군대라기보다는 주민들이었다. 북한 군대는 분명히 적이었고, 미군의 우수한 화력과 장비로 물리치면 되었다. 그런데 주민들은 남한 편인지 북한 편인지 도무지 구별할 수가 없었다.

한국전쟁 전까지 미군이 싸운 전쟁에서는 적군과 아군의 구별이 분명했다. 주민들의 경우에도 아군 편인지 적군 편인지 구별이 용이했다. 우선 다른 나라와 싸우는 경우 적국의 주민들은 인종이 다르고 생김새도 다르다. 언어도 다르고 옷차림이 다르다. 그런데 1950년대 북한과 남한은 사실상 한 나라였다. 2000년대에는 생김새도 좀 다르고 패션도 차이가 난다. 하지만 1950년대의 북한 주민과 남한 주민은 완전히 동일한 모습이었다.

더욱 중요한 문제는 남한 주민 중에서도 북한 편이 있었고, 북한 주민 중에서도 남한 편이 있었다는 점이다. 당시 한국은 공산주의와 반공주의로 갈라져 있었다. 지역적으로는 북한과 남한으로 갈라졌지만, 남한 내에서도 공산주의를 추종하는 사람들이 많았다. 이들은 남한 지역에 있지만 북한 편이었다. 이 사람들은 남한 군대와 미군들에게 게릴라 공격을 가하곤 했다.

게다가 당시 한국 사람들은 대부분 한복을 입고 있었다. 한복은 넓은 소매와 바짓가랑이를 특징으로 한다. 소매 속에 큰 물건들이 들어갈 수 있기 때문에 한복은 무언가를 몸에 숨기고 입을 수 있는 가장 좋은 옷이다. 특히 북한군이 군복을 벗고 한복을 입고, 소매 속에 총을 숨겨 놓으면 겉으로 봐서는 도무지 구별할 수가 없었다. 이들이 소매 속에서 갑자기 총을 꺼내 공격하는 경우도 많았다.

흥남에 몰려든 북한 주민들 중에 혹시라도 북한군이 숨어든다면, 북한 게릴라들이 섞여 있다면 어떻게 해야 하나? 북한군이나 게릴라들이 미군 배에 타서 폭탄을 터트리거나 총질을 하면 어떻게 하나? 몇십 명의 주민을 태우는 것이 아니라 몇 천, 몇 만 명의 주민을 배에 태우면 이들을 배 안에서 통제하는 것이 불가능하다. 군인보다 훨씬 더 많은 수의 북한 주민이 배에 타는 것이다. 이때 북한군이 섞여 있다면 전함을 빼앗길 수도 있다. 중간에 수송선이 이들의 수류탄 공격에 침몰할 수도 있다. 그런 위험성이 높은데도 이들을 미군 배에 태우고 같이 철수해야 하는가?

그 모든 위험에도 불구하고 미군은 흥남에 모여든 북한 주민들을 모두 다 배에 태우기로 결정한다. 그리고 배에 태워달라는 모든 주민들을 싣고 남한으로 철수한다. 이때 미군의 결정과 행위는 인도주의의 결정판이라 할 만하다. 적군이 있는 지역의 주민을 모두 싣고 함께 철수했다는 것만으로도 놀라운 일이다. 그래서 흥남 철수 작전은 영예로운 철수 작전이라는 평가를 받는다.

그런데 세계 전사에 유명한 흥남 철수가 한국에서는 아무런 논의도, 평가도 되지 않는다. 흥남에서 철수한 북한 주민들은 이후 남한 주민으로 살아가며 한국에 많은 영향을 끼치지만, 한국 역사에서 흥남 철수는 단지 한 줄로만 이야기될 뿐이다.

1950년대,
미국의 원조가 없었다면?

조선은 원래 가난한 나라였다. 농사 국가였고, 농민들이 수확한 것에서 세금을 징수해서 국가를 운영했다. 그런데 농민들의 수확량이 많지 않았다. 가을에 한 번 수확한 것으로 1년을 살아야 했는데, 그것 가지고는 1년을 버티기 힘들었다. 그래서 보릿고개가 있었고, 보리가 생산되기 전에 굶주리곤 했다.

그런 상황에서 정부가 걷는 세금이 많을 수는 없었다. 물론 정부, 관리, 아전들은 백성들에게서 높은 세금을 매기고 수탈을 해갔다. 정식 세금이 소득의 20퍼센트 정도라면, 실질적으로 가져가는 것은 거의 절반 정도였다. 그러나 생산량의 절반씩이나 가져간다고 하더라도 절대적인 양 자체가 적었다. 열 가마를 생산해서 50퍼센트인 다섯 가마를 국가가 가지고 간다고 해도, 백 가마를 생산해서 10퍼센트인 열 가마를 가지고 가는 것만 못했다.

조선 시대에 국민으로부터 걷은 세금은 정부를 위해서만 사용되었다. 왕실이 사용하고, 관리들 월급을 주고, 관아 같은 건물들을 유지하고 보수하는 데 모두 사용되었다. 그러고 나면 남는 돈이 없었다. 도로를 만들거나 정비하는 것은 고사하고, 군대를 유지하는 것도 불가능했다.

임진왜란 때 조선이 일본에 그렇게 당한 이유는 정식 군대가 없었기 때문이다. 신립 장군이 탄금대 등에서 싸웠다고는 하지만, 이 싸움에 투입된 병사는 제대로 된 병사가 아니다. 어제까지 농사를 짓던 사람들이 급한 대로 어영부영 끌려 나와서 창칼을 손에 쥔 것이다. 이런 군대를 가지고 일본 정예부대와 싸움이 될 리가 없다. 일본군이 부산에서 서울까지 오는 데 걸리는 시간은 20일 정도였다. 그냥 걸어도 서울에서 부산까지 한 달은 걸린다. 한국에서는 신립 장군의 탄금대 전투 등을 전투로 생각하지만 일본 측에서는 전투가 아니었다. 그냥 도중에 있던 장애물을 치우고 지나온 정도였다.

임진왜란 때 이렇게 당했으면서도 조선에서는 계속 군대가 없었다. 병자호란이 났을 때도 전투라고 할 만한 것이 없었다. 조선은 그냥 남한산성에서 농성만 벌이다가 항복했다. 전쟁이라 하면 최소한 몇만 명 정도 되는 군사들이 서로 충돌하는 장면이 있어야 하는데, 병자호란 때도 그런 전투는 없었다. 몇만 명씩이나 되는 상비군은 조선에 없었다.

조선 말기에도 마찬가지이다. 일본에 대항하는 의병 전쟁은 있었지만, 정식 군대는 없었다. 임오군란 때 그나마 있던 몇천 명 수준의 병사들은 월급을 받지 못해서 반란을 일으켰다.

외적의 침입을 그렇게 당하면서도 조선은 왜 군사력을 갖추지 않았을까? 문을 숭상하고 무를 멸시했기 때문에 그랬을까? 물론 무를 멸시한 측면도 존재한다. 하지만 아무리 무를 멸시했다고 해도 임진왜란, 병자호란 같은 큰 난리를 겪었는데도 무를 계속 무시할 수는 없다. 조선은 무를 무시했기 때문에 군대를 정비하지 않은 것이 아니다. 군대를 가질 수 있을 만큼 경제력이 되지 않았다. 상비군을 키우려면 병사들을 먹여 살릴 수 있어야 한다. 병사들에게 줄 수 있는 쌀이 있어야 한다. 하지만 조선은 병사들에게 사용할 돈이 없었다. 국민들에게 세금을 거두어서 왕실에서 사용하고, 관리들에게 봉급을 주고, 관아를 유지하면 끝이었다. 따로 몇만 명의 군대를 먹여 살릴 여유는 없었다. 그래서 조선은 군대를 항상 농민군으로 유지했다. 평소에 농사를 짓던 농부들에게 전쟁이 나면 창을 들고 나오라고 하는 것이다. 하지만 평소에 농사짓던 사람들이 전쟁을 제대로 할 수 있을 리가 없다. 외적이 침략해도 외적과 싸우는 큰 전투가 없고, 또 싸워도 계속 진 것은 바로 그 때문이다.

임진왜란 전에 이이가 10만 양병설을 주장했다. 우리는 그때 조선이 이이의 주장을 받아들여 10만 병사를 양성했으면 임진왜란 때 그렇게 당하지 않았을 것이라고 생각하곤 한다. 하지만 10만 양병설은 당시 조선의 사정에서 실현 가능성이 없는 이야기였다. 하루 벌어 하루 살아가는 자영업자에게 1만 명의 종업원이 있으면 경제 위기에서 벗어날 수 있다고 말할 수는 있다. 의도는 좋다. 하지만 현실성은 없는 이야기이다.

조선 시대 때는 군대를 유지할 수도 없을 만큼 가난한 나라였는데, 1950년대 이후 한국은 어떻게 군대를 유지하고 경제 발전을 시도할 수 있었을까?

1950년대 이전에는 특별히 군대라고 할 만한 것이 없었다. 그러나 1950년 한국전쟁 이후 몇십만 명이나 되는 상비군을 갖춘다. 그리고 정부 주도로 공장 건설이 추진되고 도로도 만든다. 이 돈은 어디서 났을까? 경제구조는 조선 시대와 똑같은 농업 국가인데 이런 국가사업을 할 수 있는 여유는 어떻게 생겼을까?

1950년대, 그리고 1960년대 초까지 한국이 조금씩 나아질 수 있었던 이유는 미국의 원조 때문이었다. 미국은 일본과의 전쟁에서 이겨 한국을 해방시켰다. 또 1950년 한국전쟁 때 한국을 도와 북한을 물리쳤다. 하지만 미국의 도움은 이런 군사적인 측면에서만 이루어진 것이 아니다. 경제적인 면에서도 많은 도움을 주었다.

임진왜란이 발생했을 때, 전국적으로 엄청난 사람들이 굶어 죽었다. 몇십만 명인지, 몇백만 명인지 정확한 수치는 알 수 없지만 정말로 많은 사람들이 굶어 죽은 것은 분명하다. 당시 사람들은 명나라 군인이 길거리에 토한 음식도 주워 먹어야 했을 정도로 굶주렸다.

그런데 그럴 수밖에 없었다. 조선은 농사를 짓는 나라다. 일본군은 봄에 조선에 쳐들어와서 경상도, 충청도, 경기도, 평안도, 함경도로 올라갔다. 백성들은 일본군을 피해 도망을 가야 했다. 도망을 가면 농사를 지을 수 없다. 일본 군대가 조선 전역을 왔다 갔다 하는 동안은 농사를 지을 수가 없었다. 조선은 평균적으로 1년에 일모작 이상이 불가능했다. 그런데 일본군 때문에 농사 시기를 놓쳤으니 먹을 것이 없어지는 게 당연했다. 일본군의 침략이 없었던 전라도를 제외한 나머지 지역들은 엄청난 수가 굶어 죽을 수밖에 없었다.

1950년 한국전쟁이 나면서, 북한군이 낙동강까지 내려왔다가 다시 올라갔다. 그 해에도 농사를 지을 수 없었다. 그러면 임진왜란처럼 몇백만 명이 굶어 죽어야 정상이다. 외국에서 쌀을 수입할 수 있는 돈도 없었다. 이때 농사를 완전히 망쳤는데도 불구하고 굶어 죽는 사람이 없었던 이유는 미국의 원조 때문이다. 미국은 한국에 군사만 보낸 것이 아니라, 음식도 보냈다.

당시 한국의 재정을 보면 한국 내에서 걷는 세금은 정부 재정의 절반 정도만 차지한다. 나머지 절반은 미국의 원조 자금이었다. 재정의 50퍼센트가 외국의 지원으로 구성되었다는 것인데, 사실 이런 수치는 상상할 수 없는 수준이다. 즉, 한 국가가 독립적으로 유지되는 것이 불가능한 수준이었다. 당시 한국은 미국의 원조가 없었으면 존재할 수 없었다. 한국이 자력으로 할 수 있는 일은 단지 공무원에게 월급을 주는 일, 정부 건물을 유지하는 일 정도였다. 현대 국가에서 중시하는 '국민을 위해 일하는 국가'는 불가능했다.

분위기가 바뀐 것은 1958년부터다. 이때 미국의 대외 원조 정책이 변경되면서 더 이상 외국에 원조를 많이 주지 않게 되었다. 한국에 주던 원조금도 대폭 삭감된다. 이때 한국은 엄청난 재정 위기에 직면한다. 국가 재정의 반을 담당하던 미국의 원조금이 없어졌으니 재정 파탄은 불 보듯 뻔했다. 그런데 이때 재정 위기를 벗어날 수 있게 해준 것이 일본의 배상금이었다.

한일 관계는 1945년 해방이 되면서 단절된다. 20년 가까이 단교 상태에 있다가 1960년대 에 한일 조약을 맺는다. 이때 한국은 일본으로부터 배상금 명목으로 돈을 받았고, 이 돈으로 재정 위기에서 벗어날 수 있었다. 그리고 이후 한국은 본격적으로 경제 발전을 시작한다. 이에 따라 국민 소득이 높아지면서 그만큼 세금이 증가한다. 정부는 더 이상 외국의 지원이 없어도 유지될 수 있을 만큼의 세수를 확보할 수 있게 된다.

물론 미국이 아무런 목적 없이 대가를 바라지 않고 원조금을 지원한 것은 아니었다. 도와주는 대신, 이런 저런 조건이 붙었고 자국에 유리한 방향으로 정세를 유도하기 위해 한국의 정치와 경제에 많은 관여를 했다. 미국이 다른 나라들을 도와줄 때도 마찬가지였다. 하지만 그렇다고 해서 미국의 원조가 지닌 가치가 지나치게 폄하될 필요도 없다. 우리나라가 1960년대 이전까지 정부 재정이 어려웠던 것은 사실이고, 미국의 원조로 먹고산 것도 사실인 것이다.

지금 한국은 자력으로 벌어들인 수입으로 정부가 유지되고 나라가 유지되는 것을 당연하게 생각한다. 하지만 1950년 이후부터 1960년대 초까지 이루어진 미국의 원조가 없었다면, 한국인의 삶은 마치 조선 말기로 되돌아간 것처럼 말할 수 없이 비참했을 것이다. 어찌 보면 나이 드신 분들이 무조건적이다 싶을 정도로 미국을 옹호하는 것도 나름대로 이유가 있다.

국민들은 왜 유신헌법에
찬성표를 던졌을까?

1972년, 한국에서는 유신헌법이 제정된다. 유신헌법은 당시 박정희 대통령의 영구 집권을 가능하게 해준 헌법이다. 박정희가 정식으로 독재자라는 이름을 얻게 되는 것은 바로 이 유신헌법 때문이다.

박정희는 1961년에 5·16 쿠데타로 정권을 잡았다. 보통은 이렇게 쿠데타로 정권을 잡으면 바로 독재자의 길을 걷는다. 권력을 독점하고 영구집권 체제로 들어간다. 다른 나라의 경우는 대체로 이런 식으로 일이 진행된다.

그런데 박정희는 일반적인 독재자의 길을 걷지는 않았다. 1961년에 쿠데타를 하고 군사 정권이 들어서기는 했지만, 2년 정도 군사 정권의 지배를 거친 후에 민정 이양이 이루어진다. 급박한 위기가 있어 군대가 개입했지만, 급한 불을 껐으니 민간에게 정권을 돌려준다는 의미였다.

1963년, 민정 이양이 이루어지면서 대통령 선거를 실시한다. 국민들이 직선으로 뽑는 대통령이었고, 이때 대통령 후보로 나선 사람이 박정희와 윤보선이다. 박정희는 군인을 그만두고 정치인 신분으로 대통령 선거에 나선다. 그 결과 박정희는 470만 표, 윤보선은 454만 표의 아슬아슬한 차이로 박정희가 당선된다. 어쨌든 국민들은 박정희를 선택했다. 군사 쿠데타를 일으키고 억지로 정권을 잡았던 사람을 대통령으로 선출했다.

당시 대통령 선거는 4년마다 있었다. 1967년 다시 한 번 대통령 선거가 있었고, 이때도 주요한 후보는 박정희, 윤보선이었다. 박정희는 568만 표, 윤보선은 452만 표를 얻어서 박정희가 다시 대통령이 된다.

그 다음 선거는 1971년이었다. 당시 헌법에서 대통령은 재선만 가능했다. 세 번 출마하는 것은 불가능했다. 하지만 박정희는 이때 3선 개헌을 했다. 대통령이 세 번 출마할 수 있게 헌법을 고쳤고, 그리고 다시 대통령 선거에 나왔다. 3선 개헌에 대한 비판이 일었고, 많은 이들이 박정희가 독재자의 길을 가고 있다고 비난했다. 이때 박정희는 이번이 마지막이라고 하면서 대통령 선거에 나섰다. 이때 대통령 후보는 박정희, 김대중이었다. 박정희는 632만 표, 김대중은 539만 표를 얻어 박정희가 세 번째로 대통령으로 당선되었다.

박정희는 분명 군사 쿠데타로 권력을 잡았다. 하지만 이때까지의 상황을 보면 박정희를 순수한 의미에서의 독재자라고 규정하기는 좀 그렇다. 10년 동안 국가수반의 자리에 있기는 했지만, 군사 정권이 들어섰던 처음 2년 정도를 제외한 이후로는 국민이 직접 선출한 대통령의 자리에 있었다. 1971년 3선 개헌을 하면서 대통령 선거에 나오는 것이 좀 불안하기는 하지만, 그래도 국민투표로 대통령이 되었다. 국민이 투표로 선택하고 그에 따라 대통령을 하고 있는데 박정희를 독재라고 말하기는 쉽지 않다.

박정희가 독재자가 된 것은 1972년에 단행한 유신헌법 때문이다. 그전까지는 대통령을 국민의 투표로 뽑았다. 하지만 유신헌법을 통해 대통령

憲法기능 非常國務會議서遂行

朴大統領特別宣言 全國에 非常戒嚴선포

大學休校

政黨活動중ス

年末까지 憲法秩序

平和統

27日까ス

1972년 10월 17일, 박정희 대통령은 전국에 비상계엄령을 선포하면서 유신헌법을 단행한다.

을 통일주체국민회의에서 뽑도록 했다. 실질적으로 박정희가 평생 동안
대통령이 될 수 있도록 한 것이다. 국민의 선택과는 상관없이 헌법을 바
꾸었으니, 이것이 일반적으로 독재자가 하는 일이다. 즉, 박정희는 이 시
점부터 진정한 독재자의 길을 걷기 시작했다고 볼 수 있다.

유신헌법은 분명히 현대사의 오점이다. 박정희 대통령이 아무리 근대
한국 발전에 기여를 했다고 해도, 유신헌법을 만든 것만은 긍정적으로
보기 어렵다. 유신헌법만 없었다면 박정희는 두말할 나위 없이 한국의
영웅으로 인정받을 수 있었을 것이다. 비록 처음 정권을 잡은 것은 군사
쿠데타를 통해서였지만, 이는 쿠데타가 아니라 혁명으로 인정받았을지
도 모른다. 유신헌법만 없었다면 박정희는 모든 측면에서 칭송의 대상이
될 수 있었다.

하지만 유신헌법은 분명히 독재자의 헌법이다. 어떤 기준을 적용해도
유신헌법이 반민주적이고 독재 유지의 수단이었다는 것을 부정하기는
힘들다. 박정희 대통령 개인에 대한 평가뿐만 아니라 유신헌법으로 인해

서 고통받은 사람들의 입장에서, 그리고 한국의 헌법 제도 자체에서도 불행한 일이라 할 수 있다.

박정희는 당시 한국 사정과 국제 질서 속에서 유신헌법이 필요하다고 해서 강제로 밀어붙였다. 그러나 유신헌법은 박정희 체제를 독재 국가로 만들었고, 이에 대해 반대하는 목소리도 높았다. 그런데 이 유신헌법도 국민들의 투표로 결정되었다는 점이 문제이다. 그것도 한 번이 아니라 두 번씩이나 국민투표를 통과했다.

박정희는 유신헌법안을 만들었고, 이를 국민투표에 붙였다. 투표 결과로 찬성이 나와야 새로운 헌법으로 인정될 수 있었다. 전 국민을 대상으로 국민투표를 했고, 그 결과 92.9퍼센트의 투표율에 91.5퍼센트가 찬성표를 던졌다.

유신헌법이 대통령의 영구 집권을 가능하게 하리라는 것을 일반 국민들이 몰랐을까? 그랬을 리는 없다. 그때까지만 해도 국민이 직접 뽑던 대통령을 이제부터 '통일주체국민회의'라는 정체 모를 집단에 의해서 뽑게 된다는 것은 분명히 알고 있었다. 그런데도 불구하고 찬성률이 91퍼센트였다. 투표율을 고려했을 때, 전체 국민의 84퍼센트가 찬성표를 던진 것이다.

유신헌법은 국민투표에 의해서 성립되었지만, 비판의 목소리는 수그러들지 않았다. 독재를 위한 헌법이니 비판이 나오는 것은 당연했다. 그런데 계속해서 유신헌법에 대한 비판이 계속되자 박정희는 유신헌법에 대해 다시 한 번 국민투표를 한다. 유신헌법을 계속 유지할지 말지에 대해서 1975년 2월에 재신임 투표가 이루어졌다. 유신헌법이 만들어진 지 2년이 넘어서 재신임 투표를 했는데, 이때의 결과는 투표율 79.8퍼센트, 찬성률 73.1퍼센트였다. 전체 국민의 54퍼센트가 유신헌법에 찬성했다.

유신헌법에 대한 재신임 투표는 박정희 대통령에 대한 신임 투표이기도 했다. 평생 집권을 꿈꾸는 박정희를 대통령에서 물러나게 할 수 있는 투표였다. 그런데도 국민의 54퍼센트가 박정희에 대해서 찬성투표를 한 것이다.

유신헌법은 분명 독재를 위한 헌법이었다. 유신헌법을 만든 박정희는 분명히 독재자였다. 그런데 유신헌법에 대해서 국민들이 압도적으로 찬성한 것은 어떻게 해석해야 할까? 특히 1975년에 이루어진 재신임 투표에서도 찬성표가 더 많은 것을 어떻게 보아야 할까?

국민들이 유신헌법에 대해 잘 몰라서 그랬을까? 물론 1972년에 처음으로 이루어진 유신헌법에 대한 투표 때는 그랬을 수도 있다. 하지만 1975년에는 유신헌법의 문제점에 대해서 모두가 알고 있었다. 세부적인 내용까지는 몰라도, 박정희가 평생 동안 대통령을 할 수 있는 제도라는 것은 국민 모두가 알고 있었다. 그런데도 찬성표가 더 많았다.

이런 결과에 대한 가장 일반적은 대답은 당시 투표가 부정선거였다는 점이다. 박정희 대통령 선거, 유신헌법 선거, 유신헌법 재신임 선거 모두 엄청난 부정선거였다. 지금도 선거 때마다 부정선거 의혹이 제기되기는 하지만 1970년대와 비교할 정도는 못 된다. 당시 정부는 모든 행정력을 동원해서 부정선거를 했다.

한국은 부정선거 때문에 혁명까지 발생했던 국가이다. 이승만의 1공화국은 선거 부정 때문에 뒤집어졌다. 1960년 4·19 혁명은 3·15 부정선거 때문에 발생했다. 그런데 왜 계속 부정선거가 이루어질 수 있었을까? 1960년대에는 부정선거 때문에 국민들이 들고 일어났는데, 1970년대에는 명백히 부정선거로 의심되는데도 국민들이 왜 가만히 있었을까?

당시 국민들에게 중요한 것은 부정의 정도였던 것 같다. 부정선거가 있었다고는 해도, 결과 자체를 뒤집지는 않을 정도의 선거 부정으로 느껴졌을 것이다. 결과를 바꾸는 정도에 이르는 부정은 용납하지 않았을 것이다. 1960년에 일어난 4·19 혁명도 단순히 부정선거 여부 때문이라고만은 할 수 없다. 부정선거는 그 이전에도 있었다. 하지만 1960년에 이루어진 선거는 부통령의 선거 결과를 바꾸는 정도로 이루어졌다.

1960년대, 1970년대 대통령 선거, 유신헌법 선거에 부정은 있었다. 하지만 그 부정이 투표 결과를 바꾸는 정도의 부정이었다고 보기는 어렵다. 어쨌든 유신헌법, 박정희에 대해 찬성하는 사람이 많았기 때문에 계속 투표에서 많은 표를 받은 게 아니었을까?

그런데 당시 국민들이 우매해서 투표 결과가 잘못된 것이라고 비난한다면, 그런 생각은 민주주의적 사고가 아닌 엘리트주의이다. 한국인들은 1960년대 4·19 혁명, 1979년 부마사태, 1980년 민주화 시위, 1987년 6월 혁명을 만들어낸 사람들이다. 이렇게 계속 부정한 정권에 항의해온 사람들이 1970년대 초에만 무력한 시민이었다고 해석하는 것도 무리이다.

유신헌법은 분명 독재를 위한 법이고 한국 민주주의, 한국 역사의 오점이다. 하지만 당시 과반수 국민들이 유신헌법에 찬성한 것은 분명하다. 한 번도 아니고 두 번씩이나 유신헌법에 찬성표를 던졌다. 한국 근대사는 어렵고 복잡하다. 1970년대를 군사 독재라고 비난만 하기는 쉽지 않다.

김영삼, 김대중 후보가
대통령 선거 단일화에 실패한 이유는?

한국 현대사에서 이해할 수 없는 장면이 하나 있다. 바로 1987년에 이루어진 대통령 선거이다. 이때는 5공화국 시절로, 대통령은 전두환이었다. 당시 대통령의 임기는 7년이었고 전두환 대통령은 5공화국 헌법에 따라 1981년 3월에 취임을 했다. 1988년 2월에 임기가 끝나고, 그래서 1987년에 다음 대통령을 뽑아야 했다.

5공화국 헌법에서 대통령 선거는 선거인단에 의해 간접선거로 뽑도록 했다. 하지만 당시 국민들은 직접선거를 원했다. 1972년에 유신헌법이 들어선 이후부터 대통령 선거는 직접선거에서 간접선거로 바뀐 상황이었다. 1979년에 박정희 대통령이 죽고 이듬해인 1980년에 5공화국 헌법이 만들어지는데, 이때도 대통령을 간선으로 뽑았다. 하지만 국민들은 박정희 때부터 이어져온 독재 체제에서 벗어나고 싶어 했다. 그래서 1987년에는 새로운 헌법을 만들고 직접선거를 통해 대통령을 뽑기를 원했다.

1987년에는 개헌 논의가 활발했다. 대통령을 간선으로 뽑는 5공화국 헌법을 폐지하고 직선으로 뽑을 수 있도록 헌법을 고치고자 했다. 그런데 1987년 4월 13일, 전두환 대통령의 호헌 조치가 발표된다. 1987년 대통령 선거를 5공화국 헌법으로 치르겠다는 조치였다. 즉, 개헌을 하지 않고 간접선거로 대통령을 뽑겠다는 선언이었다.

유신헌법은 박정희가 평생 동안 대통령을 할 수 있도록 만든 헌법이었다. 이런 독재 체제의 문제점을 막기 위해 제5공화국 헌법에서는 대통령 단임제를 규정했다. 누가 대통령이 되든지 간에 딱 한 번만 자리를 맡도록 했다. 하지만 간선제인 이상 기존의 대통령이 자신의 편에 선 사람을 대통령으로 만들 수 있었다. 1인이 계속 대통령이 되는 것은 불가능할지라도 1개 당이 계속해서 정권을 잡는 것은 가능했다. 어쨌든 국민의 뜻과는 상관없이 자신들끼리 대통령을 돌아가면서 할 수 있었다.

국민들은 강력히 반발했다. 6월 항쟁이 발생했고, 모든 사람들이 거리로 뛰쳐나갔다. 이전에는 보통 대학생들을 주축으로 시위가 벌어졌지만, 이때는 대학생뿐 아니라 일반 직장인들도 참여했다. 전국의 모든 도시들이 마비되는 시위였다. 한국에서 모든 도시들이 인파로 뒤덮인 것은 1987년 6월 항쟁 당시와 2002년 월드컵 4강전 때뿐이다.

결국 전두환 대통령 측에서는 항복을 했다. 6·29 선언을 통해 대통령 선거를 직선제로 하겠다는 발표를 한다. 그 결과 헌법을 바꾸고, 1987년 12월에 직접선거를 통해 대통령을 선출하기로 한다.

이때 바뀐 헌법이 2015년 현재까지 이어져오는 헌법이다. 새로 바뀐 헌법에서는 대통령 5년 단임을 규정해서, 한 사람이 대통령을 두 번 이상 할 수 없도록 했다. 대통령을 5년만 하도록 하는 것은 좀 짧은 측면이 있기는 하지만 장기 집권을 막으려는 목적으로 만들어진 규정이었다.

한국 현대사에서 가장 이해하기 어려운 장면 중 하나는 여기서부터 시작된다. 당시 대통령 선거에 나온 후보는 전두환 대통령의 측근인 노태우, 이전 박정희 대통령의 측근인 김종필, 그리고 평생 민주화 운동을 해온 김영삼, 김대중 네 사람이다. 정권을 쥐고 있었던 전두환 측에서는 당연히 후보가 나올 것이니 노태우가 후보로 나온 것은 이해할 수 있다. 그리고 1979년까지 정권을 장악했던 박정희 추종자들은 1980년 전두환이 들어서면서 정권을 잃었다. 이들은 그때까지 한국에서 어느 정도 지분을 가지고 있었고, 그래서 김종필이 이들을 대표해서 다시 대통령 선거에 나선 것도 이해될 수 있다.

문제는 김대중과 김영삼이 동시에 대통령 선거에 나온 일이다. 두 사람은 평생 동안 한국의 민주화를 위해서 일해왔다. 독재 정권 타파를 위해서 몇십 년간 노력했다. 한국의 대표적인 정치인이기도 했다. 우열을 가릴 수 없는 한국 민주 정치의 양대 거두였다.

하지만 두 사람이 함께 대선 후보로 나온다면 노태우가 당선될 것이 분명했다. 김종필이 주요 주자 네 명 중 한 명에 속하기는 하지만, 당선되는 것은 불가능했다. 그리고 김영삼과 김대중 둘 중에 한 명만 선거에 나온다면 여당 대표인 노태우와 야당 대표 한 명 간의 다툼이 된다. 그렇게 된다면 야당 대표가 대통령으로 당선될 가능성이 많았다. 하지만 김영삼, 김대중 두 명이 나온다면 야당의 표가 분산된다. 그러면 노태우가 당선될 것으로 보았다.

대통령 선거에 노태우, 김영삼, 김대중이 나선다면 노태우가 당선된다. 노태우와 김영삼이 맞붙으면 김영삼이 당선되고, 노태우와 김대중이 붙으면 김대중이 당선된다. 노태우는 독재 정권을 대표하는 후보였다. 노태우만 당선되지 않으면 한국 역사에서 지금까지 계속되어온 독재 시대를 끝낼 수 있었다. 그래서 국민들은 김영삼, 김대중에게 후보 단일화를 요구했다. 단일화가 잘 이루어지지 않자 많은 사람들이 단일화를 요구하는 단식까지 했다. 하지만 김영삼, 김대중은 끝까지 단일화를 하지 않았다. 결국 1987년 대통령 선거에서 노태우가 당선된다. 너무나 당연한 결과였다. 단일화하지 않으면 노태우가 당선될 것은 분명한 결과였다.

2007년에 치러진 대통령 선거에서 주요 야당 후보자는 이명박, 박근혜였다. 여당 후보자도 있었지만, 당시 여당은 대통령 선거에서 패배할 것이 뻔했다. 여당 후보보다는 야당 후보가 중요했다. 이때 야당 후보 경선에서 승리한 것은 이명박이었다. 결국 2007년에 이명박이 대통령에 당선된다. 하지만 이명박이 대통령이 되었다고 해서 박근혜의 위상이 떨어진 것은 아니었다. 비록 낙선했지만 5년 후에는 박근혜가 대통령이 될 수 있다고 보았다. 실제로 2012년에는 박근혜가 대통령 선거에 당선된다.

2012년 대선에서 주요 야당 후보자는 문재인과 안철수였다. 안철수 돌풍이 일어났지만 안철수는 정치 경험이 없다는 단점이 있었다. 그래서 많은 사람들이 후보를 문재인으로 단일화하고 안철수는 5년 후에 다음 대선을 노리는 게 좋지 않느냐는 의견을 냈다. 현재 우리나라 대통령은 5년 단임이다. 5년마다 대통령이 바뀌고 지금 대통령이 되지 않아도 5년 후에 대통령이 되면 된다. 5년은 그렇게 긴 시간은 아니다.

그런데 1987년, 김영삼과 김대중은 결국 단일화에 실패한다. 서로 상대방이 양보할 것을 주장했지만 스스로 물러날 생각은 하지 않았다. 두 사람은 이번이 대통령이 될 수 있는 마지막 기회로 생각했다. 지금 대통령 선거에 나서지 않으면 다시는 대통령이 될 수 없을 것으로 보았다. 그런데 정말 이상한 일이다. 지금 대통령 자리를 양보해도 5년 후에는 자신이 대통령이 될 수 있었다. 그런데 왜 그렇게까지 이번에 대통령이 되어야 한다고 생각했을까?

두 사람에게 5년 후는 보장할 수 없는 시간이었다. 5년 후에 다시 대통령 선거에 나서면 되지 않냐고? 이는 현대의 관점이다. 5년의 임기를 마친 대통령이 다음 대통령으로 바뀌는 것을 몇 번 겪고, 그것을 당연스럽게 생각하는 현대인의 생각이다. 1987년만 해도 많은 사람들은 그렇게 생각하지 않았다. 5년 임기로 대통령을 뽑기는 하지만, 앞으로 어떻게 될지는 모른다고 생각했다.

그전까지 한국의 대통령은 임기가 끝나면 순순히 물러나는 대통령이 아니었다. 이승만은 헌법을 고쳐가면서 대통령을 계속하고자 했고 3선까지 했다가 결국 쫓겨났다. 그 다음 윤보선 대통령은 5·16 쿠데타로 쫓겨났고, 박정희 대통령도 헌법을 계속 고쳐가며 평생 대통령을 하고자 했다. 전두환도 7년 단임 대통령이었지만, 국민들은 전두환이 임기가 끝나도 물러날 것이라고는 생각하지 않았다. 헌법을 고쳐서 계속 대통령을 하려고 들 것이라고 생각했다. 물론 전두환 본인이 아니라 노태우가 후보로 나오기는 했지만, 전두환은 상왕 같은 존재가 되어서 계속 한국을 지배할 것이라고 보았다.

국민들의 6월 항쟁 결과 대통령 직선제가 이루어지고 5년 단임 대통령제가 만들어졌다. 하지만 1987년에 당선되는 대통령이 정말로 5년 후에 곱게 물러날까? 그럴 리가 없었다. 이승만, 박정희처럼 그 사이 헌법을 고쳐서 계속 대통령을 하려고 할 것이다. 본인은 물러나더라도 전두환이 자신의 최측근이자 심복이라 할 수 있는 노태우를 후보로 내세웠듯이, 영향력을 지속적으로 유지할 수 있는 방법을 강구할 것이다.

결국 6월 항쟁으로 민주화의 길이 열렸지만, 김영삼도, 김대중도 아직 민주화를 믿지 못했다. 설사 상대방이 대통령이 된다 하더라도 5년 후에 다시 대통령 선거가 공정하게 이루어질 것이라는 것을 믿지 못했다. 그래서 두 사람은 1987년 대통령 선거에서 다음을 기약하며 물러설 수 없었다.

지금 생각하면 정말 안타까운 일이고, 어리석어 보이기도 한다. 1987년에는 김영삼이, 1992년에는 김대중이 대통령 선거에 나오면 되는 일이었다. 아니면 순서를 바꾸거나. 그럴 수 있었다면 한국 민주화는 더 빨리 완결되었을 것이다. 하지만 당시 김영삼과 김대중, 그리고 이들을 지지하는 사람들은 5년마다 대통령이 바뀐다는 것을 진정으로 믿을 수 없었다. 그래서 끝까지 단일화를 하지 않았다. 5년 후에 기회가 없다고 생각한 이유는 결국 한국의 민주화를 실감할 수도, 믿을 수도 없었기 때문이다.

한국의 바닷길이 끊어지면
무슨 일이 벌어질까?

지금의 한국은 세계적인 경제 강국이 되었다. 한국의 문화 역시 한류의 바람을 타고 세계로 뻗어가고 있다. 그래서 많은 한국인들이 자신감을 가지고 있다. 그런데 이런 자신감이 지나치게 넘치는 경우가 있다. 이제는 한국이 미국의 그늘에서 벗어나 독자적인 길을 갈 수 있다고 생각하기도 하는 것이다. 이전에는 한국이 못살아서 미국의 도움을 받아야 했지만, 이제는 한국 스스로 충분히 자주적인 길을 갈 수 있다고 여기기도 한다. 한국 스스로 한국이라는 나라를 유지해 나갈 수 있다고 생각한다.

또한 한국이 북한과 통일한 다음에는 일본과 충분히 싸울 수 있다고 생각하는 사람들도 있다. 남북이 통일되어 군사력을 합치면 미국, 중국 등에 이어 세계 3~4위의 군사력을 가지게 될 테니, 이 정도면 일본과 싸워도 충분히 이길 수 있을 것이라고 생각하기도 한다.

물론 경제력, 군사력만 가지고 보면 지금의 한국은 충분히 강국이라 할 만하다. 하지만 한국은 다른 나라에 기댈 수밖에 없는 한 가지 치명적인 아킬레스건을 가지고 있다. 이 문제가 해결되지 않는 한 한국은 미국의 그늘에서 벗어나기가 힘들다. 또한 진정으로 자주권이 있는 국가로 나아가기도 힘들다.

1941년, 일본은 미국과 전쟁을 시작한다. 그런데 일본이 미국과 전쟁을 벌인 이유는 무엇일까? 단순히 영토 확장의 야욕을 위해서 전쟁을 한 것일까? 그랬다면 자신보다 약한 나라를 공략하지 굳이 강한 나라에 무리하게 싸움을 걸지는 않았을 것이다. 또한 미국 영토는 일본에서 너무 멀다. 영토 확장을 위해서는 미국보다는 아시아 지역으로 나아가는 것이 정복에 유리했을 것이다. 일본이 미국과 전쟁을 한 것은 미국 땅을 원해서가 아니었다. 에너지 공급망을 확보하기 위해서였다. 미국의 도움을 받지 않아도 되는 강국이 되고자 하다 보니 일본은 전쟁까지 하려고 나선 것이다.

근대화 이후, 일본의 인구는 계속 증가해 1920년대부터는 더 이상 식량을 자급자족할 수 없게 되었다. 그래서 식량을 수입해서 먹기 시작했다. 게다가 1920년 이후 세계의 주요 에너지는 석탄에서 석유로 바뀌었다. 일본은 석유가 없었기 때문에 전량을 수입해야만 했다. 일본은 러시아와의 전쟁에서도 이긴 열강이지만 식량과 석유를 자급자족할 수 없었다. 일본은 강력한 군사력을 보유하고 있기는 했지만, 미국, 영국, 프랑스 등 다른 열강이 식량과 석유를 수입하는 바닷길을 막기만 하면 일본은 싸워보지도 못하고 자멸할 수밖에 없었다. 일본이 진정한 열강이 되기 위해서는 식량과 석유를 자급자족할 수 있어야 했다. 그 때문에 일본은 식량과 석유가 있는 동남아시아에 진출하여 자국의 영토로 삼고자 했고, 이 지역에 이미 세력 기반이 있는 영국, 미국과 전쟁을 하게 된다.

아무리 경제력이 뛰어나고 생활수준이 높다고 해도 그것만으로 강대국이 될 수는 없다. 강대국은 자신의 생존을 다른 나라에 의지하지 않는 자주국이어야만이 가능하다. 그런데 일본은 자신들의 생명줄을 미국에 의존하고 있다. 석유와 식량을 수입하기 위해서는 바닷길을 마음대로 이용할 수 있어야 하지만 바닷길은 미국이 관리·통제하고 있기 때문이다. 미국이 바닷길을 끊어버리면 일본은 싸워보지도 못하고 항복할 수밖에 없다. 아무리 무기가 좋아도 석유가 없으면 움직일 수 없다. 아무리 좋은 군대를 가지고 있어도 식량이 없으면 무용지물이다. 그렇게 미국에 의존하는 것이 싫어서 일본은 미국과 전쟁까지 벌였지만, 패전국이 되었다. 그래서 현재까지도 미국에 대한 의존에서 벗어나지 못하고 있다.

한국은 어떨까? 경제 강국이라고는 하지만 한국의 수입 의존도는 80퍼센트나 된다. 외국에서 식량을 수입하지 않으면 살아갈 수 없다. 게다가 한국은 수출로 먹고사는 국가이다. GDP에서 수출 기여도는 50퍼센트 이상이다. 한국은 수출을 하지 않으면 GDP가 바로 하락한다. 무엇보다도 한국은 석유가 나지 않기 때문에 전량을 수입해야 한다.

식량 수입, 수출, 석유 수입, 이 세 가지가 현재 한국을 움직이는 데 반드시 필요한 사항들이다. 그런데 이것들은 모두 바닷길을 이용해야 한다. 한국은 북한 때문에 아시아 대륙길을 이용할 수 없다. 바닷길만 이용할 수 있다. 만약 바닷길이 끊기면 한국은 바로 후진국 대열로 떨어진다.

주변국들이 한국의 항복을 받아내기 위해서 한국과 일대 결전을 벌일 필요도 없다. 그냥 바닷길만 끊으면 된다. 중동 지역에서 한국으로 오는 바닷길을 막고 유조선이 한국으로 들어오는 것만 막으면 된다. 한국의 석유 비축량은 90일 정도이다. 유조선의 입항을 90일 정도만 막으면 한국은 원시사회가 된다. 비행기, 탱크가 아무리 좋아도 석유가 없으면 움직이지 못한다. 길거리에 자동차는 더 이상 다니지 못하고 모두 걸어다녀야 한다. 전기도 끊긴다. 석유, 석탄 등이 들어오지 못하면 발전기를 돌릴 수가 없고, 전기가 끊기면 우리는 현대 문명의 모든 것과 작별해야 한다. 전 국민이 단결한다고 해서 판세가 달라지는 것은 아니다. 적은 저 멀리 태평양에서 유조선이 들어오는 것만 막을 뿐이다. 이들을 대상으로 총을 쏠 수도 없고, 대포를 쏠 수도 없다.

뱃길을 막으면 식량도 들어오지 않는다. 지금 한국의 식량 자급도는 20퍼센트 정도이다. 만약 식량 수입이 불가능해지면 지금 한국 사람의 80퍼센트는 굶어 죽게 될지도 모른다. 먹는 양을 줄여서 더 많은 사람이 살아갈 수는 있다. 하지만 한국의 좁은 땅에서 생산되는 식량만으로 5천만 명이 살아가는 것은 불가능하다.

바닷길이 끊기게 되면 곤란해지는 것은 한국만이 아니라 일본도 마찬가지이다. 일본 역시 석유가 나지 않는다. 그리고 식량 수입이 굉장히 중요하다. 중국 같은 나라는 자체적으로 석유가 난다. 외국에서 수입을 하지 못하게 되면 어려워지기는 하지만 석유가 아예 없는 사태까지 치닫지는 않는다. 게다가 중국은 석유를 바닷길이 아니라 육지를 통해서도 사올 수 있다. 한국처럼 식량 의존도가 높지도 않다. 바닷길이 끊기면 곤란해지기는 하겠지만 생존이 위협되지는 않는다. 어렵게 살고, 못살게 되기는 하지만 어쨌든 살아갈 수는 있다. 하지만 한국은 바닷길 외에는 방법이 없다. 한국에서 바닷길이 끊어지면 생존 자체가 위협을 받게 된다.

현재 걸프만, 인도양, 동남아시아 바다, 차이나해와 같은 바닷길에 대한 통제력은 미국이 가지고 있다. 중국은 동남아시아 바다에 자신들의 힘을 증가시키기 위해서 남사군도 등에 기지를 만들고 있다. 그리고 일본은 센사쿠 제도 등에 대한 지배권을 강화하고 있다. 모두 바닷길에 대해 어느 정도라도 통제권을 가지기 위해 노력한다. 그만큼 바닷길이 자국의 안위에 엄청나게 중대한 사항이라는 것을 알기 때문이다.

하지만 한국은 이런 대양에서 활동할 해군력이 없다. 해군이 있기는 하지만 주로 근해에서 북한군을 상대하기 위한 것이다. 동지나해 앞바다까지 나가 바닷길을 두고 영향력을 행사할 만한 수준은 아니다. 그런 정도의 해군력을 가지려고 생각하지도 않는다.

한국이 바닷길을 미국에 의존하는 상황에서 미국을 적대시할 수는 없다. 미국과 인연을 끊을 수도 없다. 또 한국보다 해군력이 강한 일본 등을 적대시할 수도 없다. 동지나해에서 바닷길에 영향을 줄 수 있는 중국과 다툴 수도 없다. 이 세 나라 중 어느 나라든 한국으로 들어오는 유조선들을 먼바다에서 공격하면 한국은 끝장이 난다.

애석하게도 한국은 미국, 중국, 일본 등 주변 국가들에게 잘난 척을 할 수 있는 때가 아니다. 공격적인 태도를 보여서도 안 된다. 우리는 그들을 비난하고 욕할 능력을 가지고 있지만, 그들은 한국의 숨통을 끊을 능력을 가지고 있다. 한국에게 석유, 식량을 수입할 바닷길은 정말 중요하지만, 바닷길에 대한 통제력은 없다. 이 바닷길이 바로 한국의 아킬레스건이다.

한국이 강대국이 될 수 없는
지정학적 숙명은?

한국은 선진국이 될 수 있을까? 충분히 될 수 있다. 사실상 지금도 이미 선진국 반열에 올랐다고 봐야 한다. 선진국의 자격을 판별하는 가장 기초적인 기준은 1인당 GDP와 사회간접자본이 제대로 되어 있는지 여부이다. 한국의 1인당 GDP는 2만 5천 달러가 넘는다. 아직 3만 달러가 되지는 못해 선진국은 아니라고 할 수도 있다. 하지만 한국에는 전통적인 농촌이 같이 있다. 이 지역까지 함께 따졌을 때의 평균이 1인당 2만 5천 달러인데, 도시 지역만을 따지면 충분히 3만 달러가 넘을 것이다. 시골에 낙향을 하지 않는 한, 한국 사람들의 삶은 선진국 사람들과 크게 다르지 않다고 볼 수 있다.

무엇보다 한국은 사회간접자본이 제대로 깔려 있다. 도시, 도로, 철도, 항만 시설 등은 충분히 개발 도상국 수준을 넘어선다. 또한 한국의 정치는 민주화가 되어 있고 복지 제도도 어느 정도 갖추어져 있다. 한국 내에서는 선진국 수준의 복지가 이루어지지 않는다는 불만도 많지만 개발 도상국에 비해서는 월등한 수준이다.

이처럼 한국은 거의 선진국이다. 그렇다면 한국은 '강대국'일까? 강대국이 되기 위해서는 1인당 GDP가 아니라 전체 경제 규모가 중요하다. 그리고 인구, 군사력 등 다른 조건들도 필요하다. 이런 조건들이 어느 정도 이상의 수준이 되어야 강대국이라는 표현을 쓸 수 있다. 절대적인 기준으로만 보면 한국은 충분히 강대국이라고 할 수 있다. 한국의 GDP는 전 세계 15위권 내에 들어간다. 세계 10위권의 경제 대국이다. 그리고 한국의 인구는 5천만 명이 넘는다. 군사력도 전 세계에서 순위권에 들어간다. 세계의 모든 국가를 일렬로 세우면 한국은 충분히 강대국 대열에 들어갈 수 있다.

하지만 아쉽게도 강대국이라는 것은 이런 객관적 기준에 의해서 결정되지 않는다. 강대국, 약소국 개념은 주변 국가들과의 관계에 의해서 정해진다. 강한 나라, 약한 나라는 상대적인 개념이다. 옆에 있는 국가들보다 세면 강한 국가가 되는 것이고, 옆에 있는 국가들보다 약하면 약소국이 된다. 한국은 세계 전체를 대상으로 따지면 분명 강대국에 포함될 수 있다. 전 세계에서 10위권이라면 충분히 강대국 노릇을 할 수 있다. 하지만 한국의 주변 국가는 중국, 일본, 러시아, 그리고 미국이다. 한국의 주변 국가들은 모두 한국의 인구, 토지, 경제력, 군사력을 월등히 뛰어넘는다. 한국은 이들 국가들에 비해서 강하다고 할 수가 없다.

한국이 동남아시아에 있었다면 동남아권 강대국으로 이름을 떨칠 수 있었을 것이다. 아프리카에 있었다면 아프리카 대륙의 맹주가 될 수도 있었을 것이다. 중동 지역에 있었어도 중동권 최강국이 될 수 있었을 것이다. 유럽에 있었다면 프랑스, 독일, 이탈리아와 더불어 유럽에 영향을 미치는 주요 변수가 되었을 것이다. 하지만 몹시 애석하게도 한국은 동북아 지역에 있다. 중국, 일본, 러시아, 그리고 미국의 영향하에 있다. 이들 국가 사이에서 한국은 도무지 강대국 행세를 할 수가 없다. 어쩔 수 없이 약소국 역할을 떠안아야 한다.

그런데 한국의 지정학적 약점은 단지 강대국 사이에 끼어 있다는 것만은 아니다. 한 예로 스위스는 프랑스, 독일, 이탈리아와 같은 강대국들 사이에 끼어 있어도 큰 문제가 없다. 충분히 독자적으로 살아갈 수 있고 중립국으로서 주변국의 영향을 받지 않고 지낼 수 있다. 하지만 한국은 스위스와는 달리 강대국 사이에 있으면서도 다른 강대국들의 안위에 큰 영향을 미치는 위치에 있다. 바로 이 점 때문에 문제가 발생한다.

조선 말, 한국은 지정학적 위치 때문에 중국 청나라, 일본, 러시아 사이의 분쟁에 끼어들 수 밖에 없었다. 청일전쟁, 러일전쟁은 모두 한반도 때문에 발생했다. 그런데 이 전쟁들이 단지 강대국들 사이에 위치했다는 이유 때문에 벌어졌을까? 그렇지 않다. 한반도가 청나라, 일본, 그리고 러시아의 입장에서 봤을 때 자국의 이익에 굉장히 중요한 곳이었기 때문이다.

먼저 일본을 보자. 일본의 국토를 보면 북쪽의 홋카이도부터 남쪽 규슈 지역까지 길게 늘어서 있다. 그런데 늘어서 있는 모습이 한반도를 원점으로 하고 포물선을 그리는 형태이다. 일본 입장에서 보면 자신들의 영토가 원을 그리는데 그 한가운데에 한반도가 있는 것이다.

자국의 영토를 지키는 것이 국가의 가장 기본적인 목적이라고 볼 때, 일본의 국토 형상에서 한반도는 굉장히 중요하다. 만약 한반도가 일본에 적대적인 국가라면 일본은 한반도의 공격에서 피해를 입을 수밖에 없다. 한반도에서 배를 띄우면 일본의 어느 지역이든 한나절이면 상륙할 수 있기 때문이다. 어느 특정 지역에만 상륙할 수 있는 것이 아니라, 홋카이도에서 규슈까지 모든 지역에 상륙이 가능하다. 이렇게 공수 포인트가 많으면 일본 국토를 제대로 지켜낼 수가 없고, 영토 내에서 전쟁이 벌어지는 것을 막을 수 없다. 다행히 한반도를 제외하면 나머지는 태평양이기 때문에, 다른 나라에서 공격해 오기도 힘들고 공격해 오더라도 먼저 바다에서 지켜낼 수 있다. 그런데 한반도와 일본이 싸우게 되면 바로 본토 결전이 되어버린다. 그러니 일본은 한반도에 적대국이 들어서는 것을 내버려둘 수 없다. 일본에 무관심한 국가가 들어서는 것은 괜찮다. 하지만 일본에 쳐들어올 위험이 있는 국가가 한반도에 있는 것은 인정할 수 없다. 그래서 일본은 청나라와 싸우고 러시아와 싸웠다.

중국 입장에서는 어떨까? 중국의 수도는 베이징이다. 중국의 모든 정치는 베이징을 중심으로 이루어진다. 중국은 넓어서 원래 네 가지 각기 다른 시차를 가진 시간대가 존재한다. 하지만 베이징 시간을 중국 내 모든 곳에서 통일해서 사용할 정도로 베이징 중심적인 나라다. 중국은 여러 국가들과 국경을 맞대고 있다. 적대적인 국가와 국경을 맞대는 경우도 많다. 하지만 이들 국가와의 국경은 모두 베이징에서 굉장히 멀다. 전쟁이 발생하더라도 베이징에 위협이 되지 않는다. 전쟁이 발생한 지역은 좀 소란스러워질 수 있지만 중국의 중심지라 할 수 있는 베이징이 위험하지는 않다.

하지만 한반도는 그렇지 않다. 한반도에서 베이징까지는 비행기로 두 시간 거리이다. 전투기라면 한 시간 안에 도착할 수도 있다. 한반도와 중국 간에 분쟁이 벌어지는 경우 바로 베이징 상공에서 폭탄이 떨어질 수 있는 것이다. 베이징을 중심으로 운영되는 중국에서 베이징의 기능이 멈추면 중국 전체가 어떻게 될지 모르는 상황이 벌어진다. 그런데 베이징이 외부 공격에 바로 노출될 수 있다. 이는 중국 입장에서 볼 때 굉장히 심각한 사안이다.

물론 한국이 일본 본토를 공격할 수 있고, 중국 베이징을 바로 공격할 수 있다고 해서 전쟁에서 한국이 이길 수 있다는 이야기는 아니다. 중국, 일본과 싸우면 한국이 질 가능성이 높을 수도 있다. 하지만 그렇다 하더라도 막대한 피해는 입힐 수 있다. 중국, 일본에 이런 피해를 입힐 수 있는 국가는 미국을 제외하고는 한국밖에 없다. 중국 입장에서도 한반도에 적대국이 들어서는 것은 절대 인정할 수 없는 일이다.

한국은 단순히 강대국 사이에 끼어 있는 것이 아니다. 강대국 사이에 끼어 있으면서, 중국과 적대적인 국가가 돼서도 안 되고 일본과 적대적인 국가가 돼서도 안 되는 위치에 있다. 중국과 적대적인 국가가 들어서면 중국이 개입하려 하고, 일본과 적대적인 국가가 되면 일본이 개입하려 한다. 즉, 한반도에는 중국에도 적대적이지 않고 일본에도 적대적이지 않은 정권만이 큰 문제없이 유지될 수 있다.

중국과 일본 두 국가가 서로 사이가 좋다면 이런 정부가 들어서는 것이 가능할 것이다. 하지만 중국과 일본은 서로 앙숙이다. 중국은 동아시아 전체를 지배해왔다고 하지만 중국이 일본을 지배한 적은 없다. 게다가 일본은 중국 본토를 침략해서 온갖 수모를 준 국가이다. 중일 관계는 한중 관계, 한일 관계와는 또 다르다. 중국과 일본이 서로 무관심할 수는 있어도 사이가 좋아지기는 힘들다.

그리고 미국은 일본을 지원한다. 미국 입장에서 일본이 적대국이 되면 미국 국토 방어선은 태평양 한가운데가 되어야 한다. 미국 입장에서도 너무 번거롭고 힘들어진다. 그래서 미국은 일본을 우방으로 두려고 한다. 따라서 한반도가 일본에 영향을 미치는 한 미국도 한반도에 이해관계를 가진다. 미국 입장에서 한반도가 적대국이 되면 우방국인 일본을 지키기 힘들다.

한반도는 중국 편인 동시에 일본 편이어야 한다. 하지만 그것은 불가능한 일이다. 그래서 지금 한반도는 북한, 남한으로 갈라져 있다. 남한, 북한으로 갈라져 있는 한 한반도에 대한 중국, 일본 간 우월권 다툼은 크지 않을 것이다. 하지만 남북한이 통일이 되면 바로 이 문제가 다시 떠오른다. 한반도가 어느 편인가 하는 것은 중국과 일본 입장에서 국가 안위와 관련된 문제이다. 한국은 중·일 두 나라의 입김에 영향을 받을 수밖에 없다. 그것이 한반도가 지니고 있는 지정학적 숙명이다.

연합국이 한국에
독도를 돌려주지 않은 이유는?

1945년 8월, 일본은 연합국에 항복을 선언한다. 이때의 항복은 무조건적인 항복이다. 이후 점령군이 무엇을 요구하든, 다 받아들이겠다는 항복이었다. 연합군은 일본이라는 나라를 그냥 없애버리거나, 미국에 합병할 수도 있었다. 수천 년 동안 이어져온 천황제를 없애버릴 수도 있었고, 다른 사람을 왕으로 내세울 수도 있었다. 사실 일본은 패배가 짙어지면서 항복을 해야 했을 때, 천황제를 지속시켜줄 것을 조건으로 하는 항복을 요구한 적이 있었다. 하지만 연합국은 조건부 항복을 거절했고, 무조건 항복만을 요구했다. 결국 원자폭탄이 떨어지면서 일본은 무조건 항복을 하게 된다.

일본의 항복 이후, 연합국들이 모여서 일본을 어떻게 처리할 것인지 논의하기 시작했다. 이때 연합국들은 일본 고유의 영토만을 일본 영토로 한정하고, 일본이 근대화하면서 얻은 영토들은 모두 원래 국가에 돌려주는 것을 원칙으로 삼았다. 그래서 일본은 1940년대에 점령한 인도네시아 등의 국가들이나, 1930년대부터 점령해오던 만주에서 물러나게 되었다.

또한 1910년도부터 일본의 점령하에 있었던 한반도를 독립시켰고, 1894년부터 일본 땅이었던 대만도 독립시켰다. 특히 대만의 경우에는 이미 일본 땅이 된 지 50년이 넘은 상태였기 때문에, 그냥 일본 땅으로 치더라도 큰 문제는 없었다. 하지만 일본이 근대화한 이후에 새로 획득한 땅은 모두 돌려준다는 원칙하에 대만도 중국에 돌려주도록 했다. 심지어 오키나와도 일본 땅에서 제외되었다. 1872년에 일본 땅이 된 오키나와도 일본령에서 제외되어 미국이 직접 지배하기 시작했다. 1972년에 미국이 오키나와를 다시 일본에 돌려주면서 지금은 일본 땅이 되었지만, 1945년 항복 이후에 일본은 오키나와에 대한 지배권도 잃은 상태였다.

연합국은 일본이 메이지유신 후 근대화를 통해 새로 편입한 영토를 모두 인정하지 않고 원래 국가에 돌려준 것이다. 오키나와는 돌려줄 국가가 없어서 미국이 보유하고 있다가 일본에 돌려준 것이고, 다른 영토는 모두 원래 국가에 돌려주었다. 이른바 1951년 샌프란시스코강화조약을 통해서였다.

그런데 왜 독도는 깨끗하게 정리되지 않았을까? 일본이 독도를 영토로 편입시킨 때는 1905년이다. 연합국은 1870년대나 1890년대에 일본이 편입한 영토도 모두 일본령에서 제외했다. 그러니 1905년에 일본 영토로 편입된 독도는 당연히 한국에 돌려주었어야 했다. 그런데 독도에 대한 사항은 샌프란시스코강화조약에 포함되지 않았다. 한국의 섬인 울릉도, 제주도 등은 포함되어 있었지만, 독도에 대한 사항은 빠져 있었다.

현재 일본이 아무리 영토 확장을 원하더라도 샌프란시스코강화조약을 건드리지는 않는다. 연합국과 맺은 패전 조약이기 때문에 당시 결정된 사안에 대해서는 이의를 제기하지 않는다. 독도가 샌프란시스코강화조약에서 일본 땅이 아니라는 것을 명문화했다면, 현재까지 독도 문제가 끊임없이 불거졌을까? 일본은 독도가 한국 땅이라는 것을 그대로 인정했을 것이다. 샌프란시스코강화조약에서 독도가 빠져 있다는 사실은 일본이 아직도 독도를 일본 땅이라고 국제사회에 주장할 수 있는 빌미가 되었다.

그렇다면 연합국 측이 샌프란시스코강화조약에서 독도를 제외한 이유는 무엇일까? 먼저 미국과 영국을 주축으로 하는 연합국은 동양의 역사에 대해 잘 몰랐다. 어떤 섬이 원래 일본 땅이었는지, 어떤 섬이 일본이 침략해서 얻은 땅인지 알지 못했다. 일본 땅이 된 지 10년 정도밖에 되지 않았다면 연합국 측도 알 수 있을 것이다. 하지만 오키나와, 대만처럼 일본 땅이 된 지 50년이 넘은 곳들도 많았다. 이런 섬들의 역사는 서양인들이 알기 어려웠다.

그래서 연합국은 일본의 침략을 받은 국가들에게 어떤 섬이 원래 자신들의 땅이었는지, 돌려받아야 하는 섬이 무엇인지를 이야기하라고 했다. 일단 말을 들어보고, 원래 그 나라의 섬이었다는 것이 확인되면 돌려주려는 의도였다.

한국에도 그런 기회가 있었다. 샌프란시스코강화조약이 발효되기 전인 1951년, 한국은 연합국 측에 공식적으로 의견서를 보낸다. 한국 정부의 의견서에는 '대마도, 파랑도, 독도'를 한국 땅으로 명시해달라는 요구가 적혀 있었다.

'대마도, 파랑도, 독도'가 한국 땅이니 돌려받아야 한다고 한국 정부가 주장했다. 이를 보고 연합국 측에서는 어떤 생각이 들었을까? 일단 아무리 동양 역사를 모르는 서방 연합국이라 해도, 그들이 보기에 대마도는 분명 일본 땅이었다. 2천 년 전쯤에는 대마도가 한국 땅이었을지도 모른다. 하지만 역사시대 이후로 대마도는 누가 봐도 일본 땅이었다. 그런데 한국에서는 대마도가 한국 땅이라고, 대마도를 돌려달라고 요구했다.

게다가 한국은 파랑도까지 요구했다. 그런데 연합국은 파랑도가 어디인지 알 수 없었다. 그래서 한국에 다시 문의했다. 한국이 요구한 파랑도는 제주도 남쪽에 있다는 전설의 섬, 이어도였다. 사실 전설의 섬은 아니다. 이어도는 바다 밑에 있는 암초이다. 파도가 치면 암초가 바다 위로 나타나는 경우가 있어 제주도 사람들한테는 나타났다 없어졌다 하는 섬이었다. 어쨌든 이어도는 평상시에는 바다 속에 있었다. 국제법상으로 섬이 아니다. 더 중요한 것은 한국에서도 파랑도가 어디에 있는지를 알지 못했다는 점이다. 당시 한국 정부는 파랑도가 섬이 아니라 암초라는 것을 알지 못했고, 파랑도의 정확한 위치도 몰랐다. 제주도 남쪽 어디엔가 그런 섬이 있다는 것만 알고 있었다. 그래서 한국 정부는 파랑도가 어디냐고 묻는 연합국 측에 제대로 된 답을 할 수가 없었다. 한국 정부는 뒤늦게 파랑도가 어디에 있는지 확인하기 위해 조사단까지 파견했지만, 결국 파랑도를 발견하지 못했다. 평상시에는 바다 속에 잠겨 있는 파랑도를 발견할 수가 없었다. 결국 한국은 처음에 한국 땅이니 돌려달라고 요구한 대마도, 파랑도, 독도 중에서 대마도와 파랑도에 대한 요구를 철회할 수밖에 없었다.

남은 곳은 독도 하나뿐이었다. 연합국 측에서는 뒤늦게 말을 바꾸는 한국 정부의 주장을 어떻게 받아들였을까? 누가 봐도 일본 땅인 대마도를 달라고 하고, 어디 있는지도 모르는 섬을 달라고 주장하니, 이미 한국에 대한 신뢰는 땅에 떨어진 뒤였다. 자연스럽게 한국 정부의 주장은 믿을 만한 것이 못 된다는 분위기가 만들어졌다.

여기에 더해서 한국 정부는 독도에 대해서도 제대로 된 증거를 제시하지 못했다. 당시 독도는 국제적으로 리앙쿠르락 섬으로 통용되고 있었다.

그러면 한국은 리앙쿠르락 섬이 독도이고, 이 섬이 한국 땅이라는 이야기를 했어야 했다. 하지만 한국은 독도를 달라고만 했다. 독도가 어떤 섬이냐는 연합국의 질문에는 대답하지 못했다. 독도가 정확히 어디에 있는 섬이고, 당시 리앙쿠르락 섬이라는 것을 말하지 못했다. 결국 연합국 측은 세 섬에 대한 한국의 요구를 받아들이지 않았다. 샌프란시스코강화조약은 제주도, 울릉도 및 부속 도서를 한국 땅으로 인정했지만 독도는 빠졌다.

당시 한국 정부가 독도 문제에 제대로 대응했다면 어땠을까? 대마도, 파랑도에 대한 권리 주장 대신 독도 문제에 보다 신경을 썼다면 어땠을까? 독도가 한국 땅이라는 증거만 제대로 제시하면 국제조약상 한국 땅으로 인정되는 분위기에서, 제대로 대처했다면, 지금까지 독도 문제가 이어져오지는 않았을 것이다.

울릉도 옆에 있는 섬은
죽도일까, 독도일까?

2015년 7월 17일, 〈중앙일보〉 1면에는 지도 하나가 실렸다. 1802년 일본에서 만들어진 지도로, 지도상에는 조선 땅과 일본 땅이 구분되어 있었다. 그리고 울릉도와 독도가 조선 땅으로 분명하게 표시되어 있었다. 독도가 일본 땅이라는 주장은 일본에서 그린 지도만 보더라도 말이 되지 않았다. 이 지도는 일본에서도 독도를 조선 땅으로 인식하고 있었다는 증거였다. 그러니 국제사법재판소에 가서 독도가 누구 땅인지 재판을 하더라도 분명 한국이 이길 것이다. 일본이 그린 지도에 독도가 조선 땅으로 표시되어 있는데 무슨 문제가 있을까? 한국에서는 보통 이런 식으로 생각한다.

그런데 독도가 한국 땅이라고 표시된 일본 측의 지도는 국제사법재판소에서 증거로 인정될 수 있을까? 그렇게 쉬운 문제가 아니다. 독도가 한국 땅이라는 증거로 1802년에 일본에서 만들어진 지도를 내놓으면 국제사회에서 잘 먹히지 않는다.

최소한 우리는 독도가 한국 땅이라는 것을 알고 있다. 그리고 무엇 때

2015년 7월, 〈중앙일보〉 1면에 실린 지도
1802년에 일본에서 만들어진 지도이니, 독도가 우리 땅이라는 명백한 증거가 될 수 있을까?

문에 독도가 한국 땅이라고 하는지도 알고 있다. 그런데 일본이 독도를 일본 땅이라고 주장하는 이유는 무엇일까? 울릉도와 독도가 한국 땅으로 표시되어 있는 지도가 있는데도 일본은 왜 우기는 것일까?

한국에서는 일본이 지도에 대해서 어떻게 해석하고 주장하는지에 대해서는 잘 논의되지 않는다. 그래서 〈중앙일보〉에 실린 것 같은 종류의 지도가 결정적인 증거가 될 것으로 본다. 하지만 국제사회에서는 지도만으로 독도를 한국 땅이라고 인정하지 않는다.

한국 사람들은 동해에 울릉도와 독도만 있는 것으로 안다. 그래서 지도상으로 봤을 때 동해 에 두 개의 섬이 그려져 있으면 하나는 울릉도, 다른 하나는 독도로 본다. 그런데 울릉도 부근에는 독도 말고 다른 섬이 하나 더 있다. 바로 울릉도 우측으로 2킬로미터 정도 떨어진 곳에 위치한 죽도이다. 죽도는 넓이가 0.208제곱킬로미터로 독도보다 크다.

동해상에 울릉도와 독도만 있는 것으로 생각하면 1802년에 만들어진 지도에 등장하는 두 개의 섬은 울릉도와 독도를 가리키는 것처럼 보인다. 하지만 울릉도 옆에 죽도라는 섬이 있다는 것을 알고 나면 어떻게 해석될까? 죽도는 울릉도 바로 옆에 있다. 그리고 독도는 울릉도에서 동남쪽으로 200리 너머에 있다. 그리고 독도는 죽도보다 작다. 그렇다면 울릉도 옆에 있는 섬은 죽도일 가능성이 클까, 아니면 독도일 가능성이 클까?

지도를 만든 일본 사람은 울릉도 옆에 있는 섬 죽도를 표시한 것일까, 아니면 독도를 표시한 것일까? 울릉도 바로 옆에 있는 섬을 따로 표시할 필요가 있을까? 연안에 근접한 섬은 표시하지 않는 경우가 많다. 오히려 멀리 떨어져 있는 섬을 별도로 표시하는 것이 일반적이지 않을까? 그러니 울릉도 옆에 있는 섬은 죽도가 아니라 독도라고 주장하는 것이 한국의 입장이다.

하지만 일본은 울릉도 옆에 표시된 섬이 죽도라고 본다. 우선 이 섬은 울릉도 바로 옆에 표시되어 있다. 죽도는 울릉도 바로 옆에 있지만, 독도는 울릉도 바로 옆에 있는 섬이 아니다. 독도를 그리려 했다면 울릉도에서 좀 떨어뜨린 채로 그렸을 것이다. 그리고 울릉도 바로 옆에 있는 섬은 독도라고 보기에는 너무 크다. 옛날 지도들에 표시된 섬은 독도가 아니라 죽도이다. 근대 이전에 독도가 별도로 그려진 지도는 없다는 것이 일본의 입장이다.

어떤 것이 맞는 주장이고 틀린 주장인지에 대해서는 여기서 자세히 논할 사항은 아니다. 하지만 문제는 대부분의 한국 사람들이 울릉도 옆에 죽도가 있다는 점을 모른다는 사실이다. 울릉도와 독도에 대해서는 많은 말들을 하고 교육한다. 언론에서도 잘 다루어진다. 하지만 죽도에 대해서는 잘 모른다. 울릉도 옆에 다른 섬이 더 있다는 것 자체를 모르고 있다. 그러니 옛날 지도에 대한 일본의 주장도 이해할 수가 없다. 일본이 두 개의 섬을 들어 울릉도와 독도가 아니라 울릉도와 죽도라고 주장하고 있다는 것을 알지 못하는 것이다.

죽도라는 섬이 있다는 것을 모르는 상태에서 일본 사람들이 그런 지도를 가지고 독도가 한국 땅이라는 주장을 하면 어떻게 될까? 한국 내에서는 아무런 문제가 없을 것이다. 한국에서는 죽도의 존재를 모르는 사람들이 대부분이다. 하지만 외국인이 "그 섬은 죽도를 표시한 게 아닐까요"라고 질문을 한다면 어떨까? 한국 사람들은 말문이 막히게 된다. 죽도라는 말을 처음 들으니, 응답할 수가 없게 된다.

그런데 왜 한국에서는 울릉도 옆에 죽도가 따로 있다는 것은 잘 이야기하지 않는 것일까? 그 이유는 알지 못한다. 어쨌든 지금 한국에서는 동해에 울릉도, 죽도, 독도가 있다는 말은 하지 않고, 옛날 지도에 표시되어 있는 두 개의 섬은 울릉도와 독도라는 주장만 하고 있다. 죽도라는 섬의 존재 자체를 잘 언급하지 않고 있다. 하지만 독도 문제에 제대로 대응하기 위해서는 죽도의 존재를 알고 있어야 한다.

국제사법재판소는
한국의 손을 들어줄까?

일본은 이전부터 독도 문제를 국제사법재판소에 넘기자고 했지만, 한국에서 이를 반대하는 입장이었다. 그런데 요즘 국내에서 독도 분쟁을 국제사법재판소에서 해결하자는 목소리가 나오고 있다. 독도는 분명 한국 땅인데 몇십 년 동안 일본에서 우기고 있으니, 국제사회에서 제대로 확정 판결을 받자는 이야기이다.

이런 주장을 하는 사람들은 독도 문제를 국제사법재판소로 가져가면 분명히 승소할 수 있다는 전제를 깔고 있다. 혹여나 한국이 질지도 모른다는 생각은 꿈에도 하지 않고 있다.

국제사법재판소에서 독도 문제가 처리된다면 재판장은 한국에 물어볼 것이다. 독도가 한국 땅이라는 근거는 무엇인가? 그러면 한국 사람들은 이야기할 것이다. 신라 시대 때 이사부가 울릉도를 복속한 이후부터 이 지역은 한국 땅이었고, 세종실록지리지에 독도가 한국 땅이라는 것이 표시되어 있고, 그리고 조선 숙종 때 안용복이 일본으로부터 독도는 한국 땅이라는 증명서를 받았고…… 우리가 알고 있는 독도의 역사를 증거로 제시하면서, 일본은 1905년에야 독도를 병합했다고 말할 것이다. 그러면 국제사법재판소는 '한국 패소' 판결을 할 것이다.

한국에서는 난리가 날 것이다. 국제사법재판소에서 말도 안 되는 판결을 내린 것에 대해 각종 음모론이 나오기도 할 것이다. 국제사법재판소의 판결에 대한 책임은 한국에 있다. 독도가 신라 시대 때 한국에 복속되었고, 조선 세종 때와 숙종 때 독도는 한국 땅이었다고 말하는 것은 지금 독도가 누구 땅인가를 결정하는 데 아무런 증거가 되지 못한다.

누군가 서울 시내의 어떤 땅을 두고 이런 말을 한다고 가정해보자. 이 땅은 우리 10대조 할아버지 땅이었고, 고조할아버지 땅이었다. 고조할아버지가 땅을 소유했다는 증명서도 남아 있다. 그러니 이 땅은 내 땅이다. 이 주장은 받아들여질 수 있을까? 고조할아버지까지 갈 것도 없다. 이 땅은 우리 아버지 땅이었다고 주장하고, 그에 대한 증거가 있다고 해서 지금 내가 그 땅의 소유권을 주장할 수는 없다. 다른 사람이 3년 전에 그 땅을 취득한 증명서가 있으면 그 땅은 다른 사람의 소유로 판결이 난다.

민법에 소멸시효 제도가 있다. 내 재산이기는 하지만 20년 동안 그 재산권 행사를 전혀 하지 않으면 다른 사람이 그에 대한 소유권을 주장할 수 있다. 이것이 소멸시효이다. 재산 소유자이기는 하지만, 그 권리를 일정 기간 이상 행사하지 않으면 그 권리를 소멸시키고 다른 사람 소유로 인정한다.

우리는 보통 독도가 우리 땅이라고 말을 하면서 세종 때, 숙종 때 이야기를 주로 한다. 독도가 한국 땅이라는 근거를 옛날에 한국 땅이었다는 데서 주로 찾고 있다. 틀린 말은 아니다. 하지만 국제사법재판소에서 이 논리를 들이밀어서는 이길 수 없다.

일본은 어떻게 주장할까? 일본은 세종 때, 숙종 때 독도가 한국 땅이었다는 것을 부인하고 있을까? 아니다. 일본은 과거에 독도가 한국 땅이 아니라고 하지는 않는다. 과거에 한국 땅이었지만, 조선 말에 조선이 먼저 독도를 관리하지 않고 포기했다고 본다. 1905년에는 독도가 주인 없는 섬이었다. 그래서 일본이 독도를 일본 영토로 편입했다고 주장한다.

중요한 것은 옛날에 독도가 한국 땅이었는지 아닌지, 조선 세종, 숙종 때 독도가 한국 땅이었는가 여부가 아니다. 일본이 독도를 편입한 1905년 이전, 그러니까 1890년대와 1900년대 초반에 독도가 한국 땅이었는지 여부가 중요하다. 국제사법재판소에서 이기기 위해서는 1900년대 초반에 독도가 한국 땅이었다는 증거, 이때 조선 정부가 독도를 관리했다는 증거가 필요하다. 이때의 증거를 최대한 많이 모아야 한국은 국제사법재판소에서 이길 수 있다. 먼 과거의 기록만을 강조한다면 국제사법재판소에서 어떤 결론이 날지 확신할 수 없는 것이다.

필자도 분명 독도는 한국 땅이라고 생각한다. 한국 역사를 알고 있는 사람들한테 이것은 당연한 일이다. 그런데 당연한 일을 증명하는 것은 쉽지 않다. 얼마 전 필자는 어머니를 대신해서 은행에 갔다. 은행 업무를 처리하기 위해서였다. 그런데 은행 직원은 금융 정보와 은행 업무를 아무한테나 대신하게 할 수 없다면서 내가 어머니의 아들이라는 것을 증명하라고 했다. 나는 분명히 우리 어머니의 아들이다. 너무나도 당연한 일이다. 그런데 그걸 어떻게 다른 사람에게 증명해야 할까?

형제라면 성과 돌림자가 같으니 이것을 가지고 형제라고 할 수도 있다. 아버지의 경우 최소한 성은 같다. 하지만 어머니와는 성도 다르다. 어머니 주민등록증, 내 주민등록증을 보여주어도 여기에 두 사람이 모자지간이라는 것은 나타나지 않는다. 주민등록등본을 떼더라도 같이 살지 않는 한 어머니 이름이 나오지 않는다. 분명 모자 관계이지만, 가족관계 증명서를 따로 제출하지 않는 한 증명할 길이 없었다.

한국에서는 독도가 한국 땅이라는 것을 주로 과거의 역사를 통해 강조한다. 세종실록지리지에 기록되어 있고, 숙종 때 안용복이 독도가 한국 땅이라는 보장을 받았다는 등에 대해서만 이야기한다. 그러다보니 한국 사람들은 독도의 역사에 대해서는 해박하다. 그러나 국제 기준에서 정말로 중요한 사항이 무엇인지에 대해서는 잘 알지 못한다.

일본 측에서 독도가 과거부터 한국 땅이 아니었다고 주장한다면 할 말이 많을 것이다. 독도의 역사를 죽 읊으면서 독도가 한국 땅인 이유를 설명할 수 있을 것이다. 그런데 일본이 '그렇다. 옛날에는 한국의 주장대로 독도가 한국 땅이었다. 하지만 1900년대에 조선은 독도를 포기했다. 그때 일본이 독도를 합병했으니 독도는 일본땅이다'라고 한다면 어떻게 대응할 수 있을까?

일본의 주장에 제대로 대응하기 위해서는 1900년대 초에 조선이 독도를 관리했다는 증거, 독도를 포기하지 않았다는 증거가 있어야 한다. 그런데 증거를 확보하는 일이 쉽지가 않다. 독도가 한국 땅이라는 것이 너무나 분명하다 보니, 의심받을 상황에 대비해 모아둔 증거라고 할 만한 것이 많지가 않다. 부모와 자식 간에 별도의 증거 서류를 준비하지 않는 것과 마찬가지이다.

그런데 최소한 독도 문제를 놓고 국제사회의 판결을 받기 위해서는 당연한 사실에 대한 증거를 찾아야 한다. 틀린 말은 아니지만 설득력이 없는 증거만 가지고 재판소에 서면 결과는 분명하다. '1900년대에 조선은 독도를 포기한 상태였다'는 일본의 주장에 대해 한국이 머뭇거린다면, 국제사법재판소에서는 독도는 일본 땅이라는 판결을 내리게 될 가능성이 크다. 국제사법재판소에서 중요한 것은 18세기, 19세기에 독도를 누

가 소유했는지가 아니라, 1900년대 독도의 상황이기 때문이다

　한국에서는 독도에 대해 많은 교육을 하고 있지만, 독도 분쟁이 발생했을 때 정말로 어떤 점이 논점이 되는지에 대해서는 말을 하지 않고 있다. 독도의 역사도 물론 중요하지만, 독도 소유권에 대한 설득력 있는 역사를 찾는 일에 초점을 맞추는 것이 중요하다.

4장

한국의 금속활자가 세계사에서
중시되지 않는 이유는?

한국의 문화와 사람들

이순신을 상사로 모셨던
원균의 마음은 어땠을까?

임진왜란 당시, 이순신은 전라좌수사였고, 원균은 경상우수사였다. 이순신은 거북선을 거느리고 일본과의 해전에서 연전연승을 한다. 그래서 결국 당시 일본과의 전쟁에서 승리하는 데 가장 중요한 역할을 한다. 그런데 원균은 계속해서 이순신의 발목을 잡았다. 원균과 이순신의 사이가 좋지 않아서 많은 문제가 발생했고, 나중에 이순신이 감옥에 가게 된 것도 원균의 역할이 있었다. 결국 원균이 감옥에 붙잡혀 간 이순신 대신 3도 수군통제사가 되었고, 원균의 지휘하에 조선의 수군이 전멸당한다.

대부분의 이야기에서는 '이순신은 충신이고 뛰어난 장수였는데, 원균이 이순신을 시기하고 모함했다. 원균이 소인배였기 때문이다'라는 취지로 이야기한다. 이 말대로라면 원균은 역적이고 간신이다. 그런데 원균은 임진왜란이 끝난 후 1등 공신으로 추대된다. 임진왜란에서 1등 공신은 세 명밖에 없다. 이순신, 권율, 그리고 원균이다. 이순신을 모함한 원균이 다른 모든 사람들을 물리치고 1등 공신 자리에 올라 있다.

이 논공행상이 제대로 된 것이 아니라는 비판들은 많이 있다. 하지만 아무리 잘못되었다 하더라도 어떤 근거가 없으면 1등 공신으로 추대되지는 않는다. 조선에서 1등 공신이 된다는 것은 후손 내내 전승되는 영광스러운 일이었다. 또 원균이 문제가 많았다고 하지만, 이순신이 감옥에 끌려간 다음에 새로운 수군통제사가 된 것은 다른 해군 장수들이 아닌 원균이었다. 원균은 정말 간신이었을까? 그렇다면 어느 정도로 문제를 일으킨 것일까?

임진왜란이 일어났을 때 이순신과 원균은 50대 중반이었다. 원균 56세, 이순신 53세로 세 살 차이였다. 원균이 세 살 많기는 하지만 거의 동년배였다. 그리고 이순신은 전라좌수사, 원균은 경상우수사로 똑같이 정2품이었다. 나이도 비슷하고 계급도 같다. 두 사람은 아마도 서로를 잘 알고 잘 지낼 수 있는 사이였을 것이다. 두 사람의 관계는 어땠을까? 임진왜란이 일어난 이후에는 분명 사이가 나빴는데, 임진왜란이 일어나기 전에는 어떤 사이였을까?

이순신은 무과에 합격해서 관료가 된 사람이다. 34세에 과거에 합격했고, 이때부터 관료가 되었다. 보통 무과 합격자는 20대가 많다. 이순신은 다른 사람들보다 10년 정도 더 늦게 관료로서 출발을 했다. 엘리트 무관의 길을 걸었던 원균보다 10년 정도 더 늦다. 이순신은 원균보다 10년 정도 후배였다. 나이는 비슷했지만, 관료 계급상으로는 10년 정도 차이가 나는 까마득한 후배였다.

임진왜란이 발생하기 1년 전, 당시 조선은 혹시 모를 일본의 침략에 대비하기 위해 미약하게나마 조치를 취하기는 한다. 이때 주요한 조치 중 하나가 능력이 있다고 생각되는 무관들을 배치하는 것이었다. 유성룡이 이순신을 강력히 추천했고, 그래서 이순신은 5단계 승진을 한다. 현감이었던 이순신이 한두 달 사이에 몇 단계 승진을 해서 갑자기 전라좌수사로 발령을 받았다. 현재 계급으로 따지면 소령이었던 사람이 몇 달 사이에 계속 승진을 해서 소장이 되었다거나, 대대장 정도였던 사람이 갑자기 사단장을 맡게 된 것이다. 그러면 원래 사단장이었던 사람이 보기에 초고속으로 승진한 사람을 어떻게 생각할까? 같은 사단장이니 서로가 서로를 인정하고 사이좋게 지낼 수 있을까?

이순신은 전라좌수사, 원균은 경상우수사로 같은 계급이었지만, 이 둘 사이의 위계 관계는 분명했다. 원균이 이순신의 10년 선배다. 원균이 소장일 때 이순신은 소령 계급이었다. 원균이 상무이사라면 이순신은 과장이었다. 지금은 같은 계급으로 같이 전쟁을 치루고 있지만, 절대 두 사람은 대등한 관계가 아니었다. 원균이 훨씬 더 상급자였다. 그런데 임진왜란이 발생하고 원균의 부대는 거의 전멸했다. 그래서 이순신이 실질적으로 전쟁을 지휘했다. 같은 계급이기는 하지만, 새까만 후배가 선배를 지휘하고 있는 상태였다. 이런 상황이라면 아무래도 사이좋게 지내기는 힘들 것이다.

1년 후, 이순신은 3도 수군통제사가 된다. 이순신과 원균의 사이가 안 좋고, 조선 해군을 누가 지휘할 것인가가 계속 문제가 되었기 때문에 충청도, 전라도, 경상도 수군 전체를 이순신이 지휘하게 한 것이었다. 당시 충청도 수군 지휘자는 이억기였는데, 이억기와 이순신 사이에는 문제가 발생하지 않았다. 이억기는 당시 30대였다. 왕족이었기 때문에 어린 나이에 소장까지 진급이 되었다. 이순신은 이억기보다 나이도 20살 정도 많고 대선배이다. 그래서 이억기는 이순신의 지휘에 그대로 따랐다. 하지만 원균은 이순신의 말을 잘 따르지 않았다. 10년 후배의 말을 순순히 따를 한국인은 그리 많지 않다.

그래서 조선 정부는 이순신을 3도 수군통제사로 임명해서 조선 수군 전체에 대한 지휘권을 준다. 이순신은 경상우수사보다 상관이 된다. 소장에서 중장으로 승진한 것이었다. 그리고 원균은 그대로 경상우수사, 소장의 자리에 머무르게 두었다.

여러분이 원균이라면 이순신이 어떻게 생각될까? 10년 후배가 그동안은 그래도 같은 계급이었는데 이제는 직속상관이 되었다. 내가 과장일 때 신입사원으로 들어온 사람이 내가 부장일 때 자기 직속상관인 상무가 된 것이다. 내가 대학교 3학년일 때 1학년으로 들어온 후배가 내가 4학년일 때 자기 지도교수가 된 것이다. 이때 그 후배의 직위가 교수라고 해도, 이 후배를 교수로 인정할 수 있을까? 상관이라는 이유로 명령에 그대로 복종할 수 있을까? 그건 불가능하다. 원균의 성격이 이상해서 이순신을 받아들일 수 없었던 것이 아니다. 이런 경우에는 어느 누구도 버티기 힘들다.

부하였던 사람을 직속상관으로 임명하는 것은 이런 문제가 따르기 때문에 조직에서는 절대 이런 식으로 인사 조치를 하지 않는다. 기존 상관을 뛰어넘어 승진을 시키더라도 이 두 사람을 같이 일하게 하지는 않는다. 서로 다른 부서로 분리를 하거나, 다른 지역으로 발령을 내서 이 두 사람이 부딪히게 하지 않는다. 그런데 당시 조선 정부는 이순신을 승진시키면서 원균을 그대로 경상우수사로 남아 있게 했다. 원균이 힘든 나머지 다른 곳으로 보내달라고 몇 번을 청원했지만 받아들이지 않았다. 나중에 문제가 계속 커지자 결국 원균은 충청병사로 이전한다. 이때까지 원균은 10년 후배를 상관으로 모시고 있어야 했다.

여러분이 이순신이라면 원균을 어떻게 대할까? 10년 선배였던 사람이 이제는 자기 부하가 되었다. 그럼 이제 자신의 부하니까 마음대로 명령할 수 있을까? 원균이 말을 잘 안 듣는다고 해서 원칙대로 처벌할 수 있을까? 이순신은 원칙주의자였다. 명령을 위반한 부하들에 대해서는 군법에 따라 엄격히 처벌을 했다. 하지만 그런 이순신도 원균에 대해서는 원칙대로 대할 수가 없었다. 다른 부하가 말을 안 들으면 군법 처리했지만, 원균을 군법 처리할 수는 없는 일이었다. 그래서 이순신도 원균에 대해서는 정식으로 조치하지 못하고 불평의 말을 늘어놓을 수밖에 없었다.

이순신과 원균은 분명히 사이가 나빴다. 하지만 정말 잘못한 것은 당시 조선 정부이다. 한국의 정서에서 후배를 직속상관, 선배를 부하로 일하게 하는 것은 둘 중의 하나이다. 조직 관리에 대해 전혀 모르고 치명적인 실수를 한 것이거나, 아니면 선배를 조직에서 나가게 하려는 조치이다. 그런데 당시 조선 정부는 원균을 그만두게 할 생각은 없었다. 전쟁 기간이라 장수가 부족한 판에, 원균은 나름대로 이름 있는 장군이었던 것이다.

조선 정부는 원균이 후배 아래에서 장수 생활을 하도록 했고, 나중에는 형세가 불리한 전투에 원균을 출전시켰다. 결국 원균은 정부의 명령에 따라 전쟁에 나서고 사망한다. 조선 정부는 자신들이 실수했다는 것을, 그리고 원균을 너무 혹독하게 대했던 것을 알았던 것 같다. 그렇기 때문에 나중에 원균을 1등 공신으로 추서한 것이 아니었을까?

조선은 왜
하멜을 놓아주지 않았을까?

근대 서양인들이 맨 처음 조선을 접한 것은 조선을 다녀온 하멜이 쓴『하멜표류기』를 통해서였다. 『하멜표류기』는 단순히 자신의 경험을 에세이처럼 써내려간 책이 아니다. 하멜은 선원이었고, 선원은 항상 항해일지를 쓴다. 언제 무슨 일이 있었고, 언제 어떻게 했는지 등에 대해 거의 완벽하게 기록한다. 이런 기록을 바탕으로 다른 사람들이 항해할 때 도움이 되고자 한 것이다. 서구의 해양 문명은 이런 식으로 발전되었다. 선원들은 자신의 항해 경험을 기록하고, 그 기록을 다른 선원들과 공유하면서 항해 기술을 발전시켜 나갔다.

하멜이 표류기를 쓴 것은 한국에 있을 때가 아니라, 본국으로 돌아간 후였다. 하지만 해양 기록의 형식으로 연도별, 월별, 날짜별로 겪은 일들을 정리했다. 그래서 기록의 중요성과 가치가 더 높다.

『하멜표류기』로 인해 17세기 조선에 대해 알 수 있게 된 것은 서양뿐만이 아니다. 지금 한국에서 17세기 조선의 사정에 대해 알고자 한다면 어떤 책이 가장 적합할까?『조선왕조실록』은 엄청난 분량을 자랑하지만,

기본적으로 조선의 정부 기록이다. 왕, 정승, 판서들의 이야기는 많지만 일반 사회의 생활상이 많이 나오지는 않는다. 그런 점에서 하멜 표류기는 우리 입장에서도 17세기 조선에 대한 중요한 기록이다.

하멜은 네덜란드 사람이다. 그는 1653년 스파르웨르 호를 타고 타이완에서 나가사키로 항해하는 도중에 태풍을 만난다. 결국 배는 목적지에 도착하지 못하고 제주도에 표류한다. 스파르웨르 호에 타고 있던 선원은 모두 64명이었다. 이 중에서 28명이 태풍과 표류로 인해 사망한다. 그리고 하멜과 나머지 일행 35명은 조선 제주도 관아에 의해 발견되어 살아난다. 이후 하멜은 14년 동안 조선에서 살아간다. 그러다 1666년 9월, 동료 9명과 함께 배를 타고 일본으로 탈출한다. 하멜은 14년 만에 원래 목적지인 일본 나가사키에 도착하고, 1668년에 본국인 네덜란드로 귀환할 수 있었다. 당시 일본에서 서유럽까지 항해하기 위해서는 거의 1년이 걸렸다. 일본에 도착하고 몇 달 쉰 다음에 바로 귀국길에 오른 것이다.

하멜의 행적을 따라가다 보면 이상한 점이 나타난다. 하멜은 조선에 표류했다. 하멜은 범죄자도 아니었고, 조선 사람도 아니었다. 그런데 왜 하멜은 조선에서 일본으로 갈 수 없었던 것일까? 하멜은 14년 동안 조선에서 살았다. 1666년에 일본으로 가긴 했지만, 이 일본행은 조선 정부의 허락하에 간 것이 아니었다. 하멜 일행은 도망을 쳤다. 몰래 배를 구해서 일본으로 탈출한 것이다. 이를 보면 하멜은 계속해서 일본이나 다른 나라로 가기를 바랐다. 그런데 조선은 왜 하멜을 일본에 보내지 않았을까?

하멜과 일행들은 한국에 억류당한 상태였다. 하멜이 무슨 죄를 지었을까? 하멜이 잘못한 것은 없다. 허락 없이 조선에 들어온 것이 죄라면 죄다. 하지만 하멜 일행은 조선에 밀입국하려는 의도가 아니었다. 태풍을 만나 표류한 끝에 조선에 오게 된 것이다. 이런 경우 조난자들을 받아주고 본국으로 되돌려주는 것이 국제관례이다. 현대에 와서는 너무나 당연한 것이고, 17세기 당시에도 이것은 국제적인 관례였다.

배가 물을 얻기 위해서 상륙하고자 하는 경우, 환자가 있을 경우, 난파된 경우에는 상륙하게 해주는 것이 일반적이다. 국제적 질서나 규범을 내세울 것도 없이, 환자가 있을 경우 도와주는 것이 당연한 일이다. 전함, 군선인 경우, 그리고 적대적인 국가의 상선일 경우에는 예외가 있지만, 일반적인 상선에 대해서 이런 긴급 조치는 국제적으로 당연히 이루어지는 일이었다. 현대에는 해상에서 이런 긴급조치가 필요할 때 방치를 하면, 방치 행위 자체가 범죄가 된다. 이럴 때는 도와주어야만 하는 것이다.

물론 17세기 조선에 현대 국제법, 해상법을 들이대는 것은 옳지 않다. 하지만 그렇다 하더라도 왜 당시 조선은 하멜 일행을 조선 내에 억류한 것일까? 하멜 일행을 일본에 보내주려면 배가 필요한데, 그 비용이 부담되어서 일본에 보내지 않은 것일까?

그렇지 않다. 당시 부산 동래 등에는 계속 일본인들이 오가고 있었다. 조선은 하멜 일행을 일본 나가사키에 직접 데려다줄 필요가 없었다. 그냥 부산의 일본인들에게 인계만 해주면 되는 일이었다. 그러면 일본인들이 알아서 하멜 일행을 나가사키에 보내줄 수 있었다. 하지만 조선은 하멜 일행을 일본인들에게 연결시켜주지 않았다.

일본이 싫다면 청나라에 연결시켜줄 수도 있었다. 조선은 청나라가 서양 제국들과 거래를 하고 있다는 것을 알고 있었다. 하지만 조선은 청나라에도 하멜 일행에 대한 이야기를 하지 않는다. 오히려 청나라가 하멜 일행에 대해 알게 될까 봐 청나라 사신들이 오는 시기에 하멜 일행들을 다른 지역으로 이동시키기까지 한다.

처음에 하멜 일행은 제주도에 표류되었지만, 바로 한양으로 올라왔다.

한양의 훈련도감에서 일을 하게 했다. 하지만 한양에 계속 있다 보면 청나라 사신들에게 이들의 이야기가 알려지고 이들을 청나라로 보내야 될 가능성이 있었다. 실제로 하멜 일행은 청나라 사신을 통해서 귀국하려는 시도를 하기도 했다. 하지만 조선 정부는 청나라 사신과 접촉한 하멜 일행 중 일부를 죽인다. 그리고 청나라 사신들에게 뇌물을 써서 없었던 일로 돌린다. 그 다음에 조선 정부는 하멜 일행을 전라도로 보낸다. 전라도에 있으면 청나라 사신을 만날 일이 없다. 즉, 당시 조선 정부는 청나라에 이야기하면 하멜 일행이 돌아갈 수 있다는 것을 알고 있었다. 그럼에도 불구하고 조선은 하멜 일행을 조선에 억류한 것이다.

조선은 하멜 일행이 가지고 있는 지식에 욕심이 나서 억류했던 것일까? 당시 서구 선원들은 세계에 대한 지식, 항해 지식, 무기에 대한 지식을 가지고 있었다. 대항해시대에서 선원들의 지식은 최첨단을 달리고 있었다. 또한 선원들은 해적과의 다툼, 낯선 지역 원주민과의 싸움에 대비해서 항상 무장을 하고 있었다. 전투, 총포에 대한 지식도 상당했다. 이런 지식은 쉽게 얻을 수 있는 것이 아니었다. 조선 정부는 이들에게 이런 정보를 습득하고 이용하기 위해서 억류했을까?

그런 것도 아니었다. 하멜 일행은 14년 동안 조선에 억류된 채로 일을 했지만, 대부분은 잡일을 했다. 처음 얼마간은 훈련도감에서 총포 제작 같은 일에 투여되었지만, 전라도로 보낸 이후에는 풀 뽑기, 나무 하기 등 잡일을 맡았다. 이들의 기술이 필요했던 것은 아니었다.

조선은 특별한 이유도 없이 조선에 표류해온 외국인들을 억류했다. 이는 하멜 일행에게만 행해진 일도 아니었다. 하멜 일행이 제주도에 표류되어 왔을 때, 조선에는 그전에 표류해온 서양인이 있었다. 박연으로 이름을 바꾸어 조선에서 살았던 네덜란드인 벨테브레이다. 하멜은 조선에서 벨테브레와 직접 만나기도 했다.

벨테브레 역시 조선에 억류된 상태였다. 하멜은 자신들을 보내달라고 부탁했지만, 벨테브레는 조선에서 벗어나는 것은 불가능하다고 이야기했다. 벨테브레도 처음 표류되었을 때 조선 정부에 돌려보내달라고 부탁을 했다. 하지만 조선 정부에게서는 '날개가 있어 날아가지 못할 바에는 기대하지 말라'는 대답만 들었다고 했다. 조선은 자신의 나라에 표류한 외국인을 절대 본국으로 돌려보내지 않는다고도 했다. 실제 벨테브레는 이때 조선에서 26년을 지낸 상태였다. 조선에서 26년 동안 살았지만, 조선에서 벗어날 수는 없었다.

조선은 표류해온 외국인들을 자기나라로 보내지 않았다. 소극적으로 도와주지 않은 것이 아니라, 외국인들이 본국과 접촉하고자 하는 시도까지도 강력히 금지했다. 조선에 표류되어온 외국인은 그때부터 죽을 때까지 조선에서 살아야만 했다. 본국에 연락을 취하는 것도 금지했다. 무엇 때문에 이렇게까지 강력하게 외국인들을 억류했어야 했을까? 조선의 외국인 억류는 비인도적이라고밖에 말할 수 없는 일이다.

암살자 홍종우,
국민적 영웅이 되다?

1884년, 한국에서는 김옥균 등을 주모자로 해서 갑신정변이 일어난다. 하지만 3일 만에 원세개가 지휘하는 청나라 군대가 개입한다. 청나라 군대가 총을 쏘며 쳐들어왔고, 주모자들은 이에 대적할 수 없었다. 김옥균은 일본군들이 청나라 군대와 대적해주기를 바랐지만, 당시 한국의 일본군들은 청나라 군대에 비해 수적으로 모자랐다. 또한 일본 정부 역시 청나라와의 전면전을 원하지 않았다. 갑신정변파들은 운용할 수 있는 군대가 없었고, 일본군의 지원도 받지 못하자 청나라 군대를 당해낼 재간이 없었다. 결국 김옥균은 일본으로 도망을 치고, 갑신정변은 삼일천하의 실패로 끝난다.

일본에 망명한 김옥균은 10년 동안 일본에서 지낸다. 조선 정치에 복귀하기를 원했지만 일본에서 더 이상 김옥균을 지원하지 않았다. 그래서 김옥균은 청나라의 지원을 받고자 1894년, 중국 상하이로 이동한다. 이때 김옥균이 상하이로 이동하는 것에 관여하면서 상하이에서 함께 움직인 사람이 바로 홍종우였다.

홍종우는 조선으로부터 김옥균을 죽이라는 명을 받고 움직이는 암살자였다. 하지만 일본에서는 김옥균 암살이 성공하기도 힘들거니와 김옥균을 죽인 후에 일본이 그냥 넘어갈 리가 없었다. 일본 땅에서 망명자 김옥균이 암살되는 것은 자칫 국제 문제가 될 수 있었다. 그래서 홍종우는 김옥균을 데리고 당시 한국 편이라 할 수 있는 중국으로 갔다. 중국 청나라는 조선의 입장을 살필 것이고, 중국 땅에서 벌어진 살인에 대해 크게 문제 삼지 않을 것으로 판단했다. 김옥균은 청나라가 자신을 도와줄 것이라는 홍종우의 말에 끌려, 안전한 일본을 떠나 청나라로 향한다.

결국 홍종우는 상하이에서 김옥균과 단둘이 있는 기회를 만들었다. 일본에 있는 동안 김옥균은 자신이 암살당할 수 있다는 위험을 알고 있었기 때문에 어떤 경우에도 누군가와 단둘이 있는 상황을 피했다. 하지만 상하이에 와서는 조심성이 조금 무뎌졌다. 마침내 홍종우는 김옥균과 단둘이 있는 시간을 만들었고, 그대로 김옥균을 총으로 쏘아 죽인다.

여기까지는 있을 수 있는 이야기이다. 김옥균은 분명히 한국에서 많은 사람들을 죽이고 외국으로 도망간 사람이다. 조선 입장에서는 모반자이고 반역자였다. 본국 입장에서 이런 반역자를 죽이려는 것은 일반적으로 있는 일이다. 또 실제 외국으로 도망간 반역자가 암살되기도 한다. 지금 러시아도 반역자들을 암살하고 있다는 국제사회의 의혹을 많이 받는다. 이스라엘의 정보 기관 모사드도 제2차 세계대전 당시 유태인 학살에 가담한 사람들에게 보복 살인을 하는 것으로 유명하다. 한국에서도 1970년대 중앙정보부장이었던 김형욱이 외국으로 망명을 갔고 프랑스 파리에서 실종되었다. 북한도 한국에 망명한 이한영을 십여 년이 지나서 암살했다.

반역자를 처단하는 것은 적지 않게 벌어지는 일이다. 하지만 그 일은 어디까지나 비밀리에 이루어진다. 설사 정부가 그 일에 개입했다 하더라도 암살에 관여했다는 것을 공개적으로 밝히지는 않는다. 암살자가 누구인지도 절대적으로 비밀이다. 그래서 위의 사례들은 암살자가 누구인지 알려지지 않았다. 정부의 지시에 의해서 암살된 것인지에 대해서도 확실한 증거는 없다. 다만 반역자에 대한 암살이었을 것이라고 강하게 추측할 뿐이다.

설사 암살자가 공개되더라도 절대 칭송의 대상이 되지 못한다. 사람을 몰래 암살하는 일은 어느 시대에도 비도덕적인 일이다. 그래서 암살자들은 언제 어디서나 음지에서만 살았다. 정부도 암살이 비겁한 일이라는 것을 안다. 더구나 외국에서 살인을 한 경우 어떤 정부도 암살자를 겉으로 인정하고 암살자를 위해 움직이지는 않는다. 그것은 너무나도 부도덕한 일인 것이다.

그런데 홍종우에 대한 조선의 반응은 달랐다. 홍종우는 일약 조선의 영웅으로 떠올랐다. 홍종우를 구하기 위한 특사가 청나라에 파견되었고, 어떤 일이 있어도 홍종우를 구해야 한다는 것이 국가의 일대 과제가 되었다. 결국 홍종우는 청나라에서 체포되었지만 조선의 노력으로 청나라 감옥에 가지 않고 조선으로 돌아올 수 있었다. 김옥균의 시체와 함께 홍종우는 조선으로 돌아왔다. 김옥균의 시체에 대한 조선 정부의 조치는 가혹했다. 이미 죽었지만 죽은 몸에 대해 다시 능지처참을 했다. 사지를 모두 자르고, 팔다리 등을 각각 창에 꽂아 효수했다.

당시 죽은 시체의 목을 효수하는 일은 있을 수 있었다. 하지만 사람의 몸을 토막내서 효수하는 것은 사회에서 인정될 수 없는 야만적인 행위였다. 게다가 김옥균 암살은 조선만의 문제가 아닌 국제 문제였다. 망명자가 다른 나라에서 본국이 보낸 암살자에 의해 살해당하는 것은 지금도

김옥균(金玉均, 1851~1894)
갑신정변을 주도했으나 삼일천하로 실패하고, 홍종우에게 암살된 이후에도 편안히 눈을 감지 못했던 조선 말기 비운의 정치인 중 하나다.

국제 문제가 되는 일이다. 세계 각국은 김옥균 암살 처리에 대해 관심이 많았고, 김옥균의 시체에 가혹 행위를 하지 말 것을 조선에 요구했다. 하지만 조선은 김옥균의 시체를 절단하고 사지를 나누어 효수했다. 그러다가 국제 여론이 급속도로 악화되자 5일 만에 효수를 그만둔다. 그렇게 김옥균은 역사에서 사라진다.

그렇다면 한국에 돌아온 홍종우는 어떻게 되었을까? 어쨌든 살인을 했으니 감옥에 갔을까? 살인을 하기는 했지만 국가의 지시에 의한 것이었으니 감옥에는 보내지 않고 일반 암살자들과 같이 조용히 숨어 살게 했을까? 반역자를 죽이는 사명을 끝내서 이제 더 이상 필요 없는 존재가 되었으니 토사구팽을 당했을까?

그렇지 않았다. 홍종우는 조선에 돌아와서도 계속 조선의 영웅으로 남았다. 홍종우는 어떤 처벌도 받지 않았고, 유명 인사가 되었다. 또한 갑신정변 때 김옥균으로부터 죽임을 당한 사람들 — 민태호, 민영목, 한규직, 조영하, 윤태준, 이조연 등 — 의 가족들은 홍종우를 초대했다. 홍종우는 여섯 집에 번갈아가며 초대를 받았고, 각 집을 돌면서 잔치를 벌였다.

홍종우는 고종 임금의 신임도 받았고, 나중에는 황국협회 간부도 맡게 된다. 독립협회에 대항하는 보수 단체 대표인 황국협회에서 홍종우가 활약한다. 홍종우는 이미 살인을 한 사람이고 조선 사람 모두가 그 사실을 알고 있었다. 그런 사람이 당당하게 황국협회 간부를 했다. 이런 사람은 무서울 게 없다. 그래서 황국협회는 독립협회에 폭력을 휘둘렀고, 결국 독립협회가 해산하게 만든다.

전 세계에서 반역자를 암살하는 일은 심심치 않게 이루어지지만, 암살자가 공을 인정받아 사회적으로 승승장구하는 일이 벌어진 적은 없다. 홍종우가 거의 유일한 예외이다. 암살자라는 것이 암살에 성공하든 실패하든, 다음에 자신도 죽을 위험에 노출되는 경우가 많다. 설사 살아남았다 하더라도 누구인지 밝혀지지 않는 게 일반적이다. 설사 이름이 밝혀진다 하더라도 그 배후는 공식적으로 밝혀지지 않는 것이 원칙이다. 또한 암살자는 이후에 표면에 나서지 않고 조용히 살아간다. 그런데 홍종우는 암살에 성공하고 나서부터 바로 조선의 영웅이 된다. 조선에 돌아온 다음에도 숨어 사는 것이 아니라 명사가 되어버린다. 암살자로서 숨어산 것이 아니라 황국협회에서 간부로 활동하고 실질적으로 주도적 역할을 한다. 세상에 암살자가 암살 이후에 이렇게 역사에 족적을 남기는 경우는 조선의 홍종우가 유일하다.

당시 조선은 암살이라는 것이 부끄러운 일이라는 것을 전혀 인지하지 못했다. 더구나 다른 나라에서 암살하는 것이 어떤 문제가 되는지도 제대로 알지 못했다. 단지 국가의 원수인 김옥균을 죽였다는 것 하나만 눈에 보인 것이다. 홍종우는 암살자이다. 하지만 조선은 그런 홍종우를 영웅으로 만들고 국가의 간부 역할을 계속 부여했다. 당시 조선이라는 나라의 도덕성을 의심할 수밖에 없는 일이다.

한국에 막대한 영향력을 행사한
세 명의 외국인은?

한국이 강화도조약으로 외국에 개항을 하고 현대 한국이 완전히 정립되기까지 한국의 정치, 군사는 외국인에 의해 큰 영향을 받는다. 일제강점기에는 일본의 식민지로서 당연히 일본인에 의한 영향을 크게 받았지만, 식민지가 아닌 시기에도 외국인이 끼친 영향은 크다. 단순히 문화적인 영향이 아니라, 한국의 정책 결정에 막대한 영향력을 발휘하는 외국인이 있었다. 바로 청나라의 원세개, 일본의 이토 히로부미, 미국의 하우스만이다. 이들의 존재를 고려하지 않고는 한국의 역사적·정치적 결정 과정을 설명할 수 없다.

그중 히로부미에 대해서는 한국인들이 잘 알고 있지만, 원세개나 제임스 하우스만의 존재에 대해서는 잘 알지 못한다. 그런데 원세개를 제외하고는 1884년부터 1894년까지의 한국 역사가 잘 설명되지 않는다. 하우스만을 고려하지 않으면 해방 이후부터 1960년대까지의 한국 역사가 제대로 설명되지 않는다.

근대 이후 처음 한국에 영향을 미친 외국인은 원세개이다. 원세개는

1882년 임오군란이 일어났을 때, 청나라 군대와 함께 조선에 들어왔다. 원래는 청나라 군대의 일원이었지만, 이후 청나라에서 조선에 보낸 감시자 역할을 한다. 공식적으로는 청나라가 조선에 파견한 자문관이었다. 하지만 당시 청나라는 조선에 대해 종주국으로서의 위치를 확고히 하고자 했다.

조선은 청나라를 상국으로 섬겨오기는 했지만 모든 정책은 청나라의 간섭 없이 스스로 정했다. 하지만 국제화가 되면서 조선이 독립국인지, 청나라에 소속된 국가인지 여부가 중요해진다. 조선에서는 청나라와의 관계가 의례적인 것이고 실질적으로 독립국이라고 주장했다. 반면에 청나라에서는 조선이 어디까지나 청나라의 속국이라고 주장했다. 그전까지 청나라는 조선에 대해 감시자 역할을 하는 사람을 파견한 적이 없다. 하지만 조선이 청나라의 한 부분이라고 주장하기 위해서는 청나라 관리가 조선에 파견되어 조선에 대해 이러쿵저러쿵할 필요가 있었다. 조선의 정책에 직접 관여하는 사람이 있어야 조선이 청나라의 속국이라고 주장할 수 있었던 것이다. 그 역할을 맡은 사람이 바로 원세개이다.

당시 원세개는 굉장히 젊었다. 1859년생이니 조선에 감시자 역할로 파견될 때 나이가 25세였다. 그리고 1894년 청일전쟁으로 원세개가 조선을 떠났을 때 나이가 35세이다. 이 기간 동안 원세개는 한국 정치에 막대한 영향력을 미친다. 원세개는 고종을 직접 만나 담판을 지을 수 있었고, 고관대작들과 함께 정책의 시행에 대해 논의할 수 있었다. 외국에서 온 외교관들에게도 영향력을 미쳤다. 방곡령 사건 등이 발생했을 때, 조선과 일본 사이에서는 협상이 이루어진다. 이런 외교적 사건에서 실질적으로 큰 영향력을 행사한 것은 원세개였다. 일본도 원세개가 협상을 수락해야 협의가 끝난다는 것을 알고 있었다.

원세개(袁世凱, 1859~1916)
감시자 역할로 조선에 파견된 원세개는 팔팔한 혈기로 10년간 조선의 정치와 경제에 막대한 영향력을 행사한다.

청나라에서 원세개를 조선에 파견한 이유는 조선이 발전할 수 있도록 도와준다는 선한 의미가 아니었다. '청나라가 조선에 실질적으로 영향력을 행사하고 있다'는 것을 다른 나라에 확실히 보여주기 위해서였다. 이를 위해서는 조선에 큰소리를 치고 강압적인 태도를 보여야 했다. 그래서 젊고 혈기 왕성한 원세개가 선택되었다. 원세개는 청나라의 요구에 부합하기 위해서 조선에 대해 강압적인 태도를 유지했다. 새파랗게 젊은 나이였지만 청나라를 대표하는 사람이다. 조선에서는 아무도 원세개 앞에서 대놓고 불평하거나 반항할 수 없었다. 원세개는 조선에서 정말 안하무인의 행동을 일삼았다. 게다가 조선의 사소한 정책들에 대해서도 일일이 관여하려고 했다. 그래야 조선에 대한 청나라의 힘을 외국에 적나라하게 보여줄 수 있었기 때문이다.

하우스만은 해방 이후 1946년에 한국으로 처음 들어온다. 이때 나이가 28세였고, 계급은 대위였다. 이후 하우스만은 한국의 실질적 권력자가 된다. 조선경비대를 창설하고, 한국의 군대가 만들어지는 과정에서 결정적인 역할을 한다. 1948년 정부가 수립하면서 하우스만은 군사안전위원회에 참석한다. 군사안전위원회는 대통령, 국방장관, 육군참모총장, 미 고문단장이 참석하는 자리였다. 하우스만은 최고 정책결정자들과 함께 한국의 군사 정책을 논의했다. 하우스만은 국무회의에도 참여했다. 여순

반란사건 진압에도 하우스만이 있었고, 한국전쟁 때 한강 다리를 폭파할 때도 하우스만이 있다.

이승만이 4·19혁명을 계기로 쫓겨날 때도 하우스만이 있었다. 하우스만이 이승만에 대한 지지를 철회하면서 이승만은 버틸 수 없게 되었다. 장면 정부를 지지하지 않아 2공화국이 무너지는 데도 역할을 했다. 또한 박정희가 쿠데타를 한 다음날 찾아간 사람이 바로 하우스만이었다. 하우스만으로부터 인정을 받지 못하면 쿠데타는 성공할 수 없었다. 하우스만은 박정희의 쿠데타를 인정하고, 미국으로 들어가 미국 대통령, 의회 등에 박정희의 쿠데타를 받아들일 것을 설득했다.

물론 이런 하우스만의 역할은 단순히 하우스만이 똑똑하고 훌륭한 사람이어서는 아니다. 당시 한국에게 미국의 영향력은 절대적인 것이었다. 미국의 의향이 한국의 정책 결정 과정에서 가장 중요한 요소 중 하나였다. 그리고 하우스만은 미국의 의사를 대표했다. 실제 미국 정부의 의사가 어떤지는 알 수 없었다. 미국은 한국의 세세한 정책이 어떤지는 관심도 없고 알 필요도 없었다. 단지 하우스만이 미국의 이름을 빌어 한국에 영향력을 행사했을 뿐이다. 어쨌든 한국으로서는 미국을 대표해서 활동하는 하우스만을 무시할 수 없었다. 하우스만은 나이도 30대에 불과했고 계급도 낮았지만, 그래도 미국을 대신하는 사람이었다.

이토 히로부미에 대해서는 특별히 설명하지 않아도 대부분 알고 있다. 청일전쟁이 끝나고 조선은 러시아와 일본의 각축장이 된다. 그리고 1905년 러일전쟁에서 일본이 승리하면서 일본이 조선에 대한 우월권을 확보한다. 이때 이토 히로부미가 조선에 파견되고, 조선의 통감이 된다. 이토 히로부미는 1909년 안중근에 의해 사살될 때까지 실질적으로 조선의 최고 정책 결정자였다.

이토 히로부미는 분명 조선의 원수이다. 그런데 조선에 영향을 미친 원세개, 하우스만에 비하면 차라리 이토 히로부미가 나을 수도 있다.

이토 히로부미는 한국에 파견되기 전에 일본의 최고 정치가이면서 권력자였다. 나이도 많았다. 이토 히로부미가 조선에서 활동할 때는 60대 후반이었다. 이토 히로부미는 최고로 원숙한 경력을 가지고 한국에 파견되었다.

이에 비해서 원세개는 한국에 처음 들어왔을 때 20대였다. 30대 젊은이가 조선 왕 앞에서 큰소리를 쳤다. 계급도 굉장히 낮았다. 실질적으로 원세개는 조선에서 청나라 관리 생활을 시작한 거나 마찬가지였다. 사실 원세개의 나이와 직급으로 조선의 감시자가 되었다는 것 자체가 한국에는 모욕적이다.

하우스만도 마찬가지이다. 하우스만이 한국에 들어왔을 때 나이가 28세였다. 원세개와 마찬가지로 30대의 나이로 한국의 정치와 군사를 좌지우지했다. 그렇지만 하우스만의 공식 지위는 대위였다. 일개 대위가 한국 최고 결정자와 다름없는 권한을 행사했다.

한국 역사책에서 이토 히로부미는 자세히 다루지만 원세개, 하우스만에 대해서는 비중 있게 다루지 않는다. 그나마 원세개에 대해서는 언급하는 경우가 있지만, 하우스만에 대해서는 거의 함구한다. 당시 한국에 대한 영향력 측면에서는 특별한 차이가 없지만, 현재 이들 셋에 대한 역사적 인식에는 차이가 있다.

일본이 결국 한국을 식민지화했기 때문에 일본인인 이토 히로부미만 적으로서 부각되었을 수 있다. 반면 원세개, 하우스만의 역할은 한국에 모욕적이었기 때문에 말하지 않는 측면도 있다. 이토 히로부미는 일본 최고의 정치가이자 권력자였다. 하지만 20대, 30대 젊은이가, 처음 관료

생활을 시작하거나 대위밖에 안 되는 사람이 한국에서 그렇게 영향력을 행사했다는 것은 말하기 힘든 일이다. 이토 히로부미가 한국의 통감이었다는 것만큼이나 한국에 모욕적인 일이다. 원세개와 하우스만에 대한 이야기는 한국으로서는 밝히고 싶지 않은 과거일 것이다.

중국 음식점의 주인이
화교가 아닌 이유는?

본국을 떠나 외국에서 살고 있는 중국인을 화교라고 부른다. 전 세계적으로 6천만 명의 화교가 있다고 한다. 동남아 국가에서는 중국 화교들이 활발한 경제 활동을 하는 것이 일반적이다. 주요 기업들 중에는 화교가 보유하고 있는 기업들도 많아서, 사실상 동남아 국가들의 경제는 화교가 지배한다고 봐도 좋을 정도이다. 미국, 유럽, 남아메리카 등에도 화교들이 있는데, 이들은 주로 중국 음식점을 많이 한다. 동남아에서만큼 큰 경제력을 발휘하지는 않지만, 그래도 많은 수의 화교들이 저마다 잘 살아가고 있다.

그런데 한국에는 화교가 없다. 물론 전혀 없지는 않지만 경제적으로 활발한 활동을 하고 재력이 있는 화교는 거의 없다. 우리가 알고 있는 기업 중에서 화교 기업은 없다. 현재 오리온 회장이 화교이기는 하지만, 오리온이 창립 당시부터 화교가 세운 기업이었던 것은 아니다.

현재 인천, 부산 등지에는 차이나타운이 들어서 있다. 하지만 이곳들은 원래부터 화교가 모여 살았기 때문에 차이나타운이 된 것은 아니다.

원래 한국에는 차이나타운이 없었다. 전 세계에서 차이나타운이 없는 거의 유일한 국가였다. 그러다 1990년대 이후 중국과 수교를 하고 중국 관광객이 증가하자 정부 차원에서 차이나타운을 육성했다. 인천, 부산 등의 특정 지역을 선정해서 차이나타운으로 발전시키고자 했다. 다른 나라의 차이나타운은 중국인들이 모여 살면서 자연스럽게 형성된 곳이다. 하지만 한국의 차이나타운은 정부가 지정해서 키운 곳이다.

현재 서울 등에는 중국인들이 많이 와서 살고 있고, 이들에 의해 자연스럽게 차이나타운이 형성되고 있다. 서울 대림역 근처는 차이나타운이라 불릴 정도로 중국인이 많다. 하지만 이곳은 최근 새로 중국에서 온 사람들이 모인 곳이지, 원래부터 한국에 있던 화교들이 살던 지역은 아니다. 게다가 이 지역에 사는 중국인들의 경제력이 뛰어나지도 않다. 다른 나라에서는 화교들이 차이나타운을 이루고, 경제적으로 부유한 경우가 많은데 왜 한국에서는 화교들의 활동이 없었던 것일까?

원래부터 한국에는 화교가 없었을까? 그럴 리는 없다. 화교는 전 세계 어디에나 있다. 조선 말에 청나라와 조선 간에 이루어진 무역을 주도한 것은 화교들이었다. 일제강점기 때도 조선에는 6만 명의 화교들이 있었고 많은 활동을 했다.

조선의 화교들은 윤택하게 살았다. 일제강점기 때 납세 자료를 보면 화교들은 우리나라 전체 납세액 중에서 5.3퍼센트를 차지하고 있었다. 화교는 당시 우리나라 전체 인구의 0.3퍼센트에 불과했는데, 납세액은 전체의 5.3퍼센트였다. 화교들은 우리나라 평균보다 20배 정도 소득이 더 많았던 것이다. 조선의 화교들은 다른 나라의 화교들처럼 어느 정도 경제력을 갖추고 있는 경우가 많았다.

화교는 어느 나라에 가더라도 중국 음식점을 많이 한다. 한국에서도 그랬다. 일제강점기 때 화교들이 하는 중국 음식점은 전국에 확대되었다. 특별한 음식점이 없었던 시절, 중국 음식점은 유일한 고급 음식점이었다. 결혼, 생일 등 각종 파티가 중국 음식점에서 이루어졌다.

이렇게 한국에 뿌리를 내렸던 화교와 화교들의 중국 음식점이 사라지게 된 것은 1961년부터이다. 당시 한국 정부는 외국인들이 토지를 소유하는 것을 금지했다. 외국인 명의로 토지, 건물 등 부동산을 소유하는 것을 금지한 것이다. 외국인이 집이나 토지를 이미 소유하고 있는 경우, 땅과 건물을 한국인에게 팔아야 했다.

한국에서 재산이 있나 없나의 주요한 기준은 집이 있는지 여부였다. 집이 있으면 중산층이었고, 집이 없으면 중산층이 아니었다. 집 이외에도 땅이 있으면 부자였다. 한국에서 부동산을 보유했는지 아닌지는 예나 지금이나 재산 평가에서 굉장히 중요했다.

무엇보다 한국에서 1960년대부터 현재까지 부자가 되기 위한 주요 방법이 부동산이다. 건물이나 토지를 사서 가지고 있으면 부자가 될 수 있었다. 부동산이 없이 부자가 된 사람은 손에 꼽았다. 그런데 화교들은 한국에서 더 이상 부동산을 소유할 수 없었다. 이미 가지고 있는 부동산도 내놓아야 했다.

화교들은 보통 중국 음식점을 했다. 처음에는 임대를 해서 가게를 하더라도 돈을 벌면 가게를 사서 중국 음식점을 열었다. 중국 음식점을 하고자 할 때 부동산을 가지고 있는 것이 중요하다. 그런데 이제 화교들은 부동산을 소유할 수 없었다. 중국 음식점은 모두 한국인이 소유한 건물에 임차인으로 들어가야 했다. 부동산으로 돈을 벌 수 있는 길은 막혔다.

가지고 있는 부동산을 팔아서 현금화했으면 차라리 다행이었다. 많은 화교들은 자신의 건물을 주변에 있는 한국인들에게 명의 신탁을 했다.

가게를 하려면 부동산이 있어야 했다. 하지만 정부가 화교 명의로 부동산을 등기하지 못하게 했다. 그래서 자기 주변의 친한 친구에게 이름을 대신 등기해달라고 부탁하거나, 중국 음식점의 믿을 만한 한국 종업원에게 부탁했다. 그런데 이들 중 대부분은 배신을 당했다. 화교를 대신해서 등기에 이름이 올라간 한국인이 땅이나 가게가 자신의 소유라고 주장했다. 법적으로 부동산을 소유할 수 없는 화교들은 그 집이 원래 자신의 집이니 돌려달라고 소송을 할 수가 없었다. 많은 화교들이 그런 식으로 한국인에게 재산을 빼앗겼다.

게다가 1973년, 한국 정부는 중국 음식점에서 쌀밥을 파는 것을 금지했다. 명목은 국가에 쌀이 부족하니 쌀을 아껴야 한다는 이유에서였다. 하지만 모든 음식점에서 쌀밥을 파는 것을 금지한 것은 아니었다. 한식 음식점은 그대로 두고 중국 음식점의 쌀밥 판매만 금지했다.

중국 음식점의 대표적인 음식이 짜장면이기는 하지만 쌀도 중요하다. 볶음밥, 짜장밥, 잡탕밥, 유산슬밥, 마파두부밥 등 밥이 없으면 중국 음식점이 제대로 굴러갈 수가 없다. 그런데 한국 정부는 중국 음식점에서 쌀밥 판매를 금지했다. 화교들은 보통 중국 음식점으로 먹고사는데, 쌀밥을 팔지 않고서는 중국 음식점을 제대로 운영할 수 없었다.

1974년에는 결혼식 등에서 음식 접대를 하는 것을 금지했다. 우리나라는 결혼식을 한 다음에 하객에게 음식을 접대한다. 그런데 당시 가정의 례준칙을 만들어서 결혼식에서는 그냥 식만 올리도록 하고 식사하는 것을 금지했다. 지금은 결혼식장에 음식점 등이 부대시설로 갖추어져 있다. 또한 파티용 뷔페 음식점들이 많이 있다. 하지만 1970년대에는 뷔페도 없었고, 다른 특별한 고급 음식점도 없었다. 중국 음식점이 가장 일반적인 파티용 음식점이었다. 그런데 중국 음식점에서 결혼식 음식을 제공하는 것이 금지되었다.

여기서 끝이 아니다. 중국 음식의 가격도 올리지 못하게 했다. 짜장면이 물가지수 산정에 포함이 되는데, 물가 지수가 올라가는 것을 막기 위해 짜장면 가격 인상을 막았다. 짜장면은 중국집의 대표적인 음식이다. 그런데 짜장면의 가격이 동결되었다. 1970년대 물가 상승률은 10퍼센트가 넘었다. 다른 원자재 가격이 계속 폭등하고 있는데 짜장면 가격은 올릴 수가 없었다. 중국 음식점을 운영해서 이익을 내는 일이 거의 불가능해졌다.

결국 화교들은 한국의 가게들을 완전히 처분하고 다른 나라로 떠나갔다. 한국에서는 아무리 돈을 벌어도 땅도 살 수 없고 집도 살 수 없다. 주된 업종인 중국 음식점을 소유할 수도 없다. 중국 음식점을 하더라도 쌀을 사용할 수 없고, 고급 중국 음식을 제공할 수도 없다. 또한 짜장면 가격을 올릴 수도 없다. 이에 화교들은 한국을 떠났고 중국 음식점들은 한국인이 맡게 되었다. 그래서 다른 나라의 중국 음식점은 보통 화교들이 하는데 한국의 중국 음식점은 한국인이 한다. 화교들이 하는 중국 음식점을 찾아보기는 힘들다.

화교들은 일제강점기부터 한국에서 살아왔다. 하지만 한국은 철저하게 한국에 살고 있는 외국인들을 핍박했다. 한국은 일본이 일본에 살고 있는 재일 교포들을 보호하지 않는다고 비난한다. 미국의 영주권 제도가 엄격하다고 비난한다. 그러나 한국은 2002년까지 외국인 영주권 제도가 없었다. 아무리 한국에 오래 살고 직업이 있다 하더라도 영주권이 발급되지 않았다.

화교들은 전 세계 거의 모든 국가에서 자리를 잡고 중국 음식점을 해왔다. 그런데 한국에서만 자리를 잡지 못하고 중국 음식점 운영을 포기했다. 한국이 외국인에게 배타적인 것은 세계적인 수준으로 보아야 한다. 다른 나라의 외국인 정책을 비난할 수 없는 것이 한국의 실정이다.

한국의 금속활자가
세계사에서 중시되지 않는 이유는?

우리나라가 만든 세계 최초의 발명품 중 하나가 바로 금속활자다. 고려 시대 때 이미 금속활자가 발명되어 이용되었다. 1200년경에 만들어져 사용되었다는 기록이 있고, 실제 1377년 금속활자로 만들어진 『직지심체요절』 책도 남아 있다. 최근에는 1239년에 간행되어 전해 내려오는 『남명천화상송증도가』가 금속활자로 만들어진 것이라는 주장도 제기되었다. 어쨌든 당시 금속활자로 만든 책들이 현재까지 전해지는지 여부의 문제지, 13세기 때부터 금속활자가 이용되었다는 것은 분명한 사실이다.

이에 비해 서구에서 금속활자가 만들어진 것은 15세기에 이르러서다. 독일의 구텐베르크가 금속활자를 만들어서 책을 인쇄한 것이 1440년경으로, 한국보다 200년 정도 뒤졌다. 지금까지 남아 있는 직지심체요절 금속활자본과 비교해도 70년 정도 늦다. 한국은 분명 세계사적으로도 인정받는, 금속활자를 발명한 세계 최초의 국가다.

그런데 왜 세계사에서 문화사를 다룰 때에는 한국의 금속활자에 대해 이야기하지 않을까? 서구 역사에서 구텐베르크의 금속활자는 굉장히 중요하게 다루어진다. 사람들은 근대화를 통해 세상을 뒤바꾼 주요 원인으로 신대륙의 발견, 종교개혁, 르네상스, 인쇄술의 발명 등을 거론한다. 구텐베르크 금속활자는 세상을 바꾼 주요 원인 중 하나로 손꼽힐 만큼 중요하지만, 한국의 금속활자에 대해서는 아무런 이야기가 없다. 단지 한국에서 최초로 금속활자가 만들어졌을 뿐, 우리나라 외의 다른 나라 역사가들은 그것에 대해 별로 신경을 쓰지 않는다. 우리나라보다 100년이나 늦은 구텐베르크의 금속활자에 대해서만 이야기할 뿐이다. 분명 세계 최초의 발명이고, 최소 100년이나 앞선 획기적 발명임에도 불구하고, 왜 한국의 금속활자는 구텐베르크의 금속활자만큼 중요하게 다루어지지 않는 걸까?

오늘날 많은 사람들은 SNS에 열광하고 있다. 페이스북, 인스타그램, 트위터 등의 SNS는 세상을 바꾸고 있는 신기술로 인정받는다. 이들은 인터넷망을 통해 사람들과 사람들을 연결해주는 기능을 한다. 또한 SNS는 개인들이 단순히 정보의 수요자가 아니라 공급자이기도 하다는 점과 정보 커뮤니케이션의 핵심 주체라는 점을 보여준다. SNS는 인터넷을 기반으로 개인과 사회가 어떻게 변화해나갈지를 보여주는 상징적인 서비스다. 때문에 앞으로의 세상을 바꿀 주요한 발명품을 논의할 때 SNS가 빠지지 않고 거론되는 것이다.

그런데 인터넷 이용자들끼리 소통할 수 있는 SNS 프로그램은 사실 트위터나 페이스북이 처음이 아니다. 우리나라의 싸이월드가 더 빠르다. 하지만 세계적으로 'SNS 혁명'을 이야기할 때 누구도 싸이월드를 이야기하지 않는다. 오직 한국에서만 싸이월드가 가장 빨랐다고, SNS의 진정한 시초라는 말을 많이 한다. 하지만 다른 나라 사람들은 싸이월드가 아닌 페이스북과 트위터만을 이야기한다.

이유는 다음과 같다. 싸이월드는 분명 세계적으로도 첫 SNS 서비스이기는 하지만, 그 영향 범위가 국내로 한정되었기 때문이다. 정부의 인터넷 실명제 시행 등의 여러 문제로 외국인들은 싸이월드를 쉽게 이용할수 없었다. 국내에서도 지속적으로 사용되지 못하고, 한동안 유행을 타다가 결국 사라져버렸다. 오늘날 싸이월드를 하는 사람들은 거의 없다. 싸이월드는 세계에 영향을 미치지도 못했다. 사람들이 크게 변화를 느낀것은 트위터나 페이스북 때문이다.

금속활자도 이와 마찬가지이다. 한국에서 금속활자가 만들어져서 어떤 변화가 있었을까? 조선 시대에도 많은 활자가 만들어졌다. 그런데 조선에서 이렇게 많은 활자가 만들어져서 어디에 사용되었을까?

활자라는 것은 책을 간편하게 만들기 위해 사용하는 것이다. 활자가 없으면 책 한 자 한 자를 손으로 옮겨 써야 한다. 한 권을 필사하는 데 너무 오랜 시간이 걸린다. 그러나 활자만 있으면 책을 일일이 베끼지 않고만들 수 있다. 처음에 만들어진 활자는 나무활자였다. 그런데 나무활자는 몇 번 사용하고 나면 뒤틀리고 쪼개진다. 책을 계속 찍어내는 데 한계가 있는 것이다. 금속활자는 그래서 만들어졌다. 금속활자는 책을 아무리많이 찍어내도 변형이 되지 않았고, 따라서 이전보다 훨씬 더 많은 책을빠르게 찍어낼 수 있다. 15세기 구텐베르크의 금속활자가 중요한 이유는바로 여기에 있는데, 이때부터 서구에서는 출판·유통되는 책이 많아지고사람들에게도 널리 보급되기 시작한다. 이전까지 소수 성직자나 전문가만 가지고 있던 책에 담긴 정보가 널리 많은 사람들에게 전달될 수 있었다. 그래서 금속활자 발명은 사회 혁명이라 부를 수 있는 것이다.

그러나 우리나라에서는 금속활자의 발명이 책의 대중화로 이어지지못했다. 조선 시대에도 많은 금속활자가 만들어졌지만, 책은 많이 만들어지지 못했다. 정보의 대중화로 이어지지 못한 것이다. 이러한 현상에는 원인이 몇 가지 있다.

첫째, 우리나라의 금속활자는 정부가 만들었다. 정부가 직접 금속활자를 만들고, 책을 찍어낸 것이다. 그런데 정부에서는 어떤 책을 찍으려 할까? 아무래도 일반인이 원하는 책이 아니라 자신들의 정당성을 높여주는, 예컨대 왕실을 칭찬하는 내용의 책일 것이다. 고려 시대 때는 활자를 만들어 불경을 주로 찍었다. 조선 시대 때는 『용비어천가』, 『월인천강지곡』 등 조선 왕들의 우수성을 보여주는 책을 찍었다. 이런 책은 정부가 원하는 책이기는 하지만 일반인들이 좋아할 책은 아니다. 지금도 불경을 책으로 읽는 사람은 거의 없고, 용비어천가처럼 다른 사람을 칭찬하기만 하는 책은 팔리지 않는다. 일반인들이 이런 책을 사서 읽을 리 없다.

서구에서는 금속활자의 발명을 통해 다양한 책이 만들어졌다. 구텐베르크가 처음 만든 책은 성서다. 구텐베르크가 성서를 처음 만든 이유는 그 내용에 감복해서가 아니다. 그때까지 나온 책 중에서 성서가 가장 잘 팔리기 때문이다. 처음에는 성서를 찍었고, 그 이후에는 일반 사람들이 좋아하는 책을 찍었다. 그때나 지금이나 잘 팔리는 책은 비슷하다. 사람들에게 재미를 줄 수 있는 책들이 주로 만들어졌는데, 소설, 에로물 등이 그것이다. 서구에서 금속활자가 만들어진 이후 유행한 책들은 대개 그런 류의 책들이다. 사상적으로 뛰어나고, 전문적인 양서들은 주가 아니었고, 전체 출판 규모로 볼 때 간간히 출간되는 정도였다.

하지만 고려나 조선 왕조에서는 정부가 활자를 만들고 책을 찍었다. 때문에 소설이나 에로물 같은 걸 찍을 수는 없었다. 용비어천가나 경전 같은 책만 찍으니, 몇천 몇만 부씩 찍어 많은 사람에게 팔기보다는 정부의 필요에 따라 몇백 부만 찍으면 됐다. 사실 이 정도 규모의 책을 찍는

데에는 금속활자도 필요 없다. 그냥 나무활자로 충분하다. 그래서 이미 고려 때 금속활자가 만들어졌음에도, 이후에 다시 나무활자가 나타난다. 비싼 돈을 들여서 금속활자를 만들 필요가 없었던 것이다.

그런데 정부가 발간하는 책에 금속활자가 필요 없다면, 민간에서 직접 금속활자를 만들어 사용하면 되지 않았을까? 하지만 조선에서는 정부 차원에서 소설을 금지했다. 『삼국지』, 『수호지』 같은 오늘날에도 대표적인 소설들이 모두 금서였다. 백성들은 바른 생각과 공경스런 마음만을 가져야 하고, 이를 위해 소설 같은 황당무계한 것들을 읽으면 안 됐다. 서구에서도 출판 문화의 발전에는 다량 출간된 소설이나 에로물의 영향을 말하지 않을 수 없다. 이런 책들이 금지됨으로써 책에 대한 수요가 줄었고, 더 이상 출판 문화가 발전할 수 없었던 것이다. 대량 출판할 수 있는 책이 제한되자, 결국 금속활자는 별로 필요하지 않게 됐다. 그렇게 우리나라에서의 금속활자 발명은 일시적인 에피소드로 끝났다.

우리나라에서는 우리 조상들이 세계에서 처음으로 금속활자를 발명했다는 것만 강조한다. 하지만 우리가 이 금속활자 이야기에서 진정으로 배워야 하는 것은, 최초 발명의 우수성이 아니다. 왜 금속활자를 처음 발명했음에도 지속적으로 사용하지 않았는지를 살펴보는 게 중요하다. 금속활자나 싸이월드 같은 운명을 계속 걷게 된다면, 설령 우리나라에서 아무리 훌륭한 발명이 이루어진다 해도 소용없는 일일 것이다.

중국과 일본을 떠돌다 돌아온
세한도의 운명은?

조선 시대의 가장 대표적인 서화 중 하나로 〈세한도^{歲寒圖}〉가 있다. 세한도는 추사 김정희가 1844년 제주도 유배지에서 그린 그림으로, 자신이 머무르던 유배지의 집과 나무를 수묵으로 간단히 그린 것이다. 추사의 대표작이기도 하며, 국보 180호로 지정되어 있다.

원래 세한도는 김정희가 자신이 아끼던 역관 이상적에게 그려준 것이다. 이상적은 세한도를 청나라까지 가지고 가서 추사의 친구들과 명사들에게 보여주고 감상평을 받았다. 그런데 이후 세한도는 이상적의 손을 떠나 130년 동안 이곳저곳에 떠돌다가, 1930년대 중엽 일본인 후지스카 치카시의 손에 들어간다. 그는 세한도를 중국 북경의 고미술점에서 발견하고, 구입해 평생 애지중지했다.

후지스카 치카시는 대표적인 추사 전문가였다. 비록 일본인이지만 추사 연구에 있어 일인자로 꼽히는 연구자였다. 추사 김정희의 작품에 반해서 평생 동안 김정희 연구를 했던 것이다. 세한도를 만난 것은 그의 운명을 바꾼 일이었다.

1940년대, 후지스카 치카시는 도쿄에 살고 있었다. 당시 나이는 60이 넘었고, 병석에 누워 있었다. 이때 한국인 손재형이 그를 찾아가, 세한도를 자기에게 팔라고 했다. 사실 손재형은 후지스카 치카시에게 세한도를 팔라며 대놓고 말하지는 않았다. 다만 매일 그의 집에 찾아가 문안 인사를 했다. 날마다 손재형이 문안 인사를 오니 그도 손재형이 왜 자기를 찾아오는지 알았다. 그러나 자신이 죽기 전까지는 절대 세한도를 내놓을 수 없다고 선언했다.

이러한 선언에도 불구하고 손재형은 계속 그를 찾아간다. 무언으로 사정한 것이다. 명작의 가치를 아는 애호가들 사이의 거래는 일반적인 상품과 달리 단지 가격만으로 이루어지지 않는다. 아무리 높은 가격을 준다고 해도 그 작품을 정말로 아끼지 않는 사람에게는 작품을 넘기지 않는다. 높은 가격을 쳐준다고 하지만 그 작품을 진심으로 아끼지는 않는 사람과, 가격은 그보다 낮게 부르더라도 그 작품을 진심으로 아끼는 사람이 있다면 두말할 것 없이 후자에게 건넨다. 명품을 소유하기 위한 조건은 돈보다는 그 작품에 대한 정성이다.

손재형은 계속 후지스카 치카시를 찾아갔고, 결국 그의 진심이 통했다. 절대 세한도를 넘기지 않겠다던 후지스카 치카시는 손재형에게 세한도를 넘겼다. 가격은 중요하지 않았다. 고미술품 시장에 내놓았다면 훨씬 더 높은 가격에 팔 수 있었지만, 그는 세한도를 더욱 아껴줄 손재형에게 넘기기로 결정했다.

후지스카 치카시는 이때 이미 나이가 많았고, 병석에 누워 있었다. 언제 죽을지 모른다. 자기가 죽으면 이 세한도는 자기 자식한테 상속이 된다. 그런데 자식이 세한도를 제대로 관리하고 아낄 수 있을까? 자식이 세한도의 가치를 알고 정말로 좋아했다면 그는 세한도를 손재형에게 넘기

추사 김정희(1786~1856)가 제자 이상적에게 그려준 〈세한도(歲寒圖)〉
참으로 오랜 세월을 방랑한 이력이 있는 그림이다.

지 않고 자식한테 물려주었을 것이다. 하지만 자기 자식은 세한도의 가치를 모른다. 자신에게 세한도를 물려받으면 바로 고미술품상에다 팔지도 모른다. 자기가 죽은 후에 세한도가 어떤 유전을 겪을지 불확실하다면, 차라리 이 작품의 가치를 알고 가장 아끼는 사람에게 주는 것이 낫다. 따라서 그는 이 세한도를 가장 아끼고, 앞으로도 잘 관리하고 보관할 것 같은 사람에게 세한도를 넘겼다. 손재형은 지금 이 세상에 살고 있는 사람들 중 자신이 가장 세한도의 가치를 잘 알고 있다는 것을 후지스카 치카시에게 어필했던 것이다.

아마 이때 손재형이 세한도를 받아 오지 않았다면 세한도는 영영 역사에서 사라졌을지 모른다. 손재형이 세한도를 받은 지 불과 몇 개월 후, 후지스카 치카시의 서재가 다 타버렸기 때문이다. 1945년 3월 10일에 미군의 도쿄 폭격이 있었고, 이 폭격으로 후지스카의 책과 그림들이 모두 불에 타버린다. 1944년에 손재형이 세한도를 받아온 것은 정말 천우신조였다. 후지스카 치카시는 이후 계속 병을 앓다가 1948년 세상을 뜬다.

손재형이 일본인으로부터 세한도를 받아온 이야기는 아름다운 이야기다. 명작을 진심으로 아끼는 마음을 보여줌으로써 일본인 후지스카 치카시를 감동시켜 세한도를 받아온 것이다. 그런데 지금 세한도의 소유권은 손재형의 후손에게 있지 않다. 우리나라로 돌아온 세한도는 그 후 어떤 일을 겪게 되었을까?

손재형은 1944년 세한도를 가지고 한국에 돌아온다. 그 후 그는 한국에서 국회의원 선거에 출마한다. 국회의원 선거 운동을 하려면 돈이 있어야 한다. 손재형은 선거 자금이 부족했고, 결국 세한도를 담보로 돈을 빌렸다. 당시 3천만 원이라는 돈, 지금 가치로 따지면 몇십억 원에 해당하는 돈을 세한도를 담보로 맡기고 빌렸다.

손재형은 결국 국회의원이 되었다. 하지만 세한도를 도로 찾지는 못했다. 세한도는 손재형의 손에서 개성의 부자 손세기의 손으로 넘어갔다. 그 후 세한도는 손세기의 후손들에게 물려져 내려오고 있다.

손재형은 세한도를 자기 목숨보다 더 아끼겠다는 다짐을 하고 일본인 후지스카 치카시로부터 물려받았다. 하지만 그는 국회의원 선거를 위해서 세한도를 넘겼다. 그에게 정말로 중요했던 것은 무엇이었을까? 세한도라는 작품일까, 아니면 국회의원이라는 권력과 명예였을까? 만약 후지스카 치카시가 손재형이 국회의원 선거를 위해서 세한도를 포기하리라는 것을 알았다면 어떻게 했을까? 과연 손재형에게 세한도를 넘겼을까?

우리나라는 자칭 문화 대국이라고 한다. 문화를 그 무엇보다 아끼고 중시한다고 말한다. 그런데 막상 실제 행태를 보면 문화를 정말로 중요시하는 것인지 헷갈릴 때가 많다. 한국인들은 문화를 중시할까 아니면 권력을 중시할까? 손재형의 예를 보면 한국인에게 정말로 중요한 것은 권력이고 명예다. 문화는 그 부차적인 것일 뿐이다. 문화를 사랑한다고 하지만 권력과 명예에 영향을 주지 않을 정도로만 문화를 사랑한다. 권력과 명예를 포기하면서까지 문화를 아끼는 것은 아니다.

사실 그보다 앞서 김정희의 세한도가 한국이 아닌 중국에서 발견되었다는 것도 어이없는 일이다. 후지스카 치카시는 한국이 아닌 중국 북경에서 세한도를 발견했다. 세한도는 당초 김정희가 이상적에게 준 것인데, 어쩌다가 중국 땅으로 흘러간 걸까? 세한도를 소유한 조선 사람이 그림을 중국인에게 판 것이다. 후지스카 치카시가 세한도의 가치를 발견하기 전까지 한국 사람들은 이 그림의 가치를 제대로 알지 못했다.

사실 한국인들은 근대에 들어와 서양인과 일본인들이 한국 문화재의 가치를 인정하기 전까지 그 가치들을 제대로 인식하지 못했다. 외국에서 먼저 한국 문화재들의 가치를 높게 평가하고 끌어 모으기 시작하자, 그제야 우리 문화재의 가치를 알게 되었던 것이다.

하지만 그렇게 우리 문화재의 가치를 알았다고 해도 진심으로 그 문화적 가치를 인정한 것은 아니다. 흔히 영국 사람들은 식민지 인도와 셰익스피어의 작품을 바꾸지 않을 정도로 문학과 예술 작품에 대한 가치를 높이 산다고 한다. 하지만 한국인 손재형은 어렵게 구한 세한도를 국회의원 지위와 바꿨다. 세한도를 찾아온 손재형은 근대 한국의 대표적인 서예가였고 예술인이기도 했다. 그런 대표적인 문화인조차 세한도보다 국회의원 배지를 선택했다. 한국에서 문화는 권력, 지위보다 아래에 위치해 있는 것 같다.

도둑맞은 문화재보다
내다 판 문화재가 더 많다?

우리나라에는 문화재가 얼마나 많이 있을까? 2014년 기준, 공식적으로 국내에 있는 국가 지정 문화재는 3,529건이며, 시도 지정 문화재는 7,948 건이다. 국가 지정문화재와 시도 지정문화재 합계는 11,477건이다. 이외에 등록 문화재가 있다. 등록 문화재는 598건으로 지정문화재와 합치면 총 12,075건이다.

또한 지정되거나 등록되지 않은 문화재들도 있다. 보통 문화재를 등록하고 지정하는 이유는 그 문화재가 개인 소유 등으로 되어 있어서 국가가 제대로 관리할 수 없는 경우다. 개인이 자기 소유의 문화재를 훼손하거나 함부로 처분할 수 있기 때문에, 그것을 막기 위해서 문화재로 등록·지정한다. 등록이나 지정을 하면 개인 소유이기는 하지만, 훼손되거나 분실되지 않도록 국가가 어느 정도 관리를 할 수 있다.

그래서 이미 국가가 소유하고 있는 경우에는 특별히 문화재로 등록하거나 지정할 필요가 없다. 국립박물관 유물 중에는 국보급 문화재이지만 실제 문화재 등록을 하지 않는 경우도 많다. 따로 등록을 하지 않더라도 국가가 잘 관리하고 있기 때문이다. 따라서 등록되거나 지정된 문화재는 1만 2천 건 정도이지만, 실제 문화재는 이것보다 많다. 등록·지정되지 않은 것까지 포함하면 국내 문화재는 2만 건은 넘을 것이다.

그렇다면 나라 밖은 어떨까? 국내에 있는 문화재는 2만 건 정도인데, 일본, 중국, 러시아 등 다른 나라에 있는 우리 문화재는 몇 개나 될까? 문화부 조사에 의하면 외국에 있는 한국 문화재는 15만 점이다. 우리 문화재는 국내보다는 국외에 훨씬 더 많다.

어떻게 우리 문화재가 국내보다 외국에 더 많이 있게 되었을까? 역사적으로 우리나라는 외적의 침입을 많이 받았다. 그러면 외적들이 이 땅에 쳐들어왔을 때 모두 훔쳐간 것일까? 병인양요 때 프랑스 군대가 우리 문화재를 훔쳐가고, 일제강점기 때 일본이 한국 문화재를 훔쳐가서 많은 우리 문화재들이 외국에 있게 된 걸까? 물론 외국에서 훔쳐간 문화재들도 많다. 하지만 15만 점이나 되는 외국 소재 문화재들 중 막상 외국이 직접 훔쳐간 것은 그렇게 많지 않다. 외국에 있는 대부분의 문화재들은 한국 사람이 외국에 싼 가격으로 갖다 판 것이다.

예전에 TV에서 방영한 문화재 관련 드라마가 있다. 일제강점기 때 한국인 청년이 일본 골동품상 직원으로 들어갔다. 이 청년이 일본 골동품상이 말한 도자기를 찾아서 일본 골동품상에게 알려주면, 일본 골동품상은 주인을 찾아가서 그 도자기들을 구입했다. 자신이 가지고 있는 도자기를 팔라는 말을 들은 한국인들은 거의 대부분 그 도자기를 일본인에게 팔았다. 자신은 그 도자기를 10만 원짜리로 알고 있는데 일본인은 그 도자기를 50만 원에 사겠다고 한다. 한국인은 이게 웬 떡이냐 라는 생각으로 좋아서 그 도자기를 일본인에게 팔았다.

그런데 사실 그 도자기들은 국보, 보물급 가치가 있는 것들이었다. 가격을 붙이면 몇 억에서 수십억 원에 이르는 도자기들이었다. 하지만 도자기를 가지고 있던 주인은 값어치를 몰랐다. 골동품상에서 일하는 청년도 값어치를 몰랐다. 오직 일본 골동품상만 그 가치를 알고 있었다. 일본 골동품상은 한국에서 구입한 도자기들을 일본으로 보내 비싼 가격으로 팔고 있었다.

시간이 지나서 이 한국 청년도 드디어 그 도자기의 가치를 알게 되었다. 정말 중요한 도자기를 발견했고, 이 청년은 그 도자기를 일본 골동품상의 손에서 지키기로 결심한다. 그 도자기가 경매에 나왔고, 이 청년은 자기 가족의 전 재산을 털어 그것을 구입한다. 일본 골동품상은 그 도자기를 원했지만, 결국 한국인 청년의 차지가 되었다. 이 청년은 한국의 도자기를 일본으로부터 지킨 것이다. 이 드라마의 마지막은 일본 골동품상이 이 한국인 청년에게 다음과 같은 말을 하면서 끝난다.

"한국인에게 이 도자기들의 가치를 알려준 사람은 바로 일본인이다."

우리나라 사람들은 도자기, 그림, 서예 등 예술품이 가진 가치를 잘 몰랐다. 그래서 외국인이 팔라고 하면 헐값에 다 팔아버렸다. 그 가치를 알았다면 팔지 않았거나 제값을 받고 팔았을 것이다.

김정희는 추사체로 유명하다. 그런데 정작 국내에는 김정희의 추사체 글자가 얼마나 남아 있을까? 추사는 벼루 수십 개를 갈 정도로 평생 동안 계속해서 글씨를 썼다. 그렇게 글씨를 써서 대부분 주변사람들에게 선물로 주었다. 그러나 그렇게 많이 썼는데도 지금 국내에서는 글씨를 직접 보기가 힘들다. 그의 글씨를 거의 청나라 사람들에게 다 팔았기 때문이다. 당시 청나라 사람들이 조선에 오면 추사체 글씨를 찾았다. 우리나라 사람들은 김정희의 추사체 글씨의 가치를 잘 알지 못했다. 김정희가 그린 세한도도 이상적에게 선물로 준 것인데, 정작 세한도가 발견된 것은 중국 북경이었다. 누군가 청나라 사람에게 세한도를 판 것이다.

한국 문화재를 가장 적극적으로 사 모은 것은 일본이었다. 일본인들은 한국인이 구해온 한국 골동품들을 돈을 주고 샀다. 일본인들이 돈을 많이 주었기 때문에, 많은 한국인들이 전국 각지를 돌아다니면서 골동품들을 모았다. 도굴을 하기도 했다. 일본인들은 한국 어디에 어떤 문화재가 있는지 알 수 없다. 대부분 도자기는 한국 양반 댁에 있다. 어디에 있는 어떤 양반집에 도자기가 있는지 일본인들은 알 수가 없다. 모두 한국인들이 알음알음으로 도자기가 어디에 있는지 알아내서 양반집으로부터 구입한 것들이다. 그리고 더 비싼 가격을 쳐주는 일본인들에게 팔았다.

이렇게 한국 문화재들이 싼 가격에 외국에 팔려나가는 것을 막으려고 한 사람들도 있다. 대표적인 사람이 삼성그룹의 창업자 호암 이병철이다. 삼성 이병철은 일본으로 빠져나가는 한국 문화재를 지키기 위해서 도굴꾼들이 가져오는 물건들을 모두 샀다. 도굴꾼들이 아무리 비싼 가격을 불러도 달라는 가격대로 다 주었다. 원래 시세보다 비싸기는 하지만, 자신이 그 돈을 지불하지 않으면 도굴꾼들은 그 도자기나 서예 작품을 일본인에게 팔 것이라는 것을 알았기 때문이다. 그리고 그렇게 모은 작품들로 호암 미술관을 만들었다. 호암 미술관에는 국보가 무려 12개나 된다. 이병철이 사 모으지 않았으면 다른 나라로 팔려나갔을 작품들이다. 간송 전형필도 한국 문화재를 지키기 위해서 전 재산을 들여 문화재들을 사 모았다. 전형필이 만든 간송 미술관에도 국보가 무려 12개다.

일본인들이 한국의 도자기, 서예 등 예술 작품을 적극적으로 모으는 모습을 보기 전까지, 한국인들은 작품이 지닌 가치를 알지 못했다. 어떤 이들은 심지어 해인사에 있는 팔만대장경까지 일본에 넘기려 했었다.

조선 시대, 일본이 팔만대장경을 달라고 요구했다. 조선은 유교 국가이고 불교를 배척했다. 팔만대장경은 불교를 대표하는 물건이라 유교 국가인 조선에는 필요가 없으니 일본에 넘겨달라는 것이었다. 조선은 그 요구를 거절한다. 하지만 거절 사유는 팔만대장경의 가치를 인정해서가 아니었다. 조선은 팔만대장경의 가치를 인정하지 않았다. 사실 팔만대장경만 주는 걸로 끝난다면, 일본에 넘겨주어도 상관없다고 생각했다. 다만 일본의 요구를 들어주면 그 다음에도 계속 무언가를 달라고 졸라대는 것이 걱정됐던 것이다.

우리나라 사람들은 우리의 문화재들을 외국에 많이 팔았다. 하지만 그 문화재들의 진정한 가치를 알게 된 지금, 과거에 그 가치를 잘 알지 못해 헐값으로 팔아버린 사실은 창피해서 말하기 부끄러운 것이다. 그래서 외국이 한국 문화재를 '약탈'했다는 점을 강조한다. 하지만 그렇게 해외에 있는 우리 문화재 대부분은 대개 우리나라 사람들이 갖다 판 것이다. 정말 약탈당한 문화재도 많기는 하지만, 그렇게 매각된 문화재에 비하면 큰 비중이 아니다.

한자 공부가 중국어 공부에
얼마나 도움이 될까?

중국이 국제사회에서 영향력을 확대해가는 요즘, 한문을 배워야 한다고 주장하는 사람들이 꽤 많이 있다. 그동안 우리나라는 한글 전용을 해왔고, 공교육에서도 한문을 필수적으로 가르치지는 않았다. 몇 년 사이 아이들과 부모 사이에서 크게 유행한 『마법 천자문』의 영향으로 어릴 적 조금씩 배우기는 했지만 말이다.

하지만 최근 중국이 크게 성장하고 있고, 향후 미래는 중국의 시대가 될 것으로 예상되고 있다. 그런 중국이 한문을 사용하고 있으므로, 우리나라도 한문을 필수적으로 가르치면 앞으로의 시대를 살아가는 데 도움이 될 것 같기도 하다. 그런데 정말 그럴까? 지금 한국에서 한자 공부를 더 많이 하면, 중국어를 배우고 중국을 이해하는 데 도움이 될까?

우리말에 한자 단어가 많은 것은 사실이다. 세종대왕이 한글을 만들기 전에는 우리 문자가 없었고 한자를 빌려 썼다. 따라서 문자를 빌려 쓰다 보니, 자연스레 한자가 우리나라 말에 많이 들어왔다.

천자문은 '천지현황天地玄黃'으로 시작된다. 하늘 천, 땅 지, 검을 현, 누를

황이다. 우리말 '하늘'은 한문에서 천天으로 발음된다. 그리고 '땅'은 지地다. 따라서 우리나라에서는 하늘, 땅이란 말만큼, 천, 지와 같은 단어도 많이 사용된다. 이런 식으로 한문은 한국어에 많이 들어와 있다. 우리말 단어 중에서 한문으로 만들어진 단어가 70퍼센트를 차지한다는 통계가 있을 정도다.

사실 이런 것이 나쁘다고는 보기 어렵다. 지금 우리는 스마트폰, TV, 라디오 등과 같은 말을 많이 쓴다. 이 말들은 원래 한국어가 아니라 영어다. 영어가 한국에서 그대로 사용되면서 한국말처럼 된 것이다. 한자도 마찬가지다. 한문이 널리 쓰이면서 한자로 이루어진 단어가 그대로 우리말처럼 사용된 것이다.

한자가 우리말처럼 사용되면서 원래의 우리말 단어가 없어진 경우도 있다. 보통 한문에는 원래 우리말이 붙어 있는 경우가 많다. 뫼 산山처럼 원래 한국어인 '뫼'와 중국어 '산'이 같이 남아 있는 것이다. 그러나 강江 같은 경우는 원래 우리말을 잃어버렸다. 이런 식으로 한자 발음은 남아 있는데 우리말은 없는 단어들도 많다.

그런데 우리나라에서 아무리 한자를 많이 알고 배워도, 막상 중국어를 배우려면 이해하기 힘들다. '天'은 우리나라에서는 '천'이라 읽지만, 현대 중국어에서는 'tiān'으로 발음된다. '圓'은 우리나라에서 '원'으로 발음되지만, 현대 중국어에서는 'yuán'으로 발음된다. 조금 비슷하긴 하지만, 다른 발음이다. 한국에서 아무리 한문을 잘 배우고 익혀도, 막상 현대 중국어를 배우기란 쉽지 않다. 한문이 좀 익숙한 것을 제외하고는 완전히 새로 배우는 말투성이다. 지금 우리나라에서 배우는 한자, 특히 그 발음이 현대 중국인들이 사용하는 한자의 용법과 발음과는 완전히 다르기 때문이다. 지금 우리나라에 남아 있는 한자의 발음은 현대 중국어 한자의 발음이 아니라 고대 중국어의 발음이다. 한문을 본격적으로 수용하던 시기인 당나라 때의 한자 발음이 우리나라에 그대로 남아 있는 것이다. 즉, 한국식으로 아무리 한자를 많이 공부한다 해도, 막상 현대 중국어 공부에는 별 도움이 안 된다. 외국인이 한국말을 공부하기 위해 조선 시대의 『용비어천가』를 통해 한글을 배운다고 생각해보자. 아무리 배워봐야 의사소통은 불가능할 것이다. 한국에서 한문을 배우는 것과 현대 중국어를 배우는 것과는 상관관계가 없다. 중국 고대 발음을 많이 익히는 것이 현대 중국어를 배우는 데 도움은 되지 않는다.

우리나라에서 사용하는 중국어 한자 발음이 고대 중국의 발음인 이유는, 문화의 특성 때문이다. 문화의 발상지에서는 계속해서 문화가 변화하지만, 그 문화가 이전된 곳에서는 처음 이전된 문화의 원형이 더 많이 남아 있는 경우가 많다. 로마 문명은 이탈리아 지역에서 시작되고 융성했지만, 오늘날 로마 문명의 유적은 이탈리아 지역보다는 서아시아나 북아프리카 지역에 더 많이 남아 있다. 신라의 이두는 오늘날 우리나라에서는 그 흔적을 살펴볼 수 없다. 그런데 일본에는 아직까지 신라의 이두 표현이 많이 남아 있다. 일본 고대 신사의 이름에는 신라 이두로 읽으면 읽히는 경우가 많이 있다. 막상 한국에서는 완전히 사라진 이두 표시가, 이두 문화가 이전된 일본에는 아직 존재한다. 마찬가지다. 중국의 한자는 당나라 시대, 특히 통일 신라 전후에 한반도에 본격적으로 전해진 것 같다. 당나라 군대가 백제를 정벌하기 위해 수만 명의 군인이 한반도에 들어와 오랫동안 주둔했다. 그러면서 자연스레 당나라 한자와 발음이 한국에 다수 전해졌고, 주류로 남아 오늘날까지 전해진 것이다.

그런데 우리나라에서 사용하는 한자를 일본어에 적용하면 해석이 잘되는 경우가 많다. 일본어는 한자와 히라가나, 가타가나를 사용한다. 주요한 단어는 한자를 사용하고, 조사 등은 히라가나를 사용한다. 조사로 쓰이는 히라가나만 익히면 일본어 문장을 이해하기가 쉬울 때가 많다. 물론 일본어에서 사용하는 한자의 발음은 우리와는 많이 다르다. 하지만 뜻은 알 수 있다. 한국에서 한자를 많이 배운다고 중국어 문장이 해석되지는 않지만, 일본어 문장은 해석된다. 발음은 안 되더라도, 어쨌든 뜻은 이해할 수 있다. 그 이유는 지금 한국에서 사용되는 한자의 상당수가 사실은 일본에서 만들어진 단어이기 때문이다. 우리는 중국어 한자를 알고 배우고 있다고 생각하지만, 실제 우리나라에서 쓰이는 한자 단어들의 상당수는 중국이 아니라 일본에서 만들어졌다.

19세기 말, 서구 문명이 들어오면서 서구의 학문이나 새로운 사상적 개념들이 동양에 전파되었다. 자유, 평등, 박애, 문화, 경제, 경영, 사회, 자연, 과학 등의 단어들은 사실 근대 이전의 동양에는 없었던 개념과 단어들이다.

일본은 적극적으로 서구 문명을 수용하려 했고, 서양의 모든 명저들을 일본어로 번역해서 소개했다. 일본인들은 그동안 동양에 없던 새로운 개념들에 대해 새로 단어를 만들었다. 일본은 주요 단어를 표기할 때 한자를 사용한다. 그래서 한자를 이용해 'Liberty'는 자유^{自由}, 'Culture'는 문화^{文化} 등으로 새로운 단어를 만들어냈다.

지금 우리가 사용하는 단어, 어휘들을 살펴보자. 산, 강처럼 예전부터 계속 사용한 단어들도 많이 있지만, 대부분의 단어들은 근대 이후의 단어들이다. 도시, 지하철, 비행기 등도 모두 근대 이후에 만들어지고 사용된 단어다.

일본인들이 번역한 단어들은 중국을 비롯한 한자 문화권의 여러 나라들에게도 전파되었다. 중국에서는 일본인들이 만든 단어를 많이 쓰기도 했지만, 자체적으로 만든 단어를 이용하기도 했다. 하지만 한국은 20세기 초부터 중반까지 30년 넘게 일본의 식민지로 있었고, 일본이 만든 단어가 전면적으로 수용되었다. 그 영향으로 오늘날까지 우리나라에서 쓰이는 현대적 한자 용어들은 상당수 일본에서 만든 한자 단어들이다. 결국 지금 한국에서 사용하는 한자를 아무리 공부한다고 하더라도 중국을 이해하고 중국어를 배우는 데는 별 도움이 되지 않는다.

태극기와 무궁화는
한국 문화를 대표하고 있을까?

대한민국의 국기는 태극기다. 1882년에 박영효가 일본에 수신사로 가면서 처음 사용했다고 전해지는데, 사실 그가 태극기를 마음대로 만든 것은 아니다. 19세기 말 조선이 개항을 하면서 다른 나라처럼 국기가 필요하다는 인식을 많은 이들이 가지고 있었고, 국기를 어떻게 만들어야 하는가에 대한 도안도 이미 있었다. 다만 아직 확정된 상태는 아니었는데, 박영효가 일본에 가면서 국기를 게양해야 하는 바람에, 그때까지 도안으로 나왔던 것을 조금 수정해서 태극기를 만들었다고 전해진다. 이후 1883년, 조선 정부는 태극기를 정식 국기로 채택했다. 태극기는 1910년 국권피탈을 거쳐 광복 이후인 1949년 대한민국 정부의 국기로 다시 채택됐다.

태극기는 중심부에 파란색과 빨간색의 태극이 있다. 그리고 주변에 4괘가 있다. 이러한 모양의 태극기는 조선 말기부터 지금까지 한국의 상징으로 대표되어 왔다. 그런데 태극기가 우리나라의 상징으로 대표될 때 문제점이 하나 있다. 그것은 태극과 4괘의 상징이 원래 우리나라 것이 아

태극과 주역의 8궤(좌)
한국의 국기, 태극기(우)
주역의 8괘 중 4괘를 따서 태극기를 만들었다.

나라는 점이다. 태극과 4괘, 태극기를 구성하고 있는 요소들은 모두 중국에서 나온 것이다. 우리는 중국이 원류인 개념과 기호들을 국가의 상징으로 사용하고 있는 셈이다.

먼저 태극에 관한 책 중에 가장 유명한 것은 11세기 중국 송나라 주자가 쓴 『태극도설』이다. 태극도설은 이 세상의 근원이 태극이라고 본다. 아무것도 없는 상태인 무극이 바로 태극이다. 태극은 음과 양을 만들어 낸다. 태극이 운동을 하면 양이 만들어지고, 운동을 하지 않고 고요한 상태가 되면 음이 만들어진다. 중국 음양론의 가장 기초가 바로 이 태극이다.

다음으로 궤에 관한 책으로 가장 유명한 것이자, 중국의 대표적인 고전으로 사서삼경四書三經의 대표격인 『주역』이 있다. 고대 주나라 때 만들어진 역이라 해서 주역이라 부른다. 주역은 8괘를 기본으로 한다. 이 8괘가 서로 조합되어 총 64괘가 만들어진다. 이 8괘 중에서 4괘를 따서 태극기에서 사용한 것이다.

태극과 4괘는 분명히 중국에서 기원한 것이다. 현대 중국에서도 어디에 가도 이러한 태극 문양을 찾아볼 수 있다. 고대뿐 아니라 현대에도 태극 문양은 일반적으로 널리 사용된다. 태극은 음양론의 기원이기도 하고, 주역 8괘의 기반이기도 하고, 목, 화, 토, 금, 수 5행론의 기본이기도 할 만큼 현대 중국에서도 널리 수용되는 사상이다. 이는 주역 역시 마찬가지다. 8괘, 64괘를 설명하는 주역은 여전히 베스트셀러다.

이러한 태극과 주역의 4괘가 바로 태극기에 사용된다. 물론 외국에서 만들어진 상징이라고 다른 나라에서 국기로 사용될 수 없는 것은 아니다. 이슬람의 상징은 초승달이다. 그래서 대부분의 이슬람 국가들의 국기에는 초승달이 들어가 있다. 소련 붕괴 이전 사회주의 국가들은 국기에 별, 그리고 빨간색을 사용했다. 소련은 물론 다른 사회주의 국가들은 이러한 상징들을 국기에 활용했다. 오늘날의 중국 국기 역시 별과 빨간색으로 이루어져 있다. 북한 국기는 물론, 이전까지 사회주의 국가였던 베트남도 마찬가지다.

이렇듯 한 국가의 정체성과 추구하는 이상 등이 국기에 나타나는 것은 당연한 일이다. 사회주의 국가가 빨간색과 별을 사용하고, 이슬람 국가가 초승달을 사용하는 것은 충분히 인정될 수 있다. 그 상징이 자기 나라에서 유래한 것은 아니더라도, 해당 국가의 정체성을 잘 나타내는 표시이기 때문이다.

그러나 태극기는 어떤가? 태극기가 조선 시대에 국기로 사용된 것은 인정할 수 있다. 조선은 성리학 국가였다. 그리고 태극과 주역은 성리학에서 중요한 상징이다. 『태극도설』을 쓴 주자는 성리학의 시조다. 오늘날 한국은 성리학 국가가 아니지만, 태극기는 일제강점기를 거치면서 한국인의 독립과 항전을 이끄는 상징으로 이용되어 왔다. 따라서 해방 이후 태극기가 국기로 계속 사용된 것도 인정될 수 있다. 하지만 태극과 4괘가 원래 우리 것이 아니라 중국의 것이라는 것은 인정할 필요가 있다. 중국인들은 태극과 4괘가 자신들의 문화라는 것을 알고 있다. 한국에서는 태극기 말고는 따로 태극 문양을 보기 힘든 반면, 중국에서는 이곳저곳에서 태극 문양을 굉장히 쉽게 만날 수 있다.

이렇듯 태극과 4괘가 중국의 것이라고 해도, 오늘날 태극기를 한국 국기로 쓴다는 것에 불만을 가질 필요는 없다. 태극기는 조선 말기부터 일제강점기를 거쳐 지금까지 우리 민족과 온갖 역경을 같이 겪으면서 함께했다. 물론 가능하면 한국 고유의 문양이 반영됐다면 더 좋았을 것 같다는 생각은 하지만 말이다. 그런데 중국인, 그리고 중국 문화를 어느 정도 알고 있는 세계 여러 나라 사람들이 한국의 국기를 보면 어떤 생각을 할까. 쉽게 한국 문화가 중국의 영향을 받은 문화라고 생각하지는 않을까? 설령 그렇게 생각한다고 해서 비판할 수 있을까?

대한민국의 국화인 무궁화는 태극기보다 더 기원이 복잡하다. 태극기는 중국 문화의 영향을 받았다고는 하지만, 그래도 조선 시대 성리학자들에게도 태극은 주요한 사상적 기반이었다. 우리나라 사람들이 중요하게 생각하는 가치였다. 그런데 무궁화는 한국에서 어떤 존재였을까? 무궁화가 어떻게 국화로 결정될 수 있었을까?

우리나라 곳곳에서 일반적으로 볼 수 있는 꽃, 즉 한국을 대표하는 꽃은 무엇일까? 우리나라에서는 봄이 되면 먼저 개나리, 진달래가 사방에 핀다. 매화가 가장 먼저 핀다고 하지만, 막상 보기가 쉽지 않다. 남쪽 지방에서나 매화를 찾아볼 수 있지, 중부 지방만 되도 매화를 찾아보기란 어렵다.

개나리, 진달래 이후에는 목련이 피고, 그 다음에는 벚꽃이 핀다. 철쭉이 산을 덮고, 장미가 핀다. 가을에는 코스모스, 국화 등을 볼 수 있다. 이것이 한국에서 일반적으로 볼 수 있는 꽃들이다. 사실 무궁화는 찾아보기 어렵다. 오늘날 우리들이 알고 있는 무궁화는 그냥 자생적으로 핀 것이 아니다. 국화라고 해서 무궁화를 많이 심었기에, 그나마 무궁화를 볼 수 있는 것이다. 만약 국화라는 이유로 무궁화를 심지 않았다면, 우리가 자연에서 무궁화를 찾아보기란 쉽지 않았을 것이다.

사실 무궁화가 한국 전통의 꽃이라는 기록은 옛날부터 많이 있었다. 『구당서』에도 '신라는 무궁화의 나라'라는 말이 나오고, 세종 때 문인 강희안이 지은 『양화소록』에도 그런 말이 나온다. 발해에서도 무궁화는 중요했다. 이렇듯 무궁화는 옛날부터 우리나라를 상징하는 꽃이다. 문제는 그 무궁화를 설명하는 말에 있다. 기록에 무궁화는 우리나라의 봄을 장식하며, 산을 붉게 물들인다는 표현이 있는 것이다.

그런데 지금 무궁화는 봄에 피는 꽃이 아니다. 여름과 가을에 핀다. 한국의 산을 온통 물들이지도 않는다. 한반도의 산을 물들이는 꽃은 진달래나 철쭉이지 무궁화가 아니다. 또 무궁화가 산을 붉게 물들인다고 했는데, 지금의 무궁화는 대개 빨간 꽃이 아니다. 무궁화의 색은 품종에 따라 하얀색, 분홍색, 빨간색, 보라색으로 다양하다. 하지만 오늘날 가장 일반적인 색은 하얀색과 분홍색이다. 하얀색이 많기 때문에, 무궁화가 많이 피어 있는 군집을 보았을 때, 산을 붉게 물들인다는 생각은 전혀 들지 않는다.

애국가에서는 '무궁화 삼천리 화려강산'이라고 말한다. 그런데 오늘날 우리나라 강산이 무궁화로 물들지 않는다는 것은 분명하다. 한국의 강산을 물들인다고 말할 수 있는 꽃은 진달래 아니면 철쭉이다.

대한민국의 국화는 분명 무궁화다. 그런데 고대에 기록된 무궁화가 지금의 무궁화와 같을까? 그 점에 대해서는 어쩐지 확신이 서지 않는다. 한국에서는 많지 않고 잘 보기 힘든 무궁화가 어떻게 한국의 국화가 된 걸까? 단지 오늘날 부르는 이름이 무궁화이기 때문에?

무궁화가 한국의 국화가 된 데에는 한 가지 가설이 떠오른다. 무궁화는 미국 하와이의 꽃이다. 하와이에서는 무궁화를 하와이 주의 꽃으로 하고 있고, 또 실제 거리에서 무궁화를 쉽게 만나볼 수 있다. 한국의 초대 대통령인 이승만은 바로 이 하와이에서 망명 생활을 했다. 무궁화가 주의 꽃이던 하와이, 그곳에 살았던 이승만은 한국의 국화 지정에 어느 정도의 역할을 했을까?

북한의 국화는 목란이다. 목란이 북한의 국화가 된 이유는 북의 지도자 김일성이 목란을 좋아했기 때문이다. 혹시 한국의 국화가 지금의 무궁화가 된 것도 무궁화가 많았던 하와이에서 활동한 대통령 이승만의 의견이 반영된 것이 아니었을까?

우리나라의 국기인 태극기는 중국 전통의 문양이고, 오늘날까지 중국 각지에서 일반적으로 볼 수 있는 문양이다. 또한 국화인 무궁화 역시 막상 한국에서는 보기 힘들고 하와이 등지에서 쉽게 볼 수 있다. 태극기와 무궁화는 지금의 우리나라 사람들한테는 아무 문제가 되지 않지만, 외국인들의 시각에서는 조금 이해하기 어려울 수도 있다.

5년 전쯤, 중국 상하이를 방문한 적이 있다. 당시 상하이에서는 도자기 특별전이 열렸는데, 여행자로서 상하이 거리를 여기저기 돌아다니다가 잠시 들르게 되었다. 그런데 중국 도자기들을 보면서 나는 충격을 받았다. 도자기들은 시대 순으로 전시되어 있었는데, 과거의 채도, 흑도에서부터 당나라 당삼채, 송나라 청자 그리고 이후의 분청사기, 백자, 청화백자들이 전시되어 있었다.

사실 청자, 분청사기, 백자, 청화백자로 이어지는 도자기의 진화 과정은 중고등학생 때 우리나라의 도자기 발전 과정에서 배웠던 것이다. 고려 중기 청자에서 고려 말 분청사기로, 그리고 조선 시대에 들어와서는 백자가 만들어지고 후기에는 청화백자가 유행했다. 나는 이러한 도자기 발전 과정이 오로지 우리나라만의 도자기 발전 과정인 것으로 생각했다. 한국에서 고유하게 형성된, 독자적인 문화로 알고 있었다. 하지만 상하이에서 본 중국 도자기 전시회를 통해 도자기 양식의 변화가 한국 고유의 문화가 아니라는 것을 알게 되었다. 이런 도자기 유행의 변화는 중국에서 먼저 나타난 후에 고려와 조선에 파급되었던 것이다. 고려와 조선의 도자기 문화는 독자적인 것이 아니라, 중국 문화의 영향을 받아 변했던 것이다.

우리나라는 상감청자를 굉장히 높이 평가하고 자랑하는데, 사실 그것의 가치가 그렇게 높지 않을 수 있다는 점도 이때 알게 되었다. 도자기의 역사에서 중요한 것은 도자기들의 유행과 모양이 바뀌는 것 그 자체로, 예컨대 청자에서 분청사기로 변화하는 것이 중요하지 청자 중에서 어떤 청자가 더 좋은 청자인지 따지는 것은 그렇게 중요하지 않다. 처음 청자가 나올 때는 당연히 그 완성도가 떨어진다. 하지만 시간이 지나면 청자의 제조 수준이 점점 높아지는 것이다. 이때 정말 가치가 있는 것은 수준이 좀 떨어지더라도, 처음 나온 청자, 처음 나온 분청사기다. 새로운 문화를 만드는 것들이 더 의미를 가지기 때문이다. 시간이 지나고 기술적 완성도가 갖추어져서 만들어지는 세련된 청자나 분청사기의 가치는 그 다음이다. 어떤 중국인에게 "한국의 도자기 문화는 오래되었는데, 처음에는 청자였다가 분청사기, 백자, 청화백자로 발전했다. 그리고 고려 상감청자는 정말로 좋다"라고 자랑했다면 어떻게 되었을까? 그 중국인에게는 나의 자랑이 얼마나 어이없게 느껴질까?

물론 한국의 도자기 문화는 훌륭하다. 개인적으로 상감청자는 중국 청자에 비해 정말 좋다. 그리고 한국의 분청사기, 청화백자도 중국에 뒤지지 않고 오히려 더 낫다고 생각한다. 하지만 그 문화의 본류는 분명 중국이라는 점을 알고 있어야 한다. 이 점을 모르고 있다가 중국인이 '그건 원래 중국 것들인데'라고 반론을 펼치면 정말 한마디도 할 수 없게 된다.

나는 도자기 문화의 원류가 중국이라는 것을 몰랐다. 아무도 이야기해주지 않았고 학교에서도 가르쳐주지 않았다. 학교에서는 한국의 자랑스러운 역사만 가르쳤다. 알리고 싶지 않고 창피한 것들은 가르쳐주지 않았다. 학교에서만 가르치지 않은 것이 아니라, 사회에서도 일반적으로 이야기하지 않는다. 그래서 보통 한국인들은 역사에서 부끄러운 점, 단점이라고 여겨지는 것들은 거의 알지를 못한다.

지금은 국제화 시대다. 중국, 일본, 미국인과 서로 소통할 기회도 많고 이야기할 경우도 많다. 한국인들은 한국 문화를 자랑스러워한다. 그래서 외국인에게 한국의 우수한 점을 많이 내세우기도 한다. 일반적으로 한국인이 알고 있는 것처럼, '한국은 한 번도 외국을 침략한 적 없는 국가', '문화를 무엇보다 중요시하는 문화 국가'라고 자랑하곤 한다.

동양권 나라의 역사에 대해서 잘 모르는 외국인이라면 별 상관없을 것이다. 하지만 세계사에 관심이 있는 외국인이라면 이야기가 달라진다. "고구려는 중국을 많이 침공하지 않았나?", "청나라에 먼저 선전포고를 한 것은 조선 아닌가?"라는 식의 반론이 들어온다. 한류에 정통한 외국인은 보통 한국 사람보다 한국 드라마와 배우에 대해 더 많이 안다. 마찬가지로 한국 역사에 관심이 있는 외국인들은 한국인만큼, 아니 한국인보다 한국 역사에 대해 더 잘 알고 있다. 우리나라 사람들은 좋은 역사만 배우고 불리한 것들은 배우지 않지만, 외국 사람들은 한국의 좋은 면과 안 좋은 면을 같이 접한다. 좋은 것만 알고 있는 한국인들은 외국인들의 반론이나 의견 제시에 한마디도 할 수 없게 된다. 한국사의 문제점들은 국내에서는 한 번도 들어본 적이 없는 것들도 많다. 그런 내용을 외국인에게 처음 들으면 반론을 제기하기보다는 스스로 놀라버린다. '그런 것이 있었나?'라면서 꿀 먹은 벙어리가 되어버리기 쉽다.

남녀가 소개팅을 하거나 선을 볼 때에도 좋고 나쁜 점, 모든 면을 알게될 때 비로소 편한 관계가 지속되고 오래갈 수 있다. 우리가 우리나라, 한국을 이해하고 아끼기 위해서는 부정적인 측면 역시 알 필요가 있다.

나는 이 책에서 한국사에서 잘 하지 않는 이야기들, 한국사의 단점, 그리고 숨기고 싶은 이야기들을 다루었다. 하지만 이 이야기들은 우리나라를 진심으로 비난하기 위해서 한 이야기는 아니다. 아름다움 이면에 있는 그림자까지 함께 배울 때, 우리는 현실에 대해 보다 정확하게 잘 이해할 수 있다는 점을 말하고 싶었다.

학술 논문이나 연구 보고서, 심지어 대입 논술 시험지에서도 어떤 사안에 대해 다룰 때 장점과 단점을 함께 이야기하는 것이 필요하다. 단점을 아는 것은 나쁜 것이 아니라, 보다 더 나은 대안과 방향을 찾기 위해서 반드시 필요한 것이다. 이 책에서 다룬 이야기들이 앞으로 한국사를 이해하는 데 조금이나마 도움이 되기를 바란다.

강만길, 『고쳐 쓴 한국 근대사』, 창작과비평사, 1994

강만길, 『고쳐 쓴 한국 현대사』, 창작과비평사, 1994

강정민, 『독도반환 청구소송』, 바다출판사, 2013

개빈 멘지스, 조행복 옮김, 『1421-중국, 세계를 발견하다』, 사계절출판사, 2004

고영자, 『청일전쟁과 대한제국』, 탱자출판사, 2006

권성욱, 『중일전쟁 1928~1945』, 미지북스, 2015

김경민, 『어디까지 가나 일본 자위대』, 아침바다, 2003

김낙년, 『한국의 경제성장 1910~1945』, 서울대학교출판부, 2006

김대문, 이종욱 옮김, 『화랑세기』, 소나무, 1999

김대중, 『김대중 자서전』(전2권), 삼인, 2010

김문학, 『조선인의 사상과 성격』 북타임, 2010

김선자, 『황제 신화―만들어진 민족주의』, 책세상, 2007

김성한, 『임진왜란』(전7권), 행림출판, 1990

김성호, 『비류백제와 일본의 국가 기원』, 지문사, 1990

김시덕, 『그들이 본 임진왜란』, 학고재, 2012

김영수, 『건국의 정치』, 이학사, 2006

김옥준, 『중국 외교노선과 정책』, 리북, 2011

김완섭, 『친일파를 위한 변명』, 문예춘추사, 2002

김용운, 『풍수화』, 맥스미디어, 2014

김진영, 『제2차 세계대전』, 가람기획, 2005

김창현, 『광종의 제국』, 푸른역사, 2008

김태식, 『풍남토성 500년 백제를 깨우다』, 김영사, 2001

김태우, 『폭격』, 창비, 2013

김태훈, 『이순신의 두 얼굴』, 창해, 2004

김학준, 『북한의 역사』(전2권), 서울대학교 출판문화원, 2013

김형욱, 『김형욱 회고록』(전3권), 아침, 1985

노나카 이쿠지로, 『일본 제국은 왜 실패하였는가』, 주영사, 2009

노태우, 『노태우 회고록』(전2권), 조선뉴스프레스, 2011

니콜라 디코스모, 이재정 옮김, 『오랑캐의 탄생』, 황금가지, 2005

다치바나 다카시, 이규원 옮김, 『천황과 도쿄대』(전2권), 청어람미디어, 2008

데이비드 핼버스탬, 정윤미 옮김, 『콜디스트 윈터』, 살림, 2009

도널드 킨, 김유동 옮김, 『메이지 천황』(전2권), 다락원, 2002

도미야 이타루, 임병덕 옮김, 『목간과 죽간으로 본 중국 고대 문화사』, 사계절,
    2005

돈 오버도퍼, 이종길 외 옮김, 『두개의 한국』, 길산, 2003

동아일보 특별취재팀, 『잃어버린 5년 칼국수에서 IMF까지』(전2권), 동아일보사,
    1999

레이 황, 박상이 옮김, 『1587 아무일도 없었던 해』, 가지않은길, 1997

로버트 올리버, 박일영 옮김, 『이승만 없었다면 대한민국 없다』 동서문화사,
    2008

룽얼, 주수련 옮김, 『서태후와 궁녀들』, 글항아리, 2012

존 키건, 류한수 옮김, 『2차세계대전사』, 청어람미디어, 2007

리콴유, 류지호 옮김, 『내가 걸어온 일류국가의 길』, 문학사상사, 2001

마고사키 우케루, 양기호 옮김, 『일본의 영토분쟁』, 메디치미디어, 2012

마고사키 우케루, 양기호 옮김, 『미국은 동아시아를 어떻게 지배했나』, 메디치
미디어, 2013

마이클 브린, 『The Koreans』, St.Martin'sPress, 1999

마크 게인, 까치편집부 옮김, 『해방과 미군정』, 까치, 1986

묄렌도르프, 신복룡 외 옮김, 『묄렌도르프 자전 외』, 집문당, 1999

문정창, 『한국사의 연장 일본 고대사』, 인간사, 1989

미야자키 이치사다, 차혜원 옮김, 『중국사의 대가 수호전을 역사로 읽다』, 푸른
역사, 2006

박노자, 『당신들의 대한민국』(전2권), 한겨레출판사, 2001, 2006

박노자, 『나를 배반한 역사』, 인물과사상사, 2003

박노자, 『우리가 몰랐던 동아시아』, 한겨레출판, 2007

박상하, 『경성상계』, 생각의나무, 2008

박실, 『6·25 전쟁과 중공군』, 청미디어, 2015

박영림, 『한국 1950 전쟁과 평화』, 나남, 2003

박영주, 『정철 평전』, 중앙M&B, 1999

박유하, 『화해를 위해서』, 뿌리와이파리, 2005

박유하, 『제국의 위안부』, 뿌리와 이파리, 2013

박충훈, 『태극기의 탄생』, 21세기북스, 2010

박현채 외, 『해방전후사의 인식』(전6권), 한길사, 1989

백광화, 『태극기』, 동양수리연구원 출판부, 1965

버라토시 벌로그 베네데크, 초머 모세 옮김, 『코리아 조용한 아침의 나라』(한말

외국인 기록 24), 집문당, 2005

변태섭, 『한국사통론』, 삼영사, 1996

브루스 커밍스, 김동노 외 옮김, 『브루스 커밍스의 한국현대사』, 창작과비평사, 2001

브루스 커밍스, 남성욱 옮김, 『김정일 코드』, 따뜻한손, 2005

빌 길버트, 류광현 옮김, 『기적의 배』, 비봉출판사, 2015

샤론 홈·스테이시 모셔, 김상호 옮김, 『중국이 감추고 싶은 비밀』, 미래를소유한 사람들, 2008

성낙주, 『에밀레종의 비밀』, 푸른역사, 2008

소원주, 『백두산 대폭발의 비밀』, 사이언스북스, 2010

손병규, 『호적』, 휴머니스트, 2007

스탠리 웨인트라웁, 송승종 옮김, 『장진호 전투와 흥남철수작전』, 북코리아, 2015

스털링 시그레이브, 『중국인 이야기』, 프리미엄북스, 1997

스텐 베리만, 신복룡 옮김, 『한국의 야생동물지』, 집문당, 1999

앙드레 슈미드, 정여울 옮김, 『제국 그 사이의 한국』, 휴머니스트, 2007

야마구치 마사오, 오정환 옮김, 『패자의 정신사』, 한길사, 2005

야마베 겐따로, 『한일 합병사』, 범우사, 1982

야스다 고이치, 김현욱 옮김, 『거리로 나온 넷우익』, 후마니타스, 2013

양성민, 심규호 옮김, 『한 무제 평전』, 민음사, 2012

양필승·이정희, 『차이나 타운 없는 나라』, 삼성경제연구소, 2004

에드거 스노우, 홍수원 외 옮김, 『중국의 붉은 별』, 두레, 2013

에드워드 슐츠, 김범 옮김, 『무신과 문신』, 글항아리, 2014

오오누키 에미코, 이향철 옮김, 『사쿠라가 지다 젊음도 지다』, 모멘토, 2004

왕수쩡, 황선영 외 옮김, 『한국전쟁―한국전쟁에 대해 중국이 말하지 않았던 것

들』, 글항아리, 2013

요시다 유타카, 최혜주 옮김, 『일본의 군대』, 논형, 2005

요코야마 히로아키, 이용빈 옮김, 『중화민족의 탄생』, 한울, 2012

우실하, 『동북공정 너머 요하문명론』, 소나무, 2007

웨난, 이익희 옮김, 『마왕퇴의 귀부인』(전2권), 일빛, 2001

웨난, 유소영 외 옮김, 『천년의 학술현안』(전2권), 일빛, 2003

웨인 패터슨, 정대화 옮김, 『아메리카로 가는 길』, 들녘, 2002

웨인 패터슨, 정대화 옮김, 『하와이 한인 이민 1세』, 들녘, 2003

위텐렌, 박윤식 옮김, 『대본영의 참모들—일본군국주의의 광기』, 나남, 2009

윌리엄 맨체스터, 박광호 옮김, 『아메리칸 시저』(전2권), 미래사, 2007

윌리엄 브럼, 조용진 옮김, 『미군과 CIA의 잊혀진 역사』, 녹두, 2003

유홍준, 『화인열전』(전2권), 역사비평사, 2001

유홍준, 『완당평전』(전2권), 학고재, 2002

이계성, 『지는 별 뜨는 별』, 한국문원, 1993

이기백, 『한국사신론』, 일조각, 1999

이덕일·김병기, 『고구려는 천자의 제국이었다』, 역사의아침, 2007

이덕일, 『송시열과 그들의 나라』, 김영사, 2000

이덕일, 『한국사 그들이 숨긴 진실』, 역사의아침, 2009

이덕일, 『김종서와 조선의 눈물』, 옥당, 2010

이덕일, 『근대를 말하다』, 역사의아침, 2012

이덕일·이희근, 『우리 역사의 수수께끼』, 김영사, 1999

이민웅, 『임진왜란 해전사』, 청어람미디어, 2004

이순신, 노승석 옮김, 『난중일기』, 민음사, 2010

이순신역사연구회, 『이순신과 임진왜란』(1~4권), 비봉출판사, 2005

이승한, 『고려무인 이야기』(전4권), 푸른역사, 2001~2005

이승한, 『혼혈왕, 충선왕』, 푸른역사, 2012

이시바시 다카오, 이진복 옮김, 『대청제국 1616~1799』, 휴머니스트, 2009

이영훈, 『수량경제사로 다시 본 조선 후기』, 서울대학교 출판부, 2004

이영희, 『노래하는 역사』(전2권), 조선일보사, 1994, 2009

이원규, 『약산 김원봉』, 실천문학사, 2005

이원순, 『인간 이승만』, 신태양사, 1988

이은상, 『시와 그림으로 읽는 중국 역사』, 시공사, 2007

이종욱, 『화랑세기로 본 신라인 이야기』, 김영사, 2000

이채훈 외, 『우리들의 현대 침묵사』, 해냄, 2006

이태진, 『고종시대의 재조명』, 태학사, 2000

일연, 이민수 옮김, 『삼국유사』, 을유문화사, 2002

자크제르네, 『전통중국인의 일상생활』, 신서원, 1995

장융, 이종인 옮김, 『서태후』(전2권), 책과함께, 2015

전경목, 『고문서, 조선의 역사를 말하다』, 휴머니스트, 2013

전봉관, 『경성기담』, 살림, 2006

전봉관, 『럭키경성』, 살림, 2007

전여강, 『공자의 이름으로 죽은 여인들』, 예문서원, 1999

전우성, 『다시 쓴 한국 고대사』, 매일경제신문사, 2015

정구도, 『노근리는 살아있다』, 백산서당, 2003

정규재, 『이 사람들 정말 큰일내겠군』 한국경제신문사, 1998

정동주, 『조선 막사발 천년의 비밀』, 한길아트, 2001

정범준, 『제국의 후예들』, 황소자리, 2006

정병진, 『궁정동 총소리』, 한국일보사, 1995

제노베 볼피첼리, 유영분 옮김, 『구한말 러시아 외교관의 눈으로 본 청일 전쟁』,
　　살림, 2009

제임스 R. 릴리, 김준길 옮김, 『아시아 비망록』, 월간조선사, 2005

조갑제, 『과거사의 진상을 말한다』(전2권), 월간조선사, 2005

조문윤·왕쌍회, 김택중 외 옮김, 『무측천 평전』, 책과함께, 2004

조너선 D. 스펜스, 김희교 옮김, 『현대 중국을 찾아서』(전2권), 이산, 1998

존B.던컨, 김범 옮김, 『조선왕조의 기원』, 너머북스, 2013

주익종, 『대군의 척후─일제하의 경성방직과 김성수·김연수』, 푸른역사, 2008

중앙일보 취재반, 『청와대 비서실』(전4권), 중앙일보, 1992~1995

중앙일보 특별취재반, 『조선민주주의 인민공화국』(전2권), 중앙일보, 1992

즈비그뉴 브레진스키, 김명섭 옮김, 『거대한 체스판』, 삼인, 2000

진순신, 『청일전쟁』(전3권), 우석출판사, 1995

찰스 P. 킨들버거, 『경제 강대국 흥망사 1500~1990』, 까치, 2005

청사편집부, 『칠십년대 한국일지』, 청사편집부, 1984

첸강·후징초, 이정선 외 옮김, 『유미유동』, 시니북스, 2005

최승표, 『메이지이야기』(1~3권), BG북갤러리, 2007, 2012, 2015

콘스탄틴 플레샤코프, 황의방 외 옮김, 『짜르의 마지막 함대』, 중심, 2003

팀 와이너, 이경식 옮김, 『잿더미의 유산』, 랜덤하우스코리아, 2008

평양사회과학원민족고전연구소, 『이조실록 1-400』, 여강, 1993

한국일보정치부, 『빼앗긴 서울의 봄』, 한국일보사, 1994

한명기, 『병자호란』(전2권), 푸른역사, 2013

한상일, 『1910 일본의 한국병탄』, 기파랑, 2010

한일비교문화연구센터, 『일본잡지 모던일본과 조선 1939』, 어문학사, 2007

허버트 빅스, 오현숙 옮김, 『히로히토 평전』, 삼인, 2010

허우 이제, 장지용 옮김, 『원세개』, 지호, 2003

호머 헐버트, 신복룡 옮김, 『대한제국멸망사』, 집문당, 1999

호사카 마사야스, 정선태 옮김, 『도조 히데키와 천황의 시대』, 페이퍼로드, 2012

후나바시 요이치, 오영환 옮김, 『김정일 최후의 도박』, 중앙일보시사미디어, 2007

A.H.새비지 랜도어, 신복룡 외 옮김, 『고요한 아침의 나라 조선』, 집문당, 1999

A.V.토르쿠노프, 구종서 옮김, 『한국전쟁의 진실과 수수께끼』, 에디터, 2003

C.W.켄달, 『한국독립운동의 진상』, 집문당, 1999

E.G.켐프 외, 『조선의 모습 한국의 아동생활』, 집문당, 1999

E.J.오페르트, 신복룡 외 옮김, 『금단의 나라 조선』, 집문당, 2000

F.A.매켄지, 신복룡 옮김, 『대한제국의 비극』, 집문당, 1999

F.A.매켄지, 신복룡 옮김, 『한국의 독립운동』, 집문당, 1999

G.프리드먼, 『제2차 태평양 전쟁』, 동아출판, 19991

G.W.길모어, 신복룡 옮김, 『서울풍물지』, 집문당, 1999

H.B.드레이크, 신복룡 옮김, 『일제 시대의 조선 생활상』, 집문당, 2000

H.N.알렌, 신복룡 옮김, 『조선견문기』, 집문당, 1999

H.하멜 외, 신복룡 옮김, 『하멜 표류기, 조선전, 조선서해탐사기』, 집문당, 1999

I.B.비숍, 신복룡 옮김, 『조선과 그 이웃 나라들』, 집문당, 2000

J.S.게일, 신복룡 옮김, 『전환기의 조선』, 집문당, 1999

KBS역사스페셜, 『역사 스페셜』(전7권), 효형출판, 2000~2004

L.H.언더우드, 신복룡 외 옮김, 『상투의 나라』, 집문당, 1999

O.N.데니, 신복룡 옮김, 『청한론 외』, 집문당, 1999

W.E.그리피스, 신복룡 옮김, 『은자의 나라 한국』, 집문당, 1999

W.F.샌즈, 『조선비망록』, 집문당, 1999

W.R.칼스, 신복룡 옮김, 『조선풍물지』, 집문당, 1999

말하지 않는 한국사

초판 1쇄 발행 2015년 12월 28일
초판 5쇄 발행 2019년 1월 30일

지은이 —— 최성락
펴낸이 —— 최용범
펴낸곳 —— 페이퍼로드
출판등록 —— 2018-000069호(2018년 12월 26일)
　　　　　　서울시 동작구 보라매로5가길 7 캐릭터그린빌 1322호

이메일 —— book@paperroad.net
홈페이지 —— www.paperroad.net
페이스북 —— www.facebook.com/paperroadbook
포스트 —— https://post.naver.com/paperroadbook
Tel (02)326-0328 | Fax (02)335-0334

ISBN 979-11-86256-10-7 (03900)